KB062517

아주
오래된
질문들

아주 오래된 질문들
고전 철학의 새로운 발견

초판 1쇄 펴낸날 2017년 8월 31일
초판 5쇄 펴낸날 2020년 3월 20일

지은이 한국철학사상연구회·정암학당
펴낸이 이건복
펴낸곳 도서출판 동녘

전무 정낙윤
주간 곽종구
편집 구형민 정경윤 박소연
영업 권지원
관리 서숙희 이주원

등록 제311-1980-01호 1980년 3월 25일
주소 (10881) 경기도 파주시 회동길 77-26
전화 영업 031-955-3000 편집 031-955-3005 전송 031-955-3009
블로그 www.dongnyok.com **전자우편** editor@dongnyok.com

ISBN 978-89-7297-894-7 03100

아주
오래된
질문들

고전철학의 새로운 발견

한국철학사상연구회 · 정암학당 지음

동녘

들어가는 말

《아주 오래된 질문들》은 고대 그리스 철학이 고전에 머무르지 않고 현재를 살아가는 우리에게 과거의 사유가 어떻게 다가올 수 있는지를 질문하고 나름의 답변을 제시한다. 지금까지 이어지는 그리스 고전은 2,500년 전에 탄생한 오래된 이야기일 수도 있으나, 호모 사피엔스인 인류가 시작된 25만 년 전에 비한다면 아주 최근 이야기일 것이다. 시간적으로 봐도 고전은 현대와 단절된 것이 아니라는 뜻이다. 고전에 나오는 사람들이 가진 삶의 고민과 성찰은 오늘 우리가 가진 것과 같은 선상에 있다. 그들의 정치와 법은 외형적으로는 오늘의 것과 다르지만 내면에 있는 원인은 서로 같은 맥락에 놓여 있다. 이러한 생각을 공유한 사람들이 서로 모여 이 책을 쓰게 되었다.

이 책은 일반 시민을 대상으로 기획했다. 여기서 시민의 폭은 넓다. 우정과 생명 그리고 예술과 인생을 되돌아보는 사람, 시간을 성찰하는 사람, 나와 다른 타인을 배려하는 사람, 그리고 자유와 평등에서부터 법과 정치에 무심하지 않은 사람들 모두 시민이다. 이 책은 형이상학적인 삶과 죽음이라는 실존적 주제와 문학적인 주제까지 다룬다. 나아가 정치철학적 실천의 문제도 포함하고 있다. 그 주제를 하나하나의 꼭지에 압축적으로 표현해보려고 다양한 필자들이 노력했다. 철학적 이론과 실천적 생활 사이의 간극을 좁혀보려는 한국철학사상연구회와 지식 사회에서 조차도 소외되고 있는 고전학자들의 모임인 정암학당의 회원들이 이 책의 필진으로 함께했다. 꼭지의 키워드는 아래와 같다. 인생, 생명, 시간, 우정, 예술, 타자, 자유, 지혜, 법, 평등, 변증법, 연대, 정치다. 이러한 13개의 키워드가 고전과 현대 사이를 오가는 맥락을 통해서 재탄생되는 과정을 이 책에서 볼 수 있다. 결코 쉽지만은 않은 개념과 실천 그리고 이상과 현실의 갈등을 다루면서도 박물관 안에 갇힌 오래된 해설서가 아니라 살아 있는 오늘의 이야기를 한 권의 책 안에서 말하려 했다.

학술단체인 정암학당과 한국철학사상연구회는 두 가지 공통점을 가지고 있다. 첫째, 전공하는 주제는 서로 다르지만 사회적 아픔에 눈감지 않는 진실된 공부를 추구한다. 둘째, 한국사회에서 지식 권력에 의존하지 않고 '독립 학자'를 지향하는 사람들의 모임이다. 이런 공통 의식은 자연발생적이었지만, 30년 동안 끊임없이 우리들을 북돋워주고 밀어준 선배 학자가 있어서 그 발현이 가능했다. 그 선배 학자는 그리스 고전 철학자이며 철학운동가인 이정호다. 이정호는 우리들에게 당장의 정답을 얻으려하기보다는 질문을 던지는 진짜 지식인의 모습을 보여주었다. 세상에 질문을 던지는 이정호의 기투는 자유와 지혜를 향해 있다. 그래서 처음에는 이 책의 제목을 '지혜로운 자유'로 정하려고 했다. 나중에 제호는 '아주 오래된 질문들'로 바꿨지만, 지혜가 담긴 자유를 한걸음씩 디뎌간다는 이정호의 철학은 이 책 안에 고스란히 담겨 있다. 지혜가 담긴 자유를 구체적으로 말하는 것이 바로 시민의 책이다. 이 책의 시작은 이정호의 철학에서 출발했지만, 이 책은 시민을 위한 것이며 독자 스스로 이 책에서 자유로운 지혜를 찾아내면 좋겠다.

독립된 13개의 주제로 구성된 이 책은 하나하나 고유한 철학적 문제를 표현하고 있다. 독자는 어느 장을 먼저 읽어도 좋다. 독자가 한 번 읽고 휙 지나가는 그런 책이 되지 않도록 책을 잘 만들어보자는 것이 필자들의 공통된 마음이었다. 평가는 독자가 내리겠지만 말이다.

2017년 7월

글쓴이 대표 최종덕

차례

— 정 준 영 —

인생

그리스 영웅주의와 철학자 소크라테스

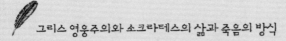# 그리스 영웅주의와 소크라테스의 삶과 죽음의 방식

고대 그리스인들은 평범한 사람 이상의 비범한 능력을 가진 영웅들에 대한 이야기를 즐겨 했다. 그러나 그리스 영웅주의는 인생의 성공에 대해서만 이야기하지 않고, 인생의 근원적인 한계와 수동적 운명에 주목한다. 오히려 그리스 영웅들은 죽음과 같은 운명의 한계를 인식하는 것을 기반으로 영웅적 실천을 한다. 예를 들어 전쟁터에 나간 아킬레우스는 다른 누구보다 죽음을 의식하는 존재였다. 그가 영웅일 수 있는 이유는, 죽을 줄 '알면서도' 죽음을 무릅썼다는 측면 때문이다. 우리는 이 같은 영웅주의를 신화적 문학만이 아니라 실존인물인 철학자 소크라테스의 실천에서도 확인할 수 있다. 소크라테스가 사형 선고를 받고서 탈옥하지 않고 독배를 마신 것을 단순히 운명에 순응했다고 보기 힘들다. 그가 죽음의 길을 걸은 이유는 자살을 추구했다기보다는 정의로운 가치를 추구하기 위해 어쩔 수 없는 삶의 한계를 받아들인 것으로 보는 시각이 적절하다. 그런데 삶의 한계라는 수동성을 인식하고 오히려 그런 인식을 행위의 계기로 삼는 경우를, 우리는 20세기에 '목숨을 걸고' 민주화 투쟁을 한 고故 문익환 목사에게서 다시 만날 수 있다. 소크라테스가 사형 선고에 따른 것이나 문익환 목사가 국가보안법의 처벌에 따른 것은, 궁극적으로 대의를 위해 고통을 감수한 것이라고 보는 것이 옳다. 이 같이 삶의 한계라는 수동성을 인식하고 그것을 계기로 능동적 실천을 하는 것을 영웅적 실천 방식이라고 할 수 있으며, 이것이야말로 진정한 용기의 구현이라고 할 수 있다.

I
그리스 영웅들과 운명론적 인생관

영웅과 호걸을 추앙하고 추모하는 문화는 예나 지금이나 곳곳에서 마주할 수 있다. 그런데 우리 시대에 접하는 영웅주의는 미국식 색채를 짙게 풍기는 경우가 많다. 슈퍼맨과 같은 미국식 영웅들이 활약하는 할리우드 영화를 보면, 주인공은 뭘 하든 잘 해내고 결국에 가서는 승리를 거둔다. 우리는 이런 영화를 재미있게 보면서 즐기지만 감흥은 거기까지인 듯싶다. 극장에서 그런 영화를 보고 나와서 세부적인 분석을 하며 진지한 토론을 하는 경우를 보기는 쉽지 않다. 왜 그럴까? 주인공은 결코 죽지 않을 것이라는 것, 그래서 결국 영광의 해피엔딩으로 마무리될 것이라는 할리우드식 필연의 공식을 알기 때문이다. 거기에는 삶의 고통이나 비탄이 없으며, 그렇기 때문에 심각한 진지함이 빠져 있다. 따라서 우리는 미국식 영웅주의를 통해 삶의 쾌활한 측면만 체험하기 마련이다. 미국식 영웅주의는 명랑한 셈이다.

그렇다면 고대 그리스의 경우는 어떠한가? 우리가 아테네의 아크로폴리스에 올라갈 때면, 밝고 맑게 펼쳐진 투명한 하늘을 배경으로 서 있는 빛나는 신전의 대리석과 마주하게 된다. 우리는 여기서 그리스적 밝음을 보게 된다. 더구나 제우스가 바람을 피우다가 부인 헤라에게 들켜 도망치는 이야기며, 여신 아프로디테가 남편 헤파이스토스 몰래 전쟁의 신 아레스와 간통을 하다가 발각되는 이야기를 접할 때면, 그 같은 희극적인 장면에 절로 웃음을 짓게 된다. 그래서 어떤 이들은 고대 그리스 문화를 그저 밝음의 이미지로만 투영해서 보기도 한다. 그러나 이 같은 겉모습만 보고 그리스 문화가 본질적으로 명랑한 문화였으며, 고대 그리스인들의 인생관이 낙천적이었다는 결론을 내린다면, 그것은 커다란 잘못이다. 그리스적 명랑성은 그리스 문화의 일면에 지나지 않기 때문이다.

물론 그리스의 영웅들도 미국식 영웅들처럼 비범한 능력을 보여주는 것은 사실이다. 그러나 어떤 난관이든 아무 어려움 없이 수월하게 헤쳐나갈 수 있는 전능한 존재로 그려지는 것은 결코 아니다. 예를 들어 호메로스의 영웅 서사시《일리아스》를 보면, 그리스 연합군의 총사령관인 아가멤논은 자신의 권위만 내세우다 결국 망신스러운 꼴을 당하며, 아킬레우스는 아가멤논에게 당한 모욕에 화를 내다가 분을 이기지 못해 떼를 쓰며 전쟁터에서 물러나고 만다. 그리고 자신의 부관인 파트로클로스가 전사하자 어린아이처럼 줄줄 눈물을 흘리기도 한다. 그런가 하면 트로이아의 영웅인 헥토르는 아킬레우스와 벌이게 될 결투에 앞서 두려움에 휩싸인 나머지 잠시나마 달아날 생각까지 한다. 이런 모습은 우리가 영웅에게서 기대하는 모습과는 판이하게 다르다. 우리는 그리스 영웅들에게서 때로는 일탈하고 때로는 길을 잃고 헤매며 갈등하는 인간적인 면모를 쉽게 볼 수 있다.

사실 우리가 그리스 신화에서 마주치게 되는 명랑성은 거의 대부분 신들의 이야기에 국한된다. 한마디로 말해 그리스 신들은 근엄하고 엄숙하기보다는 가볍고 경박하다. 반면 영웅들의 이야기는 피할 수 없는 파멸과 죽음 속에서 고통에 놓인 심각한 이야기로 가득하다. 이러한 차이는 어떻게 생긴 것일까? 그리스 신들은 태어난 존재이지만 그들에게 죽음은 없다. 그래서 그리스인들은 신들을 불사적 존재들hoi athanatoi로 본다. 신들에게는 죽음이 없기 때문에 심각할 이유가 없다. 반면에 인간들은 필멸의 존재들hoi thnētoi, hoi brotoi이다. 영웅들은 신과 인간 사이의 중간 존재로 그려지는데, 신적인 비범함을 지닌 동시에 보통사람들처럼 죽음을 피할 수 없다. 그래서 영웅들은 심각할 수밖에 없는 것이다.

아닌 게 아니라《일리아스》와 같은 작품을 보면 트로이아의 전쟁터에서 전사들이 흘린 피가 개울을 이루고 단단한 돌이 힘줄과 뼈를 박살내며 날카로운 창이 관자놀이를 관통하고 창자가 땅 위로 쏟아지는 이야기들이 텍스트를 뒤덮고 있다. 마치 눈앞에서 죽음의 향연이 펼쳐지는 듯이 묘사되어 있어 소름이 돋을 정도다. 그런가 하면 죽음의 이야기는 아니더라도《오뒷세이아》같은 경우를 보면 주인공 오디세우스는 10년에 걸쳐 고향 땅 이타케로 귀향하면서 수없이 많은 죽을 고비를 넘기는 고생을 한다. 고대 그리스인들이 영웅들의 이야기를 통해 인생의 문제를 고민했다고 할 때, 그들에게 인생이란 일차적으로 즐겁고 밝은 것이 아니라 고통스러운 죽음과 고苦로 점철된 것이었다고 할 수 있다. 삶에는 늘 죽음과 같은 위험이 뒤따르기 마련이기 때문이다.

이 지점에서 우리는 고대 그리스인들의 인생관이 원래는 운명론이었음을 떠올릴 필요가 있다. 그들은 운명을 피할 수 없는 삶의 몫moira이라고 생각했고, 인간 자신이 통제할 수 없다고 생각했다. 이런 점에서 그들은 인생 속에서 인간이 제어할 수 없는 근원적인 한계에 주목한다. 그렇다고 그리스 영웅들이 인생에서 좌절하고 절망하며 소극적인 태도로 살아갔을까? 만일 그랬다면 우리가 그들을 '영웅'이라고 부를 만한 무슨 이유가 있을까? 그렇다면 우리는 영웅들의 운명론적 인생관을 도대체 어떻게 이해해야 할까?

I
그리스 영웅주의의 본질

호메로스가 쓴《일리아스》의 대표적 영웅은 아킬레우스다.《일리아스》9권(410-416)에서 아킬레우스는 이렇게 말한다.

나의 어머니 은빛 발을 한 여신 테티스께서 내게 말씀하시길,

두 종류의 운명이 나를 죽음의 종말로 데려갈 것이라고 하셨소.

내가 이곳에 머물러 트로이아인들의 도시를 포위한다면

돌아갈 내 고향길은 사라지고 마나 내 명성은 불멸할 것이오.

하지만 내가 사랑하는 조상들의 땅으로 돌아간다면

나의 훌륭한 명성은 사라지고 마나 내 수명은 길어지고

죽음의 종말이 나를 일찍 찾아오지는 않을 것이오.

《일리아스》 자체 내에서 아킬레우스가 죽는 장면은 등장하지 않지만, 그와 관련된 신화를 보면 아킬레우스는 전쟁터에 나가 싸우다가 결국 죽음을 맞이하고 만다. 머나먼 이국땅 트로이아에서 더 이상 싸우지 않고 고향으로 돌아가면 자신이 천수를 누리며 살 수 있다는 것을 알면서도, 그리고 전쟁터에 나가면 죽음의 운명을 피하지 못할 것임을 알면서도, 그는 전쟁터로 나선다. 아킬레우스는 죽을 줄 '알면서도' 물러서지 않은 것이다. 우리는 아킬레우스의 이 같은 면모 속에서 죽음을 두려워해 달아나는 소극적인 태도가 아니라 죽음을 불사하는 적극적인 태도를 보게 된다. 여기에 바로 아킬레우스의 영웅성이 있다.

그는 죽음이 두려워 도망치지 않는다. 오히려 죽음을 무릅쓰는 전사의 탁월함arete을 보여준다. 그런데 겉보기에는 단순한 선택 같은 아킬레우스의 결단에는 잘 드러나지 않는 숨은 계기가 작동하고 있다. 우선 그는 자신이 죽게 될 것임을 알고 있다. 전쟁터에 나서는 아킬레우스의 결단은 역설적으로 죽음에 대한 자각이 계기로 작용한다. 즉 그는 자신의 존재 속에 죽음을 받아들이고 나서 결단을 내린다. 그는 자신이 전쟁터에 나서는 행동을 하면 그 행위 때문에 죽음이라는 결과가 뒤따를 것임을 인식하고 있었던 것이다. 그런 인식에도 불구하고 그는 전쟁터에 나서기

로 결정을 내린다. 그런데 사태를 정확하게 분석해보면, 그가 그런 인식에도 불구하고 그런 결정을 내렸다기보다 그런 인식 때문에 그런 결정을 내릴 수 있었다고 보는 것이 옳을 것 같다. 그가 죽음을 자신의 삶에서 외재화하는 한, 그 같은 적극적인 결정은 불가능했을 것이기 때문이다. 만일 그가 삶에서 죽음을 멀리하고자 했다면 그는 죽음에서 달아나 도망쳤을 테니 말이다. 오히려 그는 죽음을 삶의 일부로 받아들여 '내면화'함으로써 적극적 행동을 할 수 있었던 것으로 보인다. 다시 말해 그의 결단은 죽음을 내면화한 인식을 계기로 이루어진 것으로 보인다. 이 같은 내면화가 그의 능동적 결단의 계기가 되었다는 점에서 그는 죽음을 회피하지 않는 선택을 한 위대한 영혼의 소유자다. 왜냐하면 그는 자신의 두 어깨로 죽음의 무게를 받아들였기 때문이다. 그렇다면 우리는 아킬레우스의 경우를 통해 영웅과 죽음의 관계를 이렇게 정리해볼 수 있을 것 같다. 자신이 전쟁터에 나서면 죽음이라는 수동성을 피할 수 없다는 것을 알고 있으면서도 그런 상황을 적극적으로 받아들이고 바로 그것을 계기로 능동적 결단을 내리는 것, 이것이 바로 영웅성의 본질이라 할 수 있다.

그런데 그리스 영웅들의 영웅적 실천 속에 함축되어 있는 또 다른 중요한 측면이 있다. 이 점을 트로이아의 영웅 헥토르의 경우를 통해 살펴보도록 하자. 앞에서 스쳐지나가듯이 이야기하긴 했지만, 헥토르는 아킬레우스와의 결투를 앞두고 심각한 마음의 갈등을 겪는다. 그는 협상하는 것과 싸우는 것 중 어느 쪽을 택할까 고민하다가 "영광스럽게 죽는 것olesthai eukleiōs이 더 나을 것"(《일리아스》, 22권 110행)이라고 마음을 정리하고 싸움에 임한다. 그런데 이 표현은 언뜻 역설적으로 보인다. 아니 차라리 형용모순 같기도 하다. 헥토르가 아킬레우스와 결투를 벌이다가 죽는다는 것은 결투에서의 패배를 함축하기 때문이다. 패배가 어떻게 영광스러울 수 있겠는가. 또한 '영광스럽게 죽는 것'이 유의미하다면 반대의 경우, 즉 '수치스럽게 사는 것'도 가능해야 할 것 같다. 그럴 수가 있을까?

겁쟁이 전사가 있다고 가정해보자. 그 전사는 전쟁터에서 무서움에 사로잡혀 무의식적으로 자꾸 후퇴를 한다. 그래서 보다 못한 장군이 한 발이라도 뒤로 물러서는 자가 있으면 가차 없이 칼로 베겠다고 선포한다. 이제 이 전사의 등에는 적군의 무기보다 아군 장수의 칼날이 더 가까이 있다. 이런 탓에 겁에 질린 겁쟁이 전사는 장군의 칼날이 무서워서 두 눈을 꼭 감고 마구 칼을 휘두른다. 그런데 공교롭게도 열 명 정도의 적군이 그 칼날의 이슬이 되는 일이 벌어지고 만다. 그리고 그 덕분에 겁쟁이 전사의 군대가 승리를 거둔다. 겁쟁이 전사가 승리를 이루어낸 것이다. 이런 상황에서 겁쟁이 전사를 용감한 전사로 말할 수 있을까? 하지만 사실이 그렇지 않다는 것을 우리는 알고 있다.

겁쟁이 전사가 칼을 휘둘렀다는 것은 사실이다. 그리고 그가 칼을 휘두른 덕분에 적군을 물리칠 수 있었다는 것도 사실이다. 그러나 승리한 결과는 겁쟁이 전사의 능력이나 품성에서 비롯된 것이 아니라 우연한 성공에 지나지 않는다. 그가 거둔 성공은 그의 품성과는 아무런 상관이 없기 때문이다. 우리는 승리를 거둔 전사가 여전히 겁쟁이라는 것을 안다. 이런 각도에서 우리는, 용기라는 품성이 반드시 승리라는 결과를 담보로 성립되는 것이 아니라, 행위자가 행위를 결속하는 방식에 기반을 두었음을 이해해볼 수 있다. 앞서 그 전사가 승리를 거두었음에도 여전히 겁쟁이일 수 있듯이 말이다. 이런 점들을 통해 이제 우리는 헥토르의 표현을 이해할 단서를 얻을 수 있다. 헥토르가 아킬레우스와 결투를 벌여 패배하더라도 그는 그런 패배를 두려워하지 않고 '용사답게' 싸우다 죽을 수 있다. 설사 패배하더라도 도망치지 않고 죽음을 무릅쓰고 싸우는 모습 때문에 우리는 헥토르에 대해 '용사답게' 싸우다 죽었다는 형용을 할 수 있다. 행위 결과의 측면에서 보면 헥토르는 패자이지만, 우리는 그의 행위 방식을 두고 여전히 용감한 전사였다는 평가를 할 수 있다. 헥토르가 '영광스럽게'라고 형용한 것이 바로 그런 면모다. 그러니까 이런 경우 용기로부터 비롯된 행위인지 아닌지를 보여주는 것은, 승리라는 결과라기보다 행위자가 수행하는 행위의 '특정한 방식'에 있다고 할 수 있다.

사실 말이지만 그리스인들은 단순히 생존만을 위해 사는 것을 수치스럽게 생각했다. 특히 전쟁터에서 살아남기 위해 도망치는 것을 가장 수치스러운 일로 생각했다. 인생의 목적은 살아남는 데 있지 않고, 무엇인가 소중한 가치를 추구하는 데 있다고 보기 때문이다. 이런 가치관은 실패(패배)를 두려워하기보다 죽음이라는 위험을 무릅쓰고 자신의 온 존재를 던지려는 태도 속에서 가능하다. 이런 점에서 호메로스 영웅들은 단순한 운명론자도 아니며 수동적인 존재들은 더더욱 아니었다.

지금까지 이루어진 분석을 통해 볼 때, 그리스 영웅들은 운명론자였음에도 소극적인 삶을 살지 않았다고 결론 지을 수 있다. 영웅들이 죽을 줄 알면서 죽음의 길을 택하는 것은, 죽음이란 운명의 몫에 굴하지 않고 자신의 능동성을 최대한 펼쳐 보이려는 태도 속에서 가능했기 때문이다. 여기에 그리스 영웅주의의 본질이 있다. 영웅들이 죽음을 두려워하지 않았다는 건 그들이 죽음을 삶의 일부로 내면화했다는 것을 시사하며, 그들에게는 단순히 죽음 자체보다 '어떻게' 죽느냐가 더 문제였음을 알 수 있다. 죽음을 내면화한 그들에게 '어떻게 죽느냐'는 것은 살아가는 가운데 이루어진 삶의 결정이며, 바로 이것이 그들이 택한 삶의 방식을 잘 보여준다. '비겁한 방식으로' 오래 살기보다는 '용감하게' 싸우다 죽는 것, 그 속에서 탁월함을 꽃피우는 것, 그것이 그들의 이상이었던 것이다. 이것은 행위의 의미를 승리냐 실패냐는 결과의 관점에서만 보지 않고, 행위자가 수행하는 행위 방식과 연관 지어보았음을 함축한다. '용감한 방식의' 행위는 행위자와 결속될 때, 그래서 그 행위자가 수행하는 행위 방식과 연관될 때만 유의미할 수 있기 때문이다. 다시 말해 호메로스 영웅들의 세계에서 '용기'와 '비겁'은 행위자와 결속된 행위 방식을 고려하지 않고는 실질적으로 구별되지 않는다. 그들은 죽음 앞에서도 자신의 자긍심과 품위를 잃지 않는다. 이 같은 영웅들의 위대함을 압축해서 후대의 철학자 아리스토텔레스는 다음과 같이 멋지게 묘사한다. "아름다운 죽음kalos thanatos"이라고.(《니코마코스 윤리학》, 1115a34)

그런데 우리가 현대에도 이와 비슷한 경우를 볼 수 있을까? 지난해는 인공지능 알파고가 충격을 안겨준 한 해였다. 그런데 알파고와 씨름한 이세돌 9단은 5판 3선승제의 경기에서 이미 3연패를 한 뒤에도 남은 대국을 끝까지 두었다. 전체 대국에서는 이미 패배가 확정된 뒤에도 이세돌 9단은 백척간두 위에 선 용자처럼 굴하지 않고 싸우다 패했다. 사람들은 이 같은 모습을 보고 이세돌 9단의 패배를 수치스런 패배라고 하지 않고 모두들 '아름다운 패배'라고 불렀다. 이세돌 9단은 패했지만 인간의 자존심을, 인간의 존재 이유를 충분히 보여주었고, 그것이 우리에게 전율의 감동으로 다가왔던 것이다. 현대의 우리는 이세돌 9단을 통해 패배가 아름다울 수 있다는 것을 깨달을 수 있었다. 마찬가지로 고대 그리스인들은 인간이 죽음 앞에서도 아름다울 수 있다는 것을 자신들이 추앙하던 영웅들을 통해 깨달았던 셈이다.

┃
운명에 대한 처절한 비극적 인식

우리는 지금까지 특히 호메로스의 서사시에서 묘사된 서사시적 영웅의 면모를 살펴보았다. 그런데 우리는 이 같은 그리스 영웅주의가 후대의 그리스 비극에서도 변형되어 지속되고 있음을 발견할 수 있다. 이를 논의하기 위해 소포클레스의 《오이디푸스 왕》을 다루어보기로 하자. 작품의 배경을 보면, 오이디푸스는 원래 테바이의 왕자로 태어난다. 그러나 '아비를 죽이고 어미와 결혼하게 되리라'는 신탁 때문에 부모의 버림을 받아 강물을 따라 코린토스로 떠내려가서 그곳의 왕 폴뤼보스의 양자로 자라난다. 그러나 오이디푸스는 우연히 자신이 주워온 아이라는 소리를 듣고 아폴론의 신탁을 구하다가 자기가 '아비를 죽이고 어미와 결혼하게 되리라'는 신탁을 받게 된다. 그는 자신이 폴뤼보스의 친아들이 아니라 양자라는 사실을 알지 못한다. 그래서 신탁의 예언을 피하기 위해 코린토스를 떠나 여행을 하다가 우연히 삼거리에서 마차를 탄 일행과 실랑이를 벌이다가 상대를 죽이게 된다. 그런데 마차에 타고 있던 이는 다름 아니라 오이디푸스의 친부 라이오스였다. 오이디푸스는 친부인 줄 모르고서 라이오스를 죽이게 된 것이다. 그 뒤 그는 테바이로 가서 친모인 줄 모르고 이오카스테와 결혼해 자식들까지 얻는다. 이런 신화를 배경으로 삼고서 소포클레스는 《오이디푸스 왕》이라는 작품에서, 오이디푸스가 자신의 부인이 자신의 친모였다는 것을 알게 되는 과정, 그리고 그것을 알고 난 뒤 이오카스테와 오이디푸스가 각기 내리는 결정을 극적으로 대비한다.

이오카스테는 자신이 자기 아들과 결혼했다는 것을 알고 나서 자살한다. 반면에 오이디푸스는 자살하지 않고 자기 눈을 찔러 실명하고 만다. 텍스트를 보면, 오이디푸스는 처음에는 자신이 지닌 인간의 능력을 믿고 적극적인 결정을 내리는 모습을 보인다. 그러나 자신이 신탁을 피하지 못했음을 알게 된 뒤에는 운명의 굴레를 벗어나지 못하는 인간의 한계를 인정하게 된다. 최종적인 단계에서 오이디푸스는 운명론자이다. 그런데 소포클레스는 이오카스테 또한 운명론적인 시각을 가지고 있는 것으로 묘사한다. 그렇다면 두 사람은 동일한 인생관을 지닌 것이라고 볼 수 있을까? 놀랍게도 소포클레스는 운명에 대한 두 사람의 태도를 극명하게 대조한다. 소포클레스는 이오카스테로 하여금 이렇게 말하게끔 한다. "인간은 운수tychē의 지배를 받으며 어느 일에도 분명한 예지가 없는데 두려워한다고 무슨 소용이 있겠어요? 되는 대로 아무렇게나 사는 게 최선이지요."(977-979행) 이오카스테는 운수로서의 운명이 삶을 지배한다는 것을 인정하고서 되는 대로 살자고 한다. 그러나 사태가 모두 드러난 뒤 오이디푸스가 자기 눈을 찌르고서 하는 말은 이오카스테가 한 말과는 성격이 판이하게 다르다.

> 친구들이여, 아폴론, 아폴론, 바로 그분이셨소.
> 이 참혹하디 참혹한 나의 고통을 이루어내신 분은.
> 하지만 내 이 두 눈은 다른 사람이 아니라
> 의연한dlamōn 내가 손수 찔렀소이다. 볼 수 있어도
> 즐겁게 볼 수 있는 게 아무것도 없는데
> 보아야 할 필요가 뭐 있겠소!
>
> (1329-1334행)

오이디푸스는 자신이 친모와 결혼하게 된 고통스러운 일을 이루어낸 이가 아폴론이라고 말한다. 신탁을 관장하는 신이 아폴론이기 때문이다. 여기서 그는 자신이 불행한 운명의 굴레를 벗어나지 못했음을 인정하고 있는 것으로 보인다. 그러나 그런 상황에서도 오이디푸스는 눈을 찌른 행위 자체는 다른 누가 아니라 자신이 손수 행한 것이라고 당당하게 밝히고 있다. 우리는 여기서 '의연한'으로 옮긴 'tlamōn'이라는 표현에 주목할 필요가 있다. 이 형용사는 동사 'tlaō'에서 온 말인데, 이 낱말은 '견디다endure'를 뜻할 수도 있고 '감행하다dare to'를 뜻할 수도 있다. 전자는 수

동성의 뉘앙스를 후자는 능동성의 뉘앙스를 함축한다. 어떻게 한 낱말이 수동적 의미와 능동적 의미를 동시에 가질 수 있을까?

모르긴 몰라도 이 낱말은 그리스 영웅주의의 본질을 상징하는 대표적인 용어라고 볼 수 있다. 오이디푸스의 의연함은 인간이 능동적으로 제어하지 못하는 운명 앞에서 등장한다. 그는 자신이 어쩌지 못하는 운명을 인정하고 그것을 감내한다. 오이디푸스가 손수 두 눈을 찌르는 행위를 할 수 있었던 것은 그 같은 수동성을 인정하고 견디는 것을 계기로 이루어진다. 이런 점에서 운명에 굴하지 않는 오이디푸스의 의연함은 운명이라는 수동성에 대한 처절한 인식을 기반으로 한다. 오이디푸스는 운명의 굴레를 인식하고 인정하며 그것을 내면화한다. 그럼으로써 그는 고통을 견디면서 흔들리지 않는 의연함을 갖춘다. 그리고 이 같은 의연함이 바로 그가 능동적인 방식으로 행동을 하게 되는 토대가 된다. 그렇다면 비극적 영웅의 경우에도 수동성에 대한 내면화가 능동적 결단의 계기가 된다고 할 수 있을 것이다. 이런 점에서 이오카스테나 오이디푸스나 모두 운명론자이지만, 전자는 '소극적 운명론자negative fatalist'였다면 후자는 '적극적 운명론자positive fatalist'였다고 결론을 내릴 수 있을 것이다.

ㅣ
죽음을 무릅쓴 소크라테스

우리는 지금까지 서사시적 영웅과 비극적 영웅의 전형을 살펴보았다. 그런데 이런 이야기들 속의 영웅들은 신화적 문학의 세계에서 제시된 존재들이다. 이제 우리는 역사적으로 실존했던 인물인 소크라테스로 방향을 돌려보도록 하자. 알다시피 소크라테스는 철학을 했다는 이유로 사형 선고를 받고 독배를 마시며 세상을 떠났던 철학자였다. 그는 '젊은이들을 타락시키고, 나라가 믿는 신들을 믿지 않고 새로운 신령스러운 것들을 믿고서 불의를 행했다'는 이유로 기소되었다. 그런데 법정에서 소크라테스가 보이는 태도는 여러 측면에서 납득하기 어려운 점이 있다. 당시의 재판 과정은 배심원들이 두 번에 걸쳐 투표를 해서 1차 투표에서 유무죄를 결정하고 2차 투표에서 원고와 피고가 서로 형량을 제안한 다음 배심원들이 결정하게 되어 있었다. 그런데 1차 투표에서 유죄가 확정되고 나자 소크라테스는 오히려 자신이 상을 받아야 한다고 주장한다. (물론 나중에 벌금 30므나의 형을 제안하기는 하지만) 이 같은 태도는 배심원들의 미움을 불러일으킬 게 뻔한 일이었다. 결국 소크라테스는 사형 선고를 받고 만다. 이런 모습을 보면 소크라테스는 꼭 죽을 작정을 한 사람인 것만 같다. 아닌 게 아니라 소크라테스가 의도적으로 죽으려고 했다고 보는 이도 있다. 그는 바로 근대의 니체F. Nietzsche다.

사실 우리는 역사적인 소크라테스에 대해 뭐라 단정할 만한 투명한 텍스트를 가지고 있지 않다. 그렇지만 세부적인 묘사에서는 다소 차이가 있더라도 소크라테스가 삶에 넌더리를 냈다는 해석은 그가 보인 행적을 고려할 때 거의 납득하기 어렵다. 소크라테스는 평생 동안 세 번에 걸쳐 시민의 의무를 다하기 위해 전쟁에 참여한 것으로 전해진다. 그 가운데서도 플라톤이 남긴《향연》(219d-221c)이라는 책을 보면 소크라테스는 혹한 속에서도 강인한 인내력을 발휘해 목숨을 잃게 된 알키비아데스를 구해냈다는 이야기가 전해진다. 소크라테스는 전쟁터에서도 용기를 보여준 위대한 시민이었으며, 적극적인 삶의 태도를 보여준 인물이다.

그렇다면 재판을 받고 사형 선고를 받을 때의 소크라테스의 행위 방식은 어떠했는가? 플라톤의《크리톤》을 보면 작품 속의 크리톤은 소크라테스에게 탈옥을 권유한다. 그는 "자신을 구할 수 있는데도 자신을 포기하는 일은 정의롭지 못하다"고 비판하면서 소크라테스에게 설득을 시도 한다.(45c) 크리톤이 '자살'이라는 명시적인 표현을 사용하고 있는 것은 아니지만, 크리톤은 소크라테스의 행위를 자기 자신을 포기하는 자살로 간주하고 있음이 분명하다. 소크라테스가 죽을 줄 알면서도 도망치지 않고 스스로 독배를 마셨으니, 자살을 선택했다고 해야 할까?

자살이란 스스로 목숨을 끊는 행위를 가리킨다. 이 같은 자살을 도덕적으로 비판하는 이유가 정확히 무엇이냐는 논란의 대상이다. 그렇지만 상식의 견지에서 볼 때 자살을 비난하는 명확한 이유 가운데 하나는 자살이 일종의 회피이기 때문일 것이다. 절망에 빠져 자신의 상황을 비관해서 회피하든 수치심에 빠져 불명예스러운 상황을 회피하든, 자살자는 주어진 상황을 '자살을 통해' 회피하고 모면하려 한다. 그렇다면 소크라테스는 회피의 방식으로 자살한 것일까? 이미 앞에서 일부분 살펴보았듯이 소크라테스는 법정에서 적극적으로 자신을 변론하며, 독배를 마시기 전에 크리톤과 논의를 펼칠 때도 소극적인 회피의 태도를 전혀 보이지 않는다. 오히려 그는 죽음 앞에서 추호의 흔들림도 없다. 여기서 우리는 죽음 앞에서 소크라테스가 보이는 면모를 어떻게 해석해야 할지 난감해지지 않을 수 없다.

우리의 문제를 해결하기 위해 다른 차원의 문제에 대해서도 주목해보도록 하자. 어떤 사람을 자살자로 간주하려면, 해당 행위자가 자살 행위를 직접적으로 의도했을 경우로 한정해야 한다. 예를 들어 앞의 사례에서 절망에 빠진 자는 죽음을 목적으로 의도하고 있다고 할 수 있고, 불명예 때문에 수치심을 느끼는 자는 불명예를 벗기 위한 수단으로 죽음을 의도하고 있다고 할 수 있으며, 따라서 두 경우에는 목적 아니면 수단으로 자살을 '직접' 의도했다고 규정할 수 있을 것이다. 그렇다면 소크라테스의 경우에서도 이 같은 직접적 의도를 찾을 수 있을까?

일차적으로 소크라테스가 죽음 자체를 행위의 목적으로 삼았다고 보기는 힘들어 보인다. 《크리톤》을 보면 그는 절망에 빠져 삶을 회피하고 죽음을 희구하는 사람처럼 행동하지 않고, 나라의 법을 지키는 것이 정의이기 때문에 그에 따라 독배를 마시는 것으로 말하고 있다. 이런 태도는 자살을 목적으로 삼는 사람의 모습이 결코 아니다. 그럼 목적 차원의 결정이 아니었다면 소크라테스는 죽음을 수단으로 의도한 것일까? 이를테면 소크라테스는 자신의 명예를 지키기 위해 목숨을 수단으로 사용해서 끊은 것으로 볼 수 있을까? 이와 관련해서 우리가 주목할 만한 언급이 《소크라테스의 변론》에 등장한다. 소크라테스는 철학을 하지 않는 조건으로 방면放免하더라도 그것을 거부하겠노라고 천명한다.(29c-d) 이것은, 소크라테스가 그 상황에서 자신이 철학을 하는 길과 죽는 길이 양립 불가능함을 인식하고 있다는 것을 극명하게 드러낸다. 그리고 (여기서 세부적으로 논증하기는 어렵지만) 《크리톤》의 소크라테스 논조를 보면, 만일 두 가지가 양립가능했다면 그가 죽는 쪽을 택하지는 않았을 것으로 보인다. 따라서 소크라테스가 죽는 쪽을 선택하지 않을 여지가 있다면, 그가 죽음을 직접적인 수단으로 선택했다고 규정하기는 어려울 것이다. 소크라테스는 철학적 삶을 지향하는 자신에게 죽음이 어쩔 수 없이 다가온 것으로 인식했을 뿐이다.

　여기서 우리의 혼란을 야기하는 핵심적 사실은 소크라테스가 죽을 줄 '알면서' 행동했다는 데 있다. 우리는 어떤 것을 알면서 행했다면, 그 어떤 것이 행위의 목적 아니면 수단이 될 것으로 쉽게 가정하곤 한다. 그러나 이런 문제와 관련해서 결정적으로 유의해야 할 것이 있다. 목적이든 수단이든 그런 표현을 유의미하게 사용할 수 있으려면, 행위자가 문제의 목적이나 수단을 스스로 통제할 수 있어야 한다. 그것이 가능하지 않을 때, 즉 행위자가 통제하는 것이 여의치 않을 때 그것을 목적으로든 수단으로든 선택했다고 표현하는 것은 부적절하다. 그렇다면 정작 소크라테스는 자신의 행위 방식을 어떻게 묘사하고 있는가?

《소크라테스의 변론》을 보면 소크라테스는 자신을 '죽음이란 위험을 가볍게 여긴' 아킬레우스에 비유하고 있다.(28c) 그리고 정의를 위해 죽음을 무릅써야 한다고 역설한다.(28d, 38e) 그런데 이런 경우 행위자는 죽음을 '태연히 감내하는 것rhadiōs pherein'이다. 플라톤의 대화편을 보면, 'rhadiōs pherein'라는 표현이 소크라테스의 죽음에 대해 반복적으로 사용되고 있음을 볼 때(《크리톤》43b, 《고르기아스》522d-e, 《파이돈》63a), 이 표현을 통해서 적어도 플라톤이 소크라테스의 죽음을 어떻게 해석하고 있는지를 이해할 수 있다. 플라톤의 설명에 따를 때, 소크라테스는 죽음을 능동적으로 선택했다기보다 수동적으로 '감내한 것'이다. 사실 'rhadiōs pherein(태연히 감내하는 것)'이란 표현은 비극 영웅들의 행위 방식을 묘사할 때 자주 사용되던 표현이다(이 표현은 아이스퀼로스, 소포클레스, 에우리피데스라는 3대 비극 작가의 작품에서 비극적 영웅의 면모를 형용할 때 자주 사용된다). 이 같은 문학적 전거典據를 배경으로 했을 때, 우리는 이제 소크라테스가 왜 자신이 죽는 '방식'을 아킬레우스에 빗대는지를 이해할 수 있을 것 같다. 소크라테스는 '위험을 무릅쓰는kindyneuein' 영웅들처럼 죽음이란 위험kindys 속에서도 그것을 회피하지 않고 맞서서 철학을 해야 한다는 자신의 원칙과 소명을 일관되게 추구한 것이다.

사실 근대의 니체와 같은 이들은 《파이돈》(81a)에서 철학을 '죽음의 연습meletē thanatou'이라고 한 것을 두고 소크라테스의 철학 정신을, 죽고 싶어 하는 것이라고 해석했을 가능성이 높다. 그런데 바로 그 대목에서 소크라테스는 태연히 죽는 연습을 바르게 철학하는 것과 결속시키고 있다. 그리고 대화편 《파이돈》(63a)에서 등장인물 심미아스는 소크라테스가 죽음에 임하는 태도를 '태연히 감내하는 것'이라고 묘사하고 있다. 이런 점에서 죽음 연습이란 스스로 죽음을 원해서 죽는 것, 즉 자살을 가리키는 것이 아니다. 그것은 죽음을 무릅쓰게 되더라도, 자신의 철학적 원칙과 신념을 지키기 위해 죽음을 감내하는 것을 뜻한다. 이때 이루어지는 선택이 죽음이라는 위험 자체를 지향하는 것은 결코 아니기 때문이다. 그것은 위험 자체를 선택한 것이 아니라 다른 가치를 추구하기 위해 어쩔 수 없이 위험을 '감내하는 것'을 선택한 것이기 때문이다. 그리고 이런 태도야말로 죽을 줄 알면서도 전쟁터에서 물러서지 않았던 소크라테스의 삶의 태도와 연속성을 가진다. 따라서 소크라테스의 행위 방식에는 전통적 영웅의 행위 방식이 놓여 있다고 볼 수 있으며, 이에 따라 그리스 영웅주의를 배경으로 놓고 볼 때 우리는 소크라테스를 자연스럽게 철학적 '영웅'이라고 부를 수 있을 것이다.

그렇다면 니체는 소크라테스가 죽을 각오를 하는 것, 즉 죽음을 무릅쓰는 것을 죽기를 원한 것이라고 완전히 오독한 셈이다. 죽을 각오를 하기 위해서는 죽을 마음의 준비를 미리 단단히 하고 있어야 하지만, 그런 행동을 하는 것이 곧바로 죽음 자체를 의도했다고 단정 지을 수 있는 것은 결코 아니기 때문이다. 어찌 보면 그리스 영웅주의의 전통을 잇고 있다는 점에서 소크라테스는 역설적으로 니체가 말한 '운명애amor fati'의 정신을 보여주는 철학자라고 할 수 있다. 예를 들어 《크리톤》(46b)에서 "내게 이런 운명이 닥쳤다고 해서 내가 이전에 말했던 원칙들을 지금 와서 내던져 버릴 수는 없다"고 말하는 대목을 보면, 소크라테스는 자신에게 주어진 어쩔 수 없는 한계를 피하기보다 그것의 어쩔 수 없음을 받아들이고 일관된 삶의 원칙을 지킨 위대한 영웅인 것이다. 이런 점에서 소크라테스는 전통적인 영웅주의의 철학적 변형을 보여주는 위대한 존재라고 할 수 있다.

우리는 이런 해석을 법에 대한 소크라테스의 태도와 연관 지어 확장시켜볼 수 있을 것 같다. 우리에게는 소크라테스가 '악법도 법이다'라는 말을 한 철학자로 흔히 알려져 있다. 그러나 소크라테스가 실제로 그런 말을 했다는 기록은 전무하다. 그런데도 불구하고 왜 소크라테스를 그런 식으로 오해하는 견해가 일반화되었을까? 우리는 한국의 현대사를 통해 위와 같은 구호가 독재를 정당화하는 데 사용되었다는 것을 알고 있다. 따라서 '악법도 법'이라는 구호는 독재를 정당화하는 이데올로기에 지나지 않다고 돌릴 수 있을 것 같다. 그러나 소크라테스를 정확히 어떻게 이해해야 하는지에 대한 문제에는 쉽게 해결되지 않는 근원적인 차원에 놓여 있다. 소크라테스의 행위 방식이 담고 있는 사태의 복잡성 때문에 우리에게 혼란이 야기된 것으로 볼 수 있기 때문이다.

이 문제와 핵심적으로 연관되어 있는 텍스트는 《크리톤》과 《소크라테스의 변론》이다. 우선 《크리톤》부터 보면 엄밀히 말해 소크라테스는 당대 아테네의 헌정과 법을 악법이라고 생각하지 않았다(이 주제를 제대로 다루려면 상당히 복잡한 논의를 해야 하지만, 여기서는 우리의 논의 틀 안에서 간략하게 스케치하는 데 머물도록 하자). 그래서 그는 아테네 헌정 시스템 자체가 잘못되었다고 여기지 않고, 아테네인들이 자신에게 내린 '판결'에 문제가 있다고 여긴다. 아테네인들이 내린 사형 선고가 잘못되었다는 것이다. 이런 면모는 또 다른 텍스트인 《소크라테스의 변론》에서 아테네인들을 향해 엄정한 비판의 목소리를 올리는 소크라테스와 일치된다. 그렇지만 《크리톤》에서는 준법정신을 옹호하는 소크라테스의 면모 또한 확인할 수 있다. 그렇기 때문에 결국 소크라테스가 단순히 아테네의 법만 아니라 아테네인들의 잘못된 판결에 대해서도 순응하는 터에 소크라테스에게서 일관성을 찾을 수 있을지가 문제가 될 수밖에 없다. 사형 선고를 받은 뒤 감옥에서 죽음을 기다리던 소크라테스에게 평생지기 크리톤이 탈옥을 권하지만, 소크라테스는 탈옥을 거부하고 법에 따라 독배를 마시기로 결정을 내리기 때문이다. 소크라테스는 자신에게 사형 선고를 내린 아테네인들의 판결이 잘못 되었다고 비판하면서도 그 판결에 따라 독배를 마시고 죽음을 맞이한다. 어떻게 소크라테스의 비판적 태도와 순응적 태도가 일관될 수 있는 것일까? 이것이 바로 우리를 깊은 혼란의 바다에 빠뜨리는 원천이다. 다시 한 번 강조한다면, 소크라테스는 아테네인들의 판결이 잘못되었다고 비판하면서도 그 판결을 이행한다. 더구나 그 판결이 사형 선고임에도 불구하고 말이다. 우리의 상식은 판결에 따른다는 것은 바로 그 판결을 승인하는 것이라고, 따라서 소크라테스는 동일한 판결에 대해 비판하는 동시에 승인했기 때문에 모순적 태도를 보이는 것처럼 보일 수 있다.

소크라테스가 던지는 문제를 이해하기 위해 시간과 공간을 넘어 한국의 불행한 사례를 다루어보도록 하자. 20세기 후반 한국의 민주화 운동 시기에 '목숨을 걸고' 민주화 투쟁을 벌인 분들 중 고故 문익환 목사라는 분이 있다. 문익환 목사는 평소에 국가보안법을 철폐해야 할 악법으로 한결같이 비판했다. 그러다가 1989년 그는 정부의 허락 없이 북한을 방문했다가 일본에 잠시 체류한 뒤 곧바로 조국의 땅으로 돌아온다. 그는 한국으로 돌아오면 국가보안법의 처벌을 받는다는 것을 알고 있었고, 결국 재판을 받고 투옥되었다가 1993년 석방되었다. 그러나 그는 석방된 뒤로도 다시 국가보안법 철폐론을 주장했다. 그렇다면 문익환 목사는 국가보안법을 비판했다가 수용하고, 이를 다시 비판하는 방식으로 그때마다 입장을 변경한 것일까?

핵심은 그가 왜 조국 땅으로 돌아왔는가에 있다. 그는 조국 땅으로 돌아오면 국가보안법의 처벌을 받을 수밖에 없다는 것을 '알고' 있었다. 그렇지만 문익환 목사가 국가보안법에 의한 처벌을 받는 쪽을 선택했다고 해서 그것이 국가보안법에 대한 동의를 곧바로 함축하는 것은 아니라는 점을 주목해야 한다. 아마도 문익환 목사는 독재 정권에 대해 끊임없이 비판했지만, 그 같은 비판이 실존적으로 유의미할 수 있는 공간은 자신이 속한 조국 땅뿐이라고 생각했던 것 같다. 사랑하는 조국 땅에서 살기 위해서라면 (당시의 정권이 독재 정권이었기 때문에) 어쩔 수 없이 국가보안법이라는 실정법의 존재를 받아들일 수밖에 없다. 아니면 조국 땅을 떠나야 하기 때문이다. 그러나 이때 국가보안법의 처벌을 받아들이는 것은, 국가보안법 자체에 대한 동의가 아니라 조국 땅에서 살기 위해 어쩔 수 없이 '악법을 감내하는 것'이라고 해석해볼 수 있다. 문익환 목사에게는 실질적인 선택지가 없는 셈이다.

(세부적인 논쟁점들을 과감히 생략하고 본다면) 소크라테스의 행위 방식과 문익환 목사의 행위 방식은 본질적으로 유사하다. 소크라테스는 탈옥해서 해외로 달아나는 것을 의미 있다고 생각하지 않는다. 따라서 그는 사형 선고가 잘못된 판결임에도 그것을 감수한다. 그가 추구한 것은 잘못된 판결을 이행하는 데 있지 않았다. 그는 아테네의 법을 지키기로 약속한 것을 지키기 위해 사형을 감수한 것으로 보인다. 아닌 게 아니라《크리톤》을 보면 소크라테스는 정의를 지키기 위해 죽음이라는 위험을 무릅써야 한다는 것을 지속적으로 강조하고 있다. 따라서 우리는 위험을 무릅쓰는 영웅주의적 행위가 탈옥을 거부하는 소크라테스의 행위에서도 그대로 성립되고 있음을 확인할 수 있다. 소크라테스는 죽음 앞에서도 자신의 원칙을 포기하지 않고 불굴의 용기를 보여주는 영웅적 실천을 한 것이다.

|

그리스 영웅주의에서 배울 수 있는 것

지금까지 우리는 그리스 영웅주의의 본질이 어디에 있는지를 살펴보았고, 또한 그 같은 맥락에서 죽음을 무릅쓰는 소크라테스의 행위 방식을 이해할 수 있다는 것을 알게 되었다. 그러나 세부적으로 들어가면 서사시적 영웅의 인생관과 비극적 영웅의 인생관이 동일한 것도 아니며, 소크라테스의 인생관이 그들과 완전히 동일한 것도 아니다. 서사시적 영웅의 가치가 공동체에서 인정받는 명예를 추구했다면, 비극적 영웅은 삶의 파국을 실존적으로 감당하며 파국을 넘을 가능성을 받아들이지 않는다. 그러나 소크라테스가 추구한 가치는 공동체 안에서 성립되는 명예 가치를 넘는 보편성을 가지며, 또 인생의 의미를 비극적으로 보지 않고 새로운 가치를 구현할 수 있는 가능성을 인정한다. 하지만 이 같은 주제들은 긴 논의가 필요하기 때문에 아쉽게도 여기서 감당하기는 어렵다. 다만 우리는 지금까지의 논의를 통해 현대의 우리 자신의 인생관과 대비적 조명을 해볼 수는 있을 것 같다.

현대의 우리는 흔히 '넌 할 수 있어You can do it. 용기를 가져'와 같은 표현을 하곤 한다. 이런 표현은 우리가 일상적으로 '용기'라는 말을 어떤 맥락에서 어떤 방식으로 사용하고 있는지를 보여준다. 이런 맥락의 '용기'는 행위자로 하여금 적극적으로 할 수 있는 의지를 북돋기 위해 사용되는 것으로 보인다. 이런 점에서 용기는 행위자의 능동성과 긴밀하게 연결되어 있다. 그렇지만 현대에는 용기의 덕목이 중심적인 지위를 잃고 저 변방의 구석으로 밀려났다는 사실에도 주목할 필요가 있다. 현대 문화에서처럼 '할 수 있다'는 측면에만 주목하는 긍정적 세계관만으로는 용기의 근원을 인식할 수 없기 때문이다. 이는 용기의 근원적 지점이 단순히 능동성에만 놓여 있는 것이 아니라 수동성을 어떻게 받아들일 것이냐의 문제와 연관되어 있음을 시사하는 듯하다.

그리스 영웅주의는 삶의 어쩔 수 없는 수동성을 내면화하고 그것을 계기로 오히려 능동적 실천을 행할 수 있음을 보여준다. 이런 면에서 우리는 우리 자신에게 주어진 수동적 차원에 대해서도 주목할 필요가 있을 듯싶다. 단순히 내 꿈은 무엇인지만 고려할 것이 아니라, 그런 꿈속에서 내가 감당하고 견디어내야 할 것이 무엇인지를 함께 고민해야 인생의 현실을 제대로 인식할 수 있다. 인생의 선택은 아무런 조건 없이 고립된 상황에서 이루어지지 않는다. 행위자의 능동적 선택은 그런 선택을 통해 감수해야 할 고통스런 결과를 동시에 고려할 때 진정으로 합리적일 수 있다. 인간의 행위는 삶의 조건이 야기하는 한계 속에서 성립되기 때문이다. 따라서 우리는 삶의 능동성과 수동성이 교차하는 맥락을 지성의 눈으로 분간해낼 수 있을 때 지혜로운 선택을 할 수 있다. 때문에 지성의 통찰이 없는 능동성은 무모함이나 만용에 그칠 수 있는 셈이다. 이것이 그리스 영웅주의, 그리고 그것을 이어 받은 소크라테스의 정신이 우리에게 알려주는 가르침이다.

끝으로 오해를 피하기 위해서 한마디만 더 한다면, 이 글에서 수동성의 내면화를 긍정적으로 이야기했다고 해서 모든 수동적 차원을 수긍하는 것을 무조건 긍정적이라고 주장한 것으로 오해하지 않기를 바란다. 그 같은 태도는 오히려 패배주의적 태도일 수 있다는 점을 강조하고 싶다. 그리스 영웅주의는 인간이 통제할 수 없고 제어할 수 없는 근원적인 한계로서의 수동성에 주목하는 인생관을 이야기하고 있다. 이것을 오해해서 수동적으로 주어진 불의한 현실과 잘못된 사회 조건을 무조건 수긍하는 것은 그리스 영웅주의의 본질을 근원적으로 잘못 해석하는 것이 된다. 자신이 추구하는 가치와 원리에 따라 살고자 할 때, 우리 인간은 때로는 감수해야 할 삶의 한계를 마주하기 마련이다. 그러나 이런 한계가 삶에 가져오는 위험을 두려워하기보다 그것을 감수하여 넘어설 때 진정한 용기를 실천할 수 있다. 바로 이것이 우리가 소크라테스에게서 배울 수 있는 가르침이다. 용기 있다는 것은 자신의 행위가 어떤 결과를 가져올

지를 예상하고 그런 결과를 자신이 감당하고 책임지겠다는 것을 당당히 선언하는 것이다. 인생의 어쩔 수 없는 위험을 감수하고 그것을 리스크로 삼아 자신이 추구하는 가치를 실천에 옮길 때 진정한 인생의 의미를 찾을 수 있다면, 용기의 덕목은 우리 시대에도 여전히 숭고한 가치를 가질 수 있을 것이다.

— 김
재
홍 —

생명

메멘토 모리, 죽음의 미학

죽음에 대한 성찰

사람은 누구나 죽는다. 우리는 죽음을 어떤 시선으로 바라보고 유한한
삶을 어떻게 살아가야 할까. 인격화된 죽음이란 과연 무엇일까. 한 인간
이 자신의 인격처럼 자신의 죽음도 스스로 결정할 권리를 가질 수 있을
까. 플라톤과 아리스토텔레스 그리고 에피쿠로스를 거쳐 자기 죽음을 엄
격히 통제한 칸트의 정언명법까지 살펴보며 죽음의 본질에 대해 고민해
본다. 죽음을 통해 우리의 삶 자체를 돌아보고 자신의 내면 세계를 들여
다볼 수 있다. 우리는 어디서 와서 어디로 가는가? 죽음을 성찰하는 것은
인생에서 무엇이 되려는 목표보다 삶을 살아가는 자체를 더 소중히 여길
수 있는 기회가 된다.

I
죽는다는 것을 기억하라(memento mori)

지금 이 순간에도 누군가는 스스로 생명의 끈을 내려놓고 있다. "상한 갈대를 꺾지 아니하며 꺼져가는 등불을 끄지 아니하고 진실로 정의를 시행할 것이며."(《이사야》 42장 3절) 요컨대 생명의 고귀함은 아무리 강조해도 지나치지 않고, 이 세상 어느 것과도 견줄 수 없는 소중한 것이다.

호메로스Homēros의 《오뒷세이아》(11가 487–8행)에 보면, 하데스로 찾아간 오디세우스가 아킬레우스에게 아카이오이 인들이 생전에 그대를 신처럼 존경했고, 지금은 죽은 자들 가운데 가장 강력한 통치자라고 위로하면서, "그러니 아킬레우스여, 그대는 죽었다고 해서 슬퍼하지 마시오"라고 위로하는 장면이 나온다. 이 말을 받아 아킬레우스는 "죽음에 대해 내게 그럴싸하게 말하지 마시오"라고 말하면서, 차라리 죽은 자들을 통치하느니 지상에서 머슴이 되어, 농토도 없고 재산도 많지 않은 가난한 사람 밑에서 종살이나 하고 싶다고 말하는 대목이 나온다. 요컨대 개똥밭에 굴러도 이승이 좋다는 얘기다. 그러나 인간의 운명이란 이미 죽기로 정해진 것이니 어찌하랴.

'아르카디아에도 나는 있다Et in Arcadia ego'라는 제목으로 잘 알려진 그림으로는 푸생N. Poussin과 구에르치노Guercino의 작품이 있다. 이 두 작품은 고대 그리스의 이상화된 목자牧者들이 옛 무덤 주위로 모여든 모습을 묘사한 전원 그림이다. 파리의 루브르 박물관에 있는 푸생의 그림은 '아르카디아 목자Les bergers d'Arcadie'란 제목이 붙어 있다.

"아르카디아에도 나는 있다"라는 말은 보통 '죽는다는 것을 기억하라'는 의미로 해석되며, '인격화된 죽음'이 주어로 말하는 것처럼 되어 있다. 물론 여기서 아르카디아는 펠로폰네소스 반도 중앙에 위치한 높은 산이 있는 산맥에 의해 사방이 둘러싸인 고원 지대를 가리키는 것이 아니다. 우리가 떠올리는 '아르카디아'는 참혹한 현실에서 벌어지는 정치적 분규가 사라진 유토피아, 목자들의 나라, 사랑과 시의 나라다. 이 나라의 발견자는 로마 초기의 시인인 베르길리우스*다.

I
죽음의 자기 결정권

인간의 삶과 죽음을 생각하노라면, 《구약성서》의 "모든 육은 들의 풀과 같도다"와 "풀이나 꽃처럼 사는 데에도 뜻이 있다"라는 말이 떠오른다. 그러면서도 〈전도서〉의 구절처럼 '모든 것이 헛되다'는 말을 뼈저리게 느끼기도 한다. 생전의 지위고하를 막론하고 값지지 않은 영혼이 어디 있으랴.

우리나라는 OECD(경제협력개발기구) 국가 중 최고로 높은 자살 수치를 보인다. 이 수치數値는 수치羞恥이지 결코 자랑이 아니다. 근래 우리는 여러 죽음을 보았다. 어느 쪽은 병고로 인해 선택한 죽음이고, 다른 쪽은 생활고로 자신의 아들을 위해 선택한 희생적 죽음이었다. 몇몇은 연예인들로 대중의 인기와 명예를 쫓던 사람들이었다. 한쪽은 유수有數 언론들의 집중 조명을 받으며 널리 알려졌지만, 다른 쪽은 몇몇 인터넷 신문을 통해 알려진 게 전부였다. 그중 역설적이게도, 고달픈 많은 사람에게 희망을 안겨주면서 '행복의 전도사'로 널리 알려진 분이 사랑하는 사람과

---

* Publius Vergilius Maro, 기원전 70-19년. 베르길리우스의 아버지는 옛 라틴계의 혈통을 이어받았고, 로마 시민권을 지니고 있었다. 아우구스투스 황제의 궁정 시인으로 《선가(혹은 詩選牧歌)》, 《농경가》, 《아이네이스》 등을 남긴 로마 최고의 시인이다.

동반 죽음을 선택한 경우도 있었다. 참을 수 없는 병고病苦가 극단적인 선택의 이유였다. 긍정적 사고를 통해 죽음의 공포를 극복해야 한다던 자신의 주장은 육체의 고통 앞에서 자기모순에 빠져들고 말았다. 어느 장애인 아버지는 이 무섭도록 불의한 시대를 온몸으로 비탄하고 고발하면서 죽어갔다. 어찌 생각해보면, '공정한 사회'를 향한 마지막 저항으로 죽음을 선택했는지도 모를 일이다. 그의 죽음 앞에서는 더불어 살아가는 공동체의 일원으로 누구도 자유롭지 못하다. 그가 남긴 유서 몇 구절의 내용은 다음과 같다. "일자리를 못 구해 힘들다. (…) 아들이 나 때문에 혜택을 못 받는 게 있다. 내가 죽으면 동사무소 분들이 혜택을 받을 수 있도록 잘 부탁한다." 장애 아들의 국민기초생활수급자 지원과 장애 아동 부양 수당을 받기 위해서 아버지가 자신의 몸을 기꺼이 희생물로 바쳤다. 고인의 유서 말미에는 "아들아 사랑한다. 내 뼈는 화장해서 그냥 공원에 뿌려 달라"는 슬픈 유언을 남겼다.

인간에게 죽을 권리가 있을까? 죽음에 대한 자기결정권self-determination이 각자에게 주어졌을까? 스위스의 '디그니타스Dignitas'는 안락사를 주선하는 스위스 비영리기관으로 전 세계적으로 유일하게 자국인뿐 아니라 외국인에게도 조력을 통한 안락사를 허용하고 있다. 만약 신이 인간에게 태어날 권리를 주었다면, 인간에게 죽을 권리도 주어야만 하지 않았을까? 자살이 인간의 고유한 특성임은 말할 나위 없지만, 그렇다고 자살을 옹호하는 것은 아니다. 그러나 어떤 외적 요인에 의해 삶을 자발적으로 향유할 수 없는 절망적 상황에서는 자살을 허용해야만 하지 않을까? 인간에게 존엄하게 살 가치는 존엄하게 죽을 가치도 보장하는 것이 아닐까?

영국의 닉크린선Tony Nicklinson의 경우를 보자.[1] 사랑하는 부인과 두 딸을 가진 행복한 가장으로 살았던 그는 7년 전 그리스로 출장을 갔다가 뇌졸중이 일어나 신체가 마비되기 시작했다. 5년간의 치료도 헛되게 증세

가 악화되면서, 최악의 상태에 이르게 되었다. 감금증후군locked-in syndrome
이었다. 이 질병은 의식은 있지만 전신마비로 인해 외부자극에 반응하지
못하며, 자발적인 움직임을 보이지 않고 말을 할 수 없었기 때문에, 외관
상 혼수상태로 잘못 판단할 수 있지만, 혼수상태와 달리 감금증후군에서
는 각성覺性이 유지되고 단지 운동 기능만 차단되는 증상을 보인다.

넉크린선은 목 아래 전체가 마비됐지만, 그의 뇌는 정상적으로 작동
했다. 그는 자신의 삶을 "지루하고, 비참하고, 의미 없고, 존엄하지 못하
고, 견딜 수 없는"이라고 기술했다. 그는 삶에서 필요불가결한 것들을 타
인에게 의존해야만 했다. 그가 외부와 소통할 수 있는 유일한 방법은 퍼
스플렉스 보드*와 컴퓨터를 이용하는 것이었다. 그는 자신의 부인에게
"제발 죽게 도와 달라"고 간청했다. 그는 이 엄청난 고통의 삶 속에서 변
호사의 조력을 받아 자살할 권리를 법정에 청원했다. 하지만 2012년 8월
영국의 대법원은 토니의 죽을 권리를 거부했고, 법정의 최종 판결에 불
복한 토니는 즉시 곡기를 끊고, 마침내 그가 '바라던 대로' 영원한 안식을
취하게 된다. 그의 나이 58세였다.

재판에서의 패배, 미래에 대한 불확실성, 다가올 불행에 대한 걱정과
공포가 그 자신을 죽음으로 몰아 세웠다. 그는 트위터에 몇 마디 용감한
말을 남겼다. "세상이여 안녕, 그 시간이 왔다. 그동안 즐거웠다." 그를 생
전에 간호했던 부인 제인은 "나는 내 인생의 사랑을 잃었으나, 그는 더 이
상 고통을 당하지 않는다"고 썼다. 이성적 능력은 가지고 있으나 자신의
생각을 남에게 전할 수는 없다. 생존의 모든 조건을 타인에게 전적으로
의존한다. 이런 경우라면 정신의 온전함 따위가 신체의 마비 속에서 무

---

* perspex board, 스트브 호킹처럼 루게릭 병을 앓는 이들이 의사소통을 하기 위한 도구로서 아크릴 판 위
  에 쓰인 글자나 그려진 모양을 눈을 통해 지시함으로써 자신의 의사를 소통하는 것을 말한다.

　　　　　　　아주 오래된 질문들

슨 의미가 있겠는가. 정신과 육체가 함께 움직이지 않는다면, 인간은 '생각 있는 갈대'에 불과하다. 갈대가 이 세상에서 무슨 일을 할 수 있는가? 물론 하나의 도구로 인간의 삶을 위한 소용거리가 될 수도 있을 것이다.

그러나 인간은 갈대가 아니다. 이성적 판단을 통해 자신의 '도덕적 의지'를 외부에 전할 수 없다면, 인간의 도덕성, 자아, 인격이란 파괴되고 만다. 그럴 경우, 도덕적 의지로 '말미암아' 죽음을 선택해서 영원한 안식을 취하는 것이 한 인격의 존엄성을 발하는 것이 아닐까? 게다가 자신의 삶을 "지루하고, 비참하고, 의미 없고, 존엄하지 못하고, 견딜 수 없는" 것이라고 판단하는 마당에 이르러서 무슨 말을 더할 수 있을까.

인간이 육체를 넘어 상승할 수 있는 것은 자신의 인격으로 말미암는 것이다. 인간에 대한 존중이 인간의 미덕美德이고, 그 미덕이 또한 인간의 행복이 아니겠는가? '정신을 담는 신체' 없는 정신이 어떻게 가능할 수 있을까? 가능할 수 있다고 판단했던 법정의 판단도 이해할 만하다. 올바른 정신을 가진 '한' 도덕적 인간으로 자신의 처지를 홀로 결정할 권리가 진정 그에게는 주어진 것이 아닐까?

|
자살에 대한 역사적 의미와 윤리적 정당성

볼테르Voltaire는《철학사전》에서 "인간 종만이 유일하게 죽게 될 것이라는 것을 '안다.' 경험을 통해서 이것을 알고 있다"고 했다. 하이데거M. Heidegger는 인간을 "죽음에로의 존재das Sein zum Tode"라고 규정했다. 대뜸 우리에게 드는 의문은 이런 것이다. 인간에게 살 권리뿐 아니라 자살할 권리도 있는가? 어떤 경우에도 자살은 도덕적으로 잘못된 것이어서 허용할 수 없는 것인가? 아니면, 특정한 상황에서는 자살을 허용할 수 있는 것인가?

인류의 역사만큼 자살의 역사는 길고, 끝을 찾아볼 수 없을 만큼 심각한 논쟁을 이끌어왔다. 이 논쟁만큼 시대에 따라 그 윤리적 정당성에 대한 평가가 달라져왔던 문젯거리도 없을 것이다. 사회학적 관점에서 뒤르켐E. Durkheim의 자살 규정에 따르면, "자살은 희생자 자신의 적극적이거나 소극적 행위로부터 직간접적으로 초래되는 모든 종류의 죽음으로, 자신만이 그 결과를 가져오리라는 것을 아는 것"을 가리킨다. 자살이 철학적 주제가 될 수 있는지도 논란이 될 수 있다. 자살의 문제는 사회학적이고 심리학적 주제일 수는 있으나 철학적 논제일 수는 없다고 주장하는 사람들도 있다. 그럼에도 자살은 고대 그리스의 플라톤 이래로 철학에서 큰 물음으로 검토되어 왔다.

자살은 종교인들을 비롯해서 철학자들에 의해서도 비도덕적이라고 비난받아왔다. 자살은 신의 의지에 도전하는 것이고, 사회적으로 해로운 것이고, '자연'에 어긋나는 것이라고 주장되어왔다. 유대 기독교적 전통은 인간 생명에 대한 열렬한 종교적 숭배를 배경으로 자살을 전 사회적으로 금지하고 있으며, 여기저기에서 자살이 신성한 것으로 받아들여지고 있으나 실상은 그렇지 않다는 것이다.

영국의 시인이자 소설가인 체스터톤G. K. Chesterton은 자살이 하나의 죄일 뿐만 아니라 '원죄'라고 말한다. 자살은 궁극적이고 절대적인 악이라는 것이다. 그는 "한 사람을 죽이는 사람은 한 인간을 죽인다. 자신을 죽이는 사람은 모든 사람을 죽인다"고까지 단언한다. 결국 자살은 이 세상을 모조리 없애버린다는 것이 그의 생각이다. 유태인의《탈무드》에도 이와 유사한 구절이 있다. 자살을 저지르는 사람보다 더 악한 사람은 없다. "세상은 한 개별자로서의 인간을 위해서 창조되었기 때문에, 그러므로 자신의 영혼을 파괴하는 사람은 온 세상을 파괴하는 것"으로 생각되어야만 한다고 언급한다.

아주 오래된 질문들

중세의 교부 철학자 아퀴나스T. Aquinas는 자살이 불법인 이유를 몇 가지 들었다. 첫째로 만물은 본래 자신을 사랑하고, 자신의 생명을 보존하려는 자연적 성향을 지니고 있는데 자살은 이러한 자연적 성향을 거스른다. 둘째로 부분을 파괴하는 것은 부분을 포함하는 전체를 파괴하는 것이기 때문에, 자살은 그가 속한 전체 공동체를 파괴한다고 이해할 수 있다. 셋째로 종교적 관점에서 생명을 주관하는 것은 신의 권능에 속하기 때문에, 자살하는 사람은 신을 거역하는 일이다.

이와는 달리 철학자 니체는 자살을 인간이란 종이 가진 특권으로 보았다. 카뮈A. Camus는 "자살은 철학의 가장 위대한 문제"라고 말한다. 또 세상을 염세적으로 보는 사람들은 빨리 이 세상을 떠나가는 것이 인간의 행복이라고 주장한다. 문화권에 따라 자살을 옹호하기도 하고, 강간과 같은 폭력적 피해를 방어하기 위한 자살은 예외적 경우로 인정하기도 하고, 절벽에서 뛰어내리는 자살을 인정하기도 해서 더 높은 절벽에서 뛰어내는 것을 더 고귀하다고 보기도 한다. 마야 문화권에서는 밧줄에 목매여 죽는 사람에게는 하늘에 특별한 자리가 마련되어 있다고 생각하기도 했다.[2] 고대에는 인구 조절을 위해 죽음을 권유하기도 했다. 에우리피데스는 "자, 아이들을 위해 어서 죽으시오"라고 말했다. 단테A. Dante의 《신곡》〈지옥〉편에는 자살하는 자가 가는 지옥이 따로 마련되어 있기도 하다.

|
칸트의 견해

철학자 칸트I. Kant는 어떤 상황에서도 자살은 허용될 수 없다고 주장한다. 자살하는 사람은 야수보다도 더 낮은 단계에 놓여 있다고 말한다. 자살보다 더 끔찍한 것을 상상할 수 없다고까지 말한다. 그래서 칸트는 자살하는 사람들은 자기 자신을 '인격체'라기보다는 사물로 간주함으로써 인간성을 모욕하는 것이라고 주장한다. 나아가 그는 도덕적 행위의 주체인 자신을 이 세상에서 제거함으로써 도덕성을 뿌리 채 뽑아내는 것이라고 말한다. 우리 각자는 특정한 목적을 위해 이 세상의 어떤 상황 속에 놓여 있으므로 자살은 인간의 창조자인 '신의 목적'에 어긋난다는 것이 그의 주장이다. 칸트에게 아무런 제한 없이 선하다고 생각될 수 있는 것은 오직 선의지ein guter Wille뿐이다. 선의지는 의무 개념과 밀접하게 연결된다. 칸트에 따르면 의무로부터 나온 행위만이 선하다. 자신의 생명을 보존하는 것은 의무이고, 누구나 그러려는 직접적인 경향을 가지고 있다. 하지만 이 때문에 인간이 불안해하는 근심은 아무런 내적 가치를 가지지 않는다.

인간의 준칙 역시 아무런 도덕적 내용을 가지지 않는다. 그들이 생명을 보전하는 것은 의무에 맞긴 하지만 의무로부터 나오지는 않았다는 것이다. 칸트는 "불행한 자기 영혼의 힘이 강해서 운명에 겁먹고 굴복하기보다는 오히려 격분해, 죽음을 원하면서도 그의 생명을 보전한다면, 그것도 생명을 사랑해서나 경향성이나 두려움에서 그러한 것이 아니라, 의무로부터 그러하다면 그의 준칙은 도덕적 가치"[3]를 가진다고 말한다.

칸트에 따르면 어떤 행위라도 '보편적 자연법칙'에 따라서만 행위 해야 한다는 준칙이 우리에게 주어진다. '보편적 자연법칙'은 하나의 마땅히 해야만 하는 의무다. 가령, 해악이 잇달아 절망에까지 이르러 생에 염증을 느낀 어떤 사람이 자살을 생각할 수 있다고 해보자. 그가 아직 이성적 능력을 가지고 있다면 자살이 자신의 의무에 어긋나는 것이 아닐까 자문할 수 있다. 자살이 보편적인 자연법칙이 될 수 있을까? 그런데 그의 준칙은 "나는, 만약 생이 연장되는 기간에 쾌적함을 약속하기보다는 오히려 해악을 가져올 위험이 있다면, 자기 사랑에서 차라리 생을 단축하는 것을 나의 원리로 삼는다"는 것이다.

그러나 이러한 자기 사랑의 원리가 보편적 자연법칙이 될 수 없다는 것이 칸트의 생각이다. 왜냐하면 자기 사랑이 생명을 보존하는 것인데, 오히려 생명을 파괴한다는 것이 자연의 법칙이라면 자연은 자기 자신과 모순을 일으키기 때문이다. 따라서 자살은 도덕적으로 정당화될 수 없다는 것이다.

또 한 가지 자살에 관련된 논증은 이런 것이다. 자살하려는 사람은 자신의 행위가 목적 그 자체로서 인간성의 이념과 양립할 수 있는가를 스스로 물을 수 있다. 만일 힘겨운 상태를 벗어나기 위해 자신을 파괴하는 것이라면 그는 자신의 인격을 마지못해 생이 끝날 때까지 보존하려는 "한낱 수단으로 이용하는 것"에 불과하다. 하지만 인간은 물건이 아니며 한낱 수단으로 사용될 수 있는 어떤 것도 아니고 오히려 모든 행위에서 항상 목적 그 자체로 보아야 한다는 것이다.

그러니 인간은 자신의 인격 안에서 인간에 대해 아무 것도 처분할 수 없으며, 인간을 불구로 만들거나, 훼손하거나 죽일 수 없다는 것이 칸트의 생각이다. 결국 이 말은 "인간을 항상 동시에 목적으로 대하고 결코 한낱 수단으로 대하지 않도록 그렇게 행위하라"는 명령에 따라야 한다는 준칙과도 일치한다.

|

플라톤과 아리스토텔레스의 견해

플라톤은 대화편 《파이돈》에는 감옥에서 독배를 마시기 직전 소크라테스의 입을 빌어 자살에 관한 논의가 전개된다.(61D-65A) 여기서 소크라테스의 입장이 어떤 것인지는 분명하지 않다. 우리는 거기에서 자살에 관한 상반되는 두 입장을 다 끄집어낼 수 있다. 하나의 논증은 특정한 노예를 포함한 소유물 중 어떤 것이 주인 뜻과 무관하게 스스로 자신을 죽였다면, 주인은 화를 내고 벌줄 방도가 있다면 벌을 주지 않겠냐는 것이다. 요컨대 소크라테스에 따르면 "현재 신이 우리에게 강제를 보내는 것처럼, 신이 인간에게 강제를 보내기까지는" 자신을 죽여서는 안 된다는 것이다. 이 생각은 아우구스티누스의《신국론》1권에도 그대로 반영된다.

다른 하나의 입장은 지혜를 사랑하는 사람, 곧 철학자는 죽음 뒤에 저승에서 최대의 좋은 것들을 얻으리라는 희망을 갖기 때문에, 스스로 죽음을 추구한다는 점이다. 그러므로 참으로 지혜로운 자들만이 죽기를 바라고 죽음을 맞이할 자격이 있다는 것이다. 게다가 죽음이란 것이 영혼의 감옥인 육체로부터 벗어나는 것이라면, 그래서 몸은 몸대로 있게 되고 혼은 혼대로 몸에서 나와 있는 것이 죽음이라고 한다면 말이다.

플라톤의《법률》(873C-D)에는 "스스로 자신의 정해진 운명에서 그 몫을" 강제로 빼앗는 것이 제 자신을 죽이는 일이라고 말한다. 가장 자신에게 속하는 것oikeiotaton을 죽이는 것은 국가로부터 징벌을 받아야 한다고 주장한다. 국가가 부여하는 벌칙은 비석과 같은 것으로 무덤의 표시를 금지하고, 남과 함께 묘지를 사용하지 못하게 하고, 또 잘 알려지지 않는 땅에 매장되어 아무도 알아볼 수 없도록 만드는 것이다. 요컨대 플라톤에 따르면 나태함이나 게으름, 그리고 생활의 곤핍困乏으로 인한 어려움 때문에 비겁하게 죽는 것을 금지했다. 다만 불명예나 어쩔 수 없는 불운으로 죽는 것만을 인정했다.

아리스토텔레스는《니코마코스 윤리학》[4]에서 정의와 부정의 관점에서 자살을 논한다. 옳은 행위들은 모든 덕에 따르는 법률에 의해서 규정된 것들이다. 예를 들면, 법률은 자살을 명령하지 않는데, 명령하지 않는다는 것은 그것을 금지한다는 셈이다. 게다가 만일 어떤 사람이 자진해서 법률을 어기고, 가해진 해악에 대해 해악으로 앙갚음하는 것이 아니면서도 다른 사람에게 해를 끼친다고 하면, 그 사람은 부정의를 행하는 셈이다. 그 행위를 하는 바로 그 사람은 자기가 해를 가하고 있는 사람이 누구인지 또 그 도구가 어떤 것인지 알면서 자진해서 행하는 사람이라는 것이다.

성냄 때문에 '자기 자신을 찔러 죽는 사람'은 옳은 이치를 어기면서 그런 일을 자진해서 하고 있는 셈인데, 법률은 그런 일을 허용하지 않는다. 그러므로 그 사람은 부정의를 행하고 있다는 것이다. 아리스토텔레스에 따르면 자살한 사람은 그 사람이 사는 폴리스에 대해서 '부정의'를 행하는 것과 같다. 자살하는 자는 자기 자신에 대해서 부정의를 범하는 것이 아니라는 것이다. 그 이유는 그 사람은 그것을 자진해서 겪고 있지만, 실상은 아무도 자진해서 부정의를 겪지는 않기 때문이다. 이런 까닭에 폴리스가 그 사람을 처벌하는 것이고, 또 자기 자신을 파괴하는 사람에 대해서는 그 사람이 폴리스에 대해 부정의를 행하고 있다는 구실로 어떤 '불명예'를 부과하는 것이다. 아리스토텔레스의 생각을 받아들여 살인을 부정의의 한 종류로 설명했던 홉스T. Hobbes는 자기 스스로에 대한 부정의는 논리적으로 모순된 개념으로 보았다.

|

자살에 대한 옹호

이런 전통과 달리 헬레니즘기의 스토아Stoa 철학과 계몽주의자들은 자살에는 전혀 비도덕적인 것이 없다고 주장한다. 자살은 때때로 불필요한 고통을 야기하는 것이기에 지혜롭지 못한 것이긴 하지만, 경우에 따라서는 전적으로 이성적이고 영웅적이기도 하다는 것이다. 스토아적 현자 sophos는 적절한 상황에서 자살을 할 수 있다. 실제로 그것은 적합한 행위 kathēkon다.

스토아 철학은 현자와 일상적인 도덕적 행위의 수행자들을 구별한다. 이 양자 간의 차이는 아주 분명한 것으로 받아들여져 왔다. 따라서 도덕적 행위의 기준은 현자와 나머지 사람들의 두 가지 도덕 체계에 토대를 두고 있다. 스토아의 현자의 행위, 즉 katorthōma는 '적합한 행위'로 일종의 의무kathēkon*였다. 그러나 어리석은 자들은 자신의 가혹한 삶의 조건에도 불구하고 살아가야만 한다. 스토아적 현자의 눈으로 볼 때 어리석은 자들의 행위는 도덕적으로 옳지 못하기 때문이다. 그래서 그렇게 살아가는 것이 그들에게는 적합한 것이다.

덕德을 가진 현자들만이 이성적 판단을 통해 자신의 '도덕적 의도로 말미암아' 죽음을 선택해서 신과 같은 지위로 끌어올릴 수 있다. 현자는 자신의 덕으로 말미암아 신과 같이 행복하다. 행복은 곧 덕이다. 바른 이성과 덕을 가지지 못한 자들은 죽을 수조차 없다. 그들은 늘 도덕적으로 바르지 못한 행위를 선택할 뿐이니까.

현대의 법률적인 판단에는 자살에 대한 법조문이 없는 것으로 알고 있다. 자살에 대한 세인의 판단을 고려해볼 때, 오늘날에는 계몽주의적 입장이 더 그럴듯한 것으로 받아들여지는 것이 추세다. 자살도 한 인간으로서의 최소한 명예를 지키는 것으로 보아 인간의 고유한 특권으로 받아들이는 경향이 강해지는 것처럼 생각되기도 한다.

에피쿠로스Epikuros와 스토아 철학자들은 예외적으로 자살을 정당화할 뿐만 아니라, 대단히 높이 찬양하기도 한다. 세네카는 '모든 인생의 고

---

* 예를 들면, 부모·형제를 공경한다든가, 국가에 충성한다든가, 우정 있는 행위들이 이런 예들에 속한다.

통에 저항해서 나는 항상 죽음의 피난처를 가지고 있다'고 말했다. 그는 또 "자살은 인간 자유의 궁극적 정당화"이고, 인간에게 유일한 참된 '자유 행위'라고 했다. 그래서 그는 자살의 보편적 권리를 반대하는 자들을 비난했다. 그들은 '자유로의 통로'를 막는다는 것이다.

조금씩은 차이가 있지만 후기 스토아 철학자인 에픽테토스와 마르쿠스 아우렐리우스Marcus Aurelius도 "집안에 연기가 너무 많다면 밖으로 나가야 하는 것처럼, 견딜 수 없는 난관으로부터 도피하는 것이 죽음"이라는 것을 인정했다. 에픽테토스는 폭군의 폭정과 가혹한 현실의 삶에 지친 상대방으로 하여금 자신에게 하소연하는 것을 상상해서, "죽음은 나쁜 것이 아니지 않은가? 우리는 어떤 방식에서 신의 친척이 아닌가? 우리는 그로부터 온 것이 아닌가?"라면서 우리가 온 곳으로 되돌아가려는 것에 대해 스스로에게 이렇게 말을 건넨다. "인간아, 신을 기다려라. 그가 신호를 보내고 또 이 봉사hupêresia로부터 풀려나게 해줄 때, 그때 그에게로 떠나갈 수 있을 것이네"라고 권면한다. 여기서 '이 봉사'란 우리가 육체로 태어날 때 당연히 짊어져야 할 삶의 의무로 신이 부여한 것이다.[5]

마르쿠스 아우렐리우스는 '인간이 이성적으로 살 수 없다면 자신을 죽여야 한다'는 퀴니코스 학파 디오게네스의 견해를 받아들였다. "삶을 영위하기 위해서는 이성을 갖고 있든가 끈을 준비해 두어야만 한다"[6]는 말은 디오게네스의 말이다. 이를 받아 마르쿠스 아우렐리우스는 다음과 같이 말한다. "연기가 나니, 나는 떠난다kapnos, kai aperchomai. 누구도 내가 하고자 하는 것을 막을 수 없다."[7] "죽음은 감각의 그림자와 충동의 조정, 정신의 떠돌아다님, 그리고 육체에 대한 봉사로부터의 휴식"[8]에 지나지 않을 뿐이다. "죽음을 두려워하는 자는 감각-없음을 두려워하거나, 또 다른 감각을 두려워하는 것이다."[9]

I
에피쿠로스와 죽음

에피쿠로스는 말한다. "죽음은 우리에게 아무 것도 아니다"라는 "믿음에 익숙해져라."[10] '죽음은 우리에게 아무것도 아니다'라는 결론을 이끌어 내는 논의를 우리는 '에피쿠로스의 죽음 논증'이라 부를 수 있고, 그것은 이렇게 정리될 수 있다.

(1) 좋은 것과 나쁜 것은 모두 감각에 달려 있다.

(2) 죽음은 감각의 상실이다.

(3) 따라서 '죽음이 우리에게 아무것도 아니다'라는 올바른 인식은 죽게 되어 있는 삶을 즐길 수 있게 한다. 이는 불사에 대한 동경을 제거한다.

(4) 살아 있지 않은 상태에는 두려운 것이 아무것도 없다는 사실은, 산 자에게는 삶 속에 두려운 것이 아무것도 없다는 것을 보여준다.

(5) 그러므로 닥쳐올 죽음이 고통을 주기 때문에 죽음을 두려워하고 있다고 말하는 사람은 어리석다.

(6) 고통을 주지 않는 것을 미리 예상함으로써 고통을 받는 것은 근거 없이 고통스러워하는 것이다.

(7) 따라서 죽음은 나쁜 것들 중에서 가장 두려워할 만한 것이 아니다.

그에 따르면 좋고 나쁨이란 우리의 감각에 있는 것이고, 죽으면 감각을 잃어버리게 되기 때문이다. 만일 이 '죽음 명제'를 제대로 알게 되면 불사不死: athanasia에 대한 헛된 욕망을 제거하게 된다. 그렇게 되면 죽을 수밖에 없다는 것도 즐겁게 된다. 요컨대 '죽음이 우리에게 아무 것도 아니라는 것'을 '안다는 것'은 무한한 시간의 삶을 보태주는 것이 아니라, 불사에 대한 갈망을 제거시켜주기 때문이다.

에피쿠로스에 따르면, 이 '죽음 명제'를 깨달은 사람은 살아가면서 두려워할 것이 없다. 경험 대상으로서 죽음이란 '대상'은 없는 것이니까. 그래서 마치 스토아 철학자들처럼, 가령 세네카가 "모든 인생의 고통에 저항해서 나는 항상 죽음의 피난처를 가지고 있다"고 말했다고 하는데, 이러한 말들은 다 헛소리라는 것이다. 또 그는 말한다. "내가 죽음을 두려워하는 이유는, 죽을 때 고통스럽기 때문이 아니라, 죽게 된다는 예상이 고통스럽기 때문이다"라고 말하는 사람도 헛소리를 하고 있다는 것이다. 죽으면 감각 능력이 사라지기에 죽음에 대한 공포는 대상 없는 공포라는 것이다. 죽음이 막상 닥쳐왔을 때 고통스럽지 않은데도 죽을 것을 예상해서 미리 고통스러워하는 건 헛되다는 것이다. "죽음은 우리에게 아무 것도 아니다"라는 죽음 명제를 좀 더 들여다보자.

(1) '우리에게'라는 말이 어떤 의미일까? 현자에게는 죽음에 대한 생각이 어떤 감정(슬픔이나 기쁨)도 일으키지 않기 때문에, 그것에 대해 어떤 관념을 만들어낼 이해관계를 가질 수 없다. 그러므로 '죽음은 그것에 대해 우리가 어떤 이해관계도 갖지 않는 것'으로 이해된다.

(2) '우리와 관련해서'로 해석하자. '죽음은 우리와 관련해서 아무 것도 아니다.' 이 번역은 우리가 '죽음'이란 단어를 두려워한다는 것을 의미한다.

(3) "죽음은 우리를 조금도 건드리지 않는다"[11]식으로 이해해보자. 이 번역은 에피쿠로스학파의 감각주의를 드러내는 해석이다.

우리는 죽음을 진정으로 경험할 수 없다. 단지 죽음이란 사건을 볼 수 있을 뿐이다. 사람을 구성하고 있던 '원자atomai들이 분해됨'이란 죽음 현상만을 지각할 수 있을 뿐이다. 사는 동안엔 있지 않은 비존재의 세계와 소통할 수 없으며, 결코 감각할 수도 없는 것이기 때문이다. 죽음이란 몸을 구성하는 원자가 분해되는 것이고, 이는 감각이 없어진다는 것을 의미할 뿐이다. 그래서 그는 죽음에 관해 다음과 같은 말을 남겼다.

> 왜냐하면 '살아 있지 않은 상태에서는 두려운 것이 아무것도 없다'는 사실을 진정으로 이해하고 있는 자에게는 삶에 두려운 것은 아무것도 없기 때문이다. 그러므로 '죽음이 임했을 때 그것이 고통을 줄 것이라는 이유 때문이 아니고, 닥쳐올 죽음이 고통을 주기 때문에 죽음을 두려워하고 있다'고 말하는 사람은 어리석은 것이다. 왜냐하면 막상 죽음이 현실로 닥쳤을 때, 고통을 주지 않는 것을 미리 예상함으로써 고통을 받는 것은 어리석은 일이기 때문이다. 따라서 나쁜 것(악)들 중에서 가장 두려운 것인 죽음은 우리에게 아무것도 아니다. 왜냐하면 우리가 살아 있을 때는 죽음이 우리 곁에 와 있지 않고, 죽음이 우리 곁에 와 있을 때는 우리가 존재하지 않기 때문이다. 그러므로 죽음은 살아 있는 자들과도 관계가 없고 죽은 자들과도 관계가 없다. 왜냐하면 살아 있는 자들에게는 죽음이 존재하지 않고, 죽은 자들은 그들 자신이 더 이상 존재하지 않기 때문이다.
>
> 가장 두려운 악인 죽음은 우리에게 아무 것도 아니다. 왜냐하면 우리가 존재하는 한 죽음은 우리와 함께 있지 않으며, 죽음이 왔을 때 이미 우리는 존재하지 않기 때문이다. 그렇다면 죽음은 산 사람이나 죽은 사람 모두와 아무런 상관이 없다. 왜냐하면 산 사람에게는 아직 죽음이 오지 않았고, 죽은 사람은 이미 존재하지 않기 때문이다.[12]

스피노자B. de Spinoza가 말하듯이 "현명한 자는 죽음을 생각하지 않고 오직 삶만을 생각한다." 어리석은 사람들은 죽음을 가장 큰 악이라고 생각해서 두려워하고, 죽음이 인생의 악들을 중지시켜준다고 생각해서 죽음을 열망한다. 그러나 지혜로운 현자는 삶을 도피하지 않고 삶의 그침을 두려워하지도 않는다. 삶이 그에게 해를 주지도 않고 삶의 부재가 어떤 악으로 생각되지도 않기 때문이다.

음식의 경우와 마찬가지로 현자는 더 푸짐한 음식이 아니라, 더 즐거운 음식을 택한다. 현자는 단순히 긴 삶이 아니라, 가장 즐거운 삶을 원한다. 그래서 에피쿠로스는 "만약 우리가 지성으로 쾌락의 한계를 재본다면, 무한한 시간이 유한한 시간보다 더 큰 쾌락을 가지는 것은 아니"[13]라고 말했다. 다시 말해 무한한 시간이나 유한한 시간이 동일한 쾌락의 크기를 가진다는 것이다.

삶이 줄 수 있는 현재의 쾌락들에서 고개를 돌린 자는 시간을 더해 살아봤자, 쾌락의 증가를 얻지 못할 것이다. 앞으로 닥쳐올 죽음에 대해 지금 당장에 고통스러워하기 때문에 어리석은 것이다. '죽음'이 우리에게 아무런 동요도 일으키지 않으니 그것을 기다린다고 해도 아무런 고통이 없다.

에피쿠로스를 추종하는 쾌락주의자인 로마의 시인 루크레티우스 식으로 이 죽음 명제를 생각해보자. "죽음은 우리에게 아무것도 아니고 우리와 전혀 관련이 없다"[14]는 루크레티우스의 말을 에피쿠로스학파의 감각주의를 드러내는 해석으로 이해해보자. 루크레티우스는 이렇게 말한다. "우리의 존재를 이루고 있는 육체와 영혼의 분리가 일어날 때, 그때는 분명코 이미 존재하지 않을 우리에게, 전혀 아무 일도 일어나지 않을 것이며, 그 무엇도 감각을 일으킬 수 없으리라." 설령 죽음 후에 세월이 흘러 우리의 질료를 다시 모아 복원해서 생명의 빛을 준다고 해도, "이렇게 이뤄진 것 역시 우리와는 전혀 관련이 없다."[15]

우리는 죽음을 진정 경험할 수 없다. "우리는 죽음을 비껴갈 수 없고, 그것을 만나야만 한다."[16] 그러나 사는 동안에는 존재하지 않는 비존재의 세계와 소통할 수 없으며, 결코 감각할 수도 없는 것이기 때문에 죽음은 우리와 전혀 관련이 없다. 죽음이란 몸을 구성하는 원자가 분해되는 것이고, 이는 감각이 없어진다는 것을 의미할 뿐이다. 그리하여 다음과 같은 말은 논리적 설득력을 갖는다.

> 따라서 나쁜 것(악)들 중에서 가장 두려운 것인 죽음은 우리에게 아무것도 아니다. 왜냐하면 우리가 살아 있을 때는 죽음이 우리 곁에 와 있지 않고, 죽음이 우리 곁에 와 있을 때는 우리가 존재하지 않기 때문이다. 그러므로 죽음은 살아 있는 자들과도 관계가 없고 죽은 자들과도 관계가 없다. 왜냐하면 살아 있는 자들에게는 죽음이 존재하지 않고, 죽은 자들은 그들 자신이 더 이상 존재하지 않기 때문이다.

플라톤의 이름을 빗댄 위작으로 알려진 《악시오코스》의 한 대목[17]에는 이런 내용을 담고 있다. 죽음을 두려워하는 것이 얼마나 어리석은지를 소크라테스가 설득한다. 죽음에 관한 이런저런 학파의 견해와 입장들을 교묘히 꿰어서 누군가가 '플라톤'의 이름을 빌려 내놓은 '눈속임 작품'인 셈인데, 그 대목을 그대로 옮겨보면 다음과 같다.

> 살아가는 것에 관련해서는 죽음이란 있지 않으며, 죽어가는 자도 있지 않네. 그러니 죽음이란 자네에게 당장 아무런 관계가 없단 말일세. 자네는 [아직] 죽지 않았으니까. 만일 자네가 무언가[죽음]를 겪는다고 할 것 같으면, 그것 또한 자네하고는 아무런 관계가 없으이. 자넨 [그때] 있지 않을 테니까.

에피쿠로스는 우리에게 이렇게 충고한다. 젊은이들에겐 잘 살라고 충고하면서 노인들에게는 인생을 잘 끝내라고 충고하는 것은 어리석다.

삶 자체가 바람직할 뿐만 아니라, "잘 사는 것과 잘 죽는 것의 연습은 동일한 것"이기 때문이다.[18] 아예 태어나지 않는 것이 좋다고 하면서 '일단 태어났다면 서둘러서 죽음의 문을 통과해라'라고 말하는 것은 더더욱 나쁘다. 만일 누군가가 이렇게 확신했다면 그 자신은 왜 삶으로부터 떠나지 않는가? 죽고자 결심했다면, 죽는 길이 열려져 있기 때문이다. 하지만 농담을 한 것이라면, 그의 말은 서둘러 죽을 필요가 없다고 생각하는 사람들을 설득할 수 없다. 쇼펜하우어 같은 염세주의적 철학자에게 건네는 경고다.

❙
상처받지 않은 영혼이 어디 있으랴

어느 시인의 노래처럼 인생을 사는 사람치고 '상처받지 않은 영혼'이 어디 있으랴? 누구나 어떤 이유로 해서 조금씩 상처를 주고받으면서 남과 더불어 살아가기 마련이다. 사람마다 상처의 정도가 조금씩 다를 뿐 본질적으로 '상처의 아픔'이야 다 같은 것이 아니겠는가? 그것이 사회적, 정치적, 경제적, 육체적, 정신적, 그 어떤 이유가 되었든 간에 상처 입은 영혼을 몸에 걸치고 살아나간다는 점에서는 지위고하를 막론하고 다 한결같은 것이 아니겠는가? 신심 깊은 사도 바울도 '육체의 가시'를 가지고 살았던 것 같다. 열심으로 기도하고, 주를 섬기려 해도 자신을 방해하는 어쩔 수 없는 '육체의 가시'가 있었던 모양이다. 그것이 안질이었든, 간질이었든, 아니면 기도할 때마다 눈앞에 얼씬거리며 춤을 추던 벌거벗은 여인이 되었든 간에, 대저 그게 무슨 문제가 되겠는가?

바울이 이 '육체의 가시'를 빼달라고 주께 세 번 간구하였을 때, 주는 "내 은혜가 네게 족하도다"라고 말씀했다고 우리에게 전해진 《성경》은 기록하고 있다. 나름대로의 인생을 살아가는 우리 각자의 영혼은 늘 어떤 종류의 '가시'를 지니고 살아가기 마련이다. 이 점에서는 가진 자나 없는 자나, 지위가 높은 자나 낮은 자나 다 같다고 여겨진다. 현실은 그렇지 못하다. 아무도 들어주지 않는 외침을 뒤로 하고 분신焚身으로 쓰러져간 우리 시대의 부정의로 말미암아 억울한 삶을 살았던 고귀한 주검들을 보아도 이 점은 아주 확연하다.

ㅣ
주검의 사회적 의미와 아름다운 삶

나는 그 어떤 주검에 대해서도 그 죽음의 '의미'를 깎아내릴 생각은 추호도 없다. 이런 생각을 하면서도 오늘날 우리 사회에서 심심치 않게 벌어지는 자살의 문제는 우리로 하여금 심각한 고민에 빠져들게끔 만든다. 어쩌면 이 사회가 자살을 권유하고 있는지도 모르겠다. '자살의 미학'은 결코 아름다운 죽음이 아니다. 자살에 대한 동기를 부여하는 이 사회의 부조리를 알고 있고, 실제로 우리 자신도 늘 어디서든 그 '죽음의 유혹'에 마주하고 살기 때문이다. 그래서 동시대를 살고 있는 사람으로서 그 주검들에 대해서 어떤 책임감을 느끼는 것이다. 나 자신, 나아가 우리 자신도 그 주검에 대해서 연민을 넘어 공감을 나누는 시대 의식을 공유해야 할 것이라고 생각한다.

인간은 육체적인 것에 매여 살면서도 정신은 높이 비상하려 한다. 그렇다고 육체적이고 세상적인 것을 모조리 무시할 수만도 없고, 정신만으로도 살 수 없다. 육체적이고 세상적인 것이 앞서면 인생의 심포니는 삐걱거리는 소리를 내기 마련이다. 정신적인 것만으로는 그 심포니가 연주되지 않을 것이다. 그러므로 이 세상적인 것 속에서도 영원한 것을 찾고 또 발견하려 노력해야 할 것이다.

죽음은 착한 사람이나 악한 사람이거나, 정의로운 자이거나 불의한 자이거나 불문하고, 모두에게 가장 공평하게 찾아온다. "죽음은 모든 것을 공평하게 만든다omnia mors aequat" 죽음보다 더 공평한 정의가 세상에 어디 있는가? 다만 차이가 있다면, 이 세상에 아름다운 이름을 남기는가, 아니면 추한 이름을 남기는가가 다를 뿐이다. 이것이 역사의 심판이다.

죽음에 대해 생각하기에 앞서, 우리는 삶 자체를 뒤돌아보고 자신의 내면세계를 차분히 들여다봐야 한다. "우리는 어디서 와서 어디로 가는가?pothen hēlthon kai pou hupagō" 인생에서 무엇이 되는가보다 어떤 삶을 살아가는 자체가 더 소중한 것이기 때문이다. 주어진 삶을 더 알차고, 더 아름답고, 더 참되게 살아가려고 노력하는 것이 우리에게 주어진 의무일지도 모른다. 우리 각자의 삶이 밝아질 때에 이웃의 삶도 밝아지고, 나아가 사회와 나라의 삶도 밝아질 것이라고 믿는다. 우리 모두가 고달픈 하루를 살아가는 이웃을 한 번 더 돌아보는 그런 마음으로 살아갔으면 좋겠다.

연 효 숙

시간
그리스의 시간, 현대인의 삶

그리스의 시간, 현대인의 삶

한정된 시간 동안 인생을 사는 유한한 존재인 인간은 시간을 두려워한다. 이 장에서는 시간과 마주한 인간의 거대문명사를 압축적으로 읽을 수 있다. 기독교 역사관에 영향을 준 '크로노스Chronos의 시간관, 그리스의 이오니아인들이 가졌던 생성과 순환의 시간관, 창조와 종말로 연결되는 유대교와 기독교의 시간관, 갈릴레이, 데카르트, 뉴턴 등에서 보이는 계량적이고 직선적인 근대과학의 시간관도 묘사한다. 영혼의 표상으로 시간을 말한 아리스토텔레스나 시간과 독립된 진리의 세계를 표방한 플라톤의 철학도 묘사한다. 근대에서 헤겔의 역사적 시간, 니체의 영원회귀의 시간, 프로이트의 무의식의 무시간, 프루스트의 '잃어버린' 기억으로서 시간, 역설paradoxe의 형식을 가진 들뢰즈의 '아이온의 시간'을 거쳐 에코페미니스트 헬레나 노르베리 호지의《오래된 미래》로서의 시간까지 이어지는 텍스트를 선명하게 전개한다. 결론으로 무엇인가를 항상 채우려는 욕망에서 벗어나 비어 있음과 느림의 미학을 배우는 삶의 시간을 음미할 수 있다.

I
시간이란 무엇인가?

'시간이란 무엇인가?'라는 물음 만큼 난해한 것은 없다. 우리는 일상생활에서 "지금 몇 시야?" 이렇게 묻지, "시간이 무엇이지?"라고 묻는 경우는 드물다. 현대의 바쁜 일상을 다람쥐 쳇바퀴 돌듯이 보내는 사람들은 대부분 지금이 몇 시인지를 묻는다. 혹시 "시간이란 뭘까?"라는 질문을 우연찮게 던진 사람이라면 어느새 '시간 철학'의 공간으로 들어와 버린 사람이다. 핸드폰의 시계를 보든 벽에 걸린 시계를 보든 시간은 시계에 의해 측정 가능하다. 이러한 시간은 서양 근대 과학에 의해 정초된 계량화된 시간이다. 디지털시계 위에 초침의 숫자가 하나씩 바뀌든, 초침이 똑딱거리고 돌아가든 시간은 셀 수 있는 객관적인 시간이다. 그러나 시간은 꼭 이렇게 초침 소리처럼 흘러가지는 않은 듯하다. 사랑하는 사람과 데이트를 즐기는 꿀 같은 시간은 너무나도 쏜살같이 흘러가는데, 중요한 시험 결과 발표를 앞둔 시간은 더디 가는 느낌을 받는다. 이렇게 각자가 경험하는 다양한 시간을 '체험적 시간' 혹은 '주관적 시간'으로 부르기도 한다.

시간의 문제는 생명이 유한한 인간에게는 가끔씩 맞닥뜨릴 수밖에 없는 물음이다. 똑딱거리는 시계추를 들여다보거나 깜빡이는 디지털시계를 쳐다보다가 어느새 시간이 흘러 버린 것을 보면서, "아! 내가 왜 지금 이렇게 멍 때리고 있지?" 하고 외마디를 지른다. 우리는 시간을 초월한 전능한 신이 아니라 한정된 시간 내에서 자신의 인생을 보내야 하는 유한한 존재임을 본능적으로 직감하기 때문에, 시간의 중요함을 알게 된다.

시간은 어떻게 흐르는 것일까? 과거에서 현재를 거쳐 미래로 가는 것일까? 아니면 봄, 여름, 가을, 겨울의 계절의 순환처럼 같은 패턴이 반복해서 나타나는 것일까? 서양에서 시간에 대한 표상은 대표적으로 두 가지 즉 직선적 표상과 순환적 표상으로 나타났다. 시간에 대한 '직선적 표상'은 유대교와 기독교에서 찾아볼 수 있다. 유대교와 기독교에서는 시간에 창조의 시점인 시작이 있고 시간의 마지막에는 종말이 있으며, 이때 구원의 사건이 일어날 것이라고 설파한다. 또한 우리가 일상에서 계량적이고 수량적인 시간으로 전제하는 근대 자연과학에서도 시간을 직선적으로 그리고 있다.

갈릴레이, 데카르트, 뉴턴 등은 우주의 무한성과 함께 시간 진행의 전향적인 방향 및 그 직선적인 무한 진행을 믿었다. 물론 자연과학의 계량적이고 직선적인 시간은 과거, 현재, 미래로 흐르는 선형적인 시간을 나타내며, 종말론적인 생각은 별로 고려되고 있지 않기는 하다. 이러한 시간관은 생물학적 진화론과 근대 19세기의 역사주의에도 그대로 계승되었다. 이러한 시간을 '크로노스Chronos의 시간'이라고 칭하기도 한다. 연대기Chronology라는 말의 연원이 이 크로노스에서 왔음을 짐작하는 것은 어렵지 않다.

다른 한편 자연의 반복적인 상태, 해가 뜨고 지고, 사계절이 순환되는 리듬 등에 맞춰 시간을 순환적으로 이해해온 그리스인들은 시간을 원환적인 표상으로 이해했다. 그리스의 이오니아 학파는 자연의 생성, 순환, 천체의 순환에 근거해 시간을 이해했다. 플라톤의 우주론이 논의된 《티마이오스》에서의 시간, 아리스토텔레스의 《자연학》에서의 시간 역시 자연으로서의 천체의 순환에 기초해 있다. 또한 그리스 정신과 문화에 심취하고 정통했던 현대 철학자 니체의 시간, 예를 들면 영원회귀의 사상도 커다랗게 보면 그리스의 원환론적 시간 표상에 맥이 닿아 있다.

그렇다면 우리의 삶에서 시간이란 무엇일까? 유한한 생명을 지닌 인간에게 시간은 생성, 변화의 양상을 나타내지만, 또 한편으로 시간은 소멸과 죽음에 맞닿아 있다. 절대자 신에게는 유한의 표상인 시간이 없지만, 유한한 인간에게는 시간이 있다. 현대 존재론 철학자인 하이데거도 인간은 '죽음에 이르는 존재'라고 했다. 불로장생약을 구하려고 백방을 뛰어다니며 영생을 얻으려 했던 진시황도 죽음을 피해 가지는 못했다. 그래서 어떻게 보면 시간은 인간에게 따라다니는 유한함의 꼬리표인지도 모른다.

I
그리스의 시간

그리스어로 크로노스는 '시간'을 뜻한다. 고대 그리스 신화에는 '크로노스'의 이야기가 있다. 아버지인 우라노스를 추방하고 왕이 되어 통치하던 크로노스는 늘 불안에 시달렸다. 자신도 아버지처럼 자식들에게 추방될 운명을 피할 수 없을 것이라고 생각했기 때문이다. 크로노스 역시 아들인 제우스에 의해 결국은 추방되었다. 이처럼 앞의 것이 뒤의 것에 의해 추방되고 밀려날 것이라는 흐름을 표현하는 맥락에서 크로노스는 흘러가는 흐름으로서의 '시간'을 의미하게 되었다. 이러한 시간은 앞에서 지적한 대로 직선적이고 연대기적인 시간 표상을 나타낸다.

또 한편으로 '카이로스Kairos의 시간'이 있다. 카이로스의 시간이란 현재를 가리키면서도 특별하게 열려진 현재, 특별하게 의미 부여한 순간의 시간을 뜻하기도 한다. 카이로스의 시간은 기독교에 영향을 주어 예수를 정점으로 하는 현재로서의 시간으로 활용되기도 했다. 이 두 가지의 시간 중 크로노스의 시간은 크게 보면 종말론적 시간관을 담고 있는 기독교와 선형적인 시간 표상을 가진 자연과학의 세계관에 영향을 주었다고 할 수 있다. 반면에 카이로스의 시간은 물론 기독교의《신약성서》에서 새롭게 열리는 현재에 영향을 주었지만, 늘 새롭게 돌아오는 영원회귀 사상에도 영향을 주었다.

그리스에서 시간에 대한 철학적인 표상은 플라톤에게서 전형적으로 나타난다. 플라톤의 시간론은《티마이오스》에 신화의 형태로 개진되어 있다. 우주를 형성하는 신적 능력을 가진 데미우르고스demiourgos는 영원하여 언제나 자기동일적인 존재인 이데아(원형)를 만들고, 이 원형을 모방한 현실적인 우주를 만든다. 이 우주는 이데아와는 달리 생성, 소멸하며 쉽게 말하자면 우리가 살고 있는 이 세상을 말한다. 데미우르고스가 이 우주 속에 영혼을 위시한 만물을 만들면서 천체의 운행과 운동을 담게 되는데, 이 우주의 운행이 바로 시간이다. 이데아가 영원불멸의 존재라면, 우주의 운행을 담는 시간은 생성과 소멸의 징표다.

플라톤에게서도 이 세상에 살고 있는 생물, 특히 인간에게 주어진 시간은 유한함의 표상이다. 데미우르고스가 우주를 만들기 전에는 밤도 낮도 없었고 시간의 구별도 없었다. 플라톤의 시간은 우주 형성에서 천체 운행의 움직임을 담은 것이기 때문에 우주의 순환, 즉 자연의 순환을 담고 있다. 우주 운행은 순환 운동으로 진행되며, 그 운동은 수의 규칙에 따라 진행된다. 그래서 낮과 밤, 해와 달과 날이 분할되면서 진행된다.

그러나 플라톤에게서 우주 운행과 시간의 규칙은 언제나 원형인 이데아를 닮아가려고 하기 때문에, 비록 생성과 소멸의 특성을 지닌 시간일지라도 그 지향점은 이데아를 향해 있다. 천체의 운행이 규칙적이고 예지적인 순환 운동인 만큼 플라톤에게서 시간은 각 개인에 따라 경험적으로 느끼는 것이 달라질 수 있는 것이 아니라, 합리적으로 측정되고 인식된다. 이러한 플라톤의 시간관을 보면 시간 속의 존재인 인간이 영원함을 추구하고자 하는 염원을 담아 우주에서나마 멈추지 않는 순환 운동을 진행시킨 것은 아닌가 싶다.

플라톤의 출중한 제자였던 아리스토텔레스는 스승의 이데아론을 전격적으로 비판하면서 자신의 철학의 기반을 세운다. 그런 만큼 아리스토텔레스의 시간관은 플라톤에 대한 시간론을 비판하면서 형성된다. 아리스토텔레스는 시간을 이해하고 정의하기 위해 플라톤처럼 영원한 이미지인 이데아, 원형과 연결 짓지 않고 자연의 운동과 연결시키고 있다. 데미우르고스의 신화를 완전히 걷어낸 아리스토텔레스에게 천체는 플라톤의 영원 대신에 지속적으로 있는 '영속永續'일 뿐이다. 영속이란 시작도 없고 끝도 없이 계속 무한히 연속되는 것을 말한다.

아리스토텔레스의 시간관에서 특기할 만한 사항은 시간에 대한 인식이다. "영혼이 없으면 시간은 있을 수 없다"라는 《자연학》에서의 언급에서도 보듯이, 아리스토텔레스는 시간을 식별하고 인식하는 인간의 영혼의 중요성을 파악했다. 이러한 생각은 거의 현대적이라고 할 만큼 우리의 상식적인 시간 이해와도 맞닿아 있다. 시간을 감지하고 있는 나 자신, 인간의 영혼이 없다면 시간이 무슨 소용일까 하는 생각을 하게 되니 말이다. 물론 아리스토텔레스가 주관적이고 체험적인 내면의 시간을 간과했다는 말은 아니다. 오히려 아리스토텔레스의 시간관은 과학적이고 측정 가능한 시간으로서의 근대 자연과학의 시간관과 유사하다.

아리스토텔레스에게서 좀 더 특기할 만한 시간은 '지금'에 대한 인식인 듯싶다. 그는 '지금'으로서의 시간 파악의 중요성을 강조했다. 이러한 지금 가운데에서도 바로 이 순간을 '카이로스'라고 하여 단순한 '지금'과 구별했으니 놀라운 일이다. 지금으로서의 '카이로스'의 시간은 순간의 결단, 적절한 때 등의 의미로 확장되어 가면서 기독교에도 간접적으로 영향을 준 게 아닌가 싶다. 우리들로서는 아리스토텔레스의 순간이라는 카이로스의 시간을 보면서 좀 더 성찰할 수 있을 것 같다. 지금 이 순간을 중시하고 충실히 살아간다면 시간 속에 갇힌 유한한 인간일지라도 매 순간 새롭게 창조적으로 살아갈 수 있는 것이 아니겠는가.

Ⅰ
근대의 시간

시간에 대한 다양한 이해는 인류 역사를 거듭하면서 더 확장되어 간다고 할 수 있다. 시간에 대한 한 가지의 단일한 이해만이 있을 수는 없을 것이다. 앞에서 보았듯이 서양에서는 시간을 순환적이고 원환적으로 파악하거나, 시작과 종말의 시점을 확정해 직선적으로 파악하기도 했다. 그뿐만 아니라 다음과 같이 물을 수 있다. 시간은 질적인 면에서 균질적인가 아니면 이질적인가, 또 시간의 흐름상 시간은 꼭 앞으로만 내달리는가, 아니면 거꾸로도 흐를 수 있는가, 즉 시간은 가역적인가 불가역적인가. 기억 속에서 종종 우리가 과거의 일을 회상하고 기억해내는 일이 많기 때문에 시간을 거꾸로 돌릴 수도 있을 듯하다. 영화에서는 필름을 거꾸로 돌려서 가고 싶었던 과거로 회상해 가기도 하지 않은가. 이러한 다양한 시간 이해에도 불구하고 서양 근대의 자연과학적 세계관은 우리에게 시간의 단일한 표상을 제공한다.

서양 근대에 들어오면 시간에 대한 이해는 근대 자연과학관과 결합하여 보다 명쾌하게 사람들에게 이해된다. 시간은 측정 가능하다는 것이다. 계량화된 시간관이다. 이러한 근대 시간에 대한 대표적인 견해는 뉴턴I. Newton이 정의한 시간이다. 시간은 절대적이고 참되고 수학적이며, 외부의 어떤 것과도 관계없이 동등하게 흐른다는 뉴턴의 자연과학적 시간은 독일의 철학자 칸트에 의해 비판된다. 칸트는 《순수이성비판》에서 뉴턴의 절대적이고 객관적인 시간관을 부정하고, 시간을 모든 경험의 주관적 형식이라고 주장했다. 칸트는 시간과 공간을 인간 경험의 주관적인 내감의 형식이라고 본 관점에서 뉴턴과 차이가 나지만, 그 형식은 모든 사람에게 동일하고 보편적이라고 보았다.

뉴턴과 칸트에 의해 대변되는 근대의 시간관은 직선적인 시간관을 전제하고 있으며, 시작과 종말의 시점을 명시한 기독교의 종말론적 시간 관, 역사관과 궤를 같이 하고 있다. 칸트의 뒤를 이어 독일 관념론의 완성자인 헤겔G. W. F. Hegel은 《정신현상학》과 《역사철학》에서 기독교 종말론의 다른 표현인 목적론적인 역사관을 통해 근대의 시간을 완성한다. 헤겔은 인간 정신의 절대성과 무한성의 가능성을 모색했다.

헤겔은 시간의 본질을 표현하길 "시간은 순수 자기의식으로서의 자아의 동일성의 원리"이라고 하였다. 이러한 정의는 물론 대단히 어렵다. 헤겔의 변증법 사상에 대한 전반적인 이해가 있어야 하니 말이다. 이 정의를 좀 더 풀어보면 시간 그 자체가 생성, 곧 생기와 소멸, 존재하는 활동, 모든 것을 생산하면서 동시에 그 산물을 없애 버리는 크로노스의 부정성의 원리다. 그리스의 신 크로노스가 자식에게 먹힌다는 비유가 암암리에 들어가 있는 설명이기도 하다. 헤겔에게서 시간의 차원들 즉 현재, 미래, 그리고 과거는 질적인 의미를 획득한다. 따라서 헤겔에게서 시간은 주관 밖에 양화되어 객관적으로 존재하는 자연적 시간이 아니라, 주관성의 주요 형식이 되어 현실 속에서 '역사적 시간'을 의미하게 되었다.

헤겔에게서 순수 자기의식으로서의 원리의 한 측면이 시간으로 나타나지만, 또 한편으로 자아의 다른 자기동일성이 있다. 이 자아는 개념, 즉 정신이다. 개념은 '독자적으로 자기 자신과 함께하는 현존하는 자아가 자신이 되는 동일성'으로, 시간이 '대자적으로 정립된 부정성'인 반면에, 개념은 즉자 대자적으로 '절대적인 부정성'이다. 절대적인 부정성으로서의 개념의 본질은 자유다. 이 절대적 부정성으로서의 개념이 시간을 지배한다. 즉 시간이 개념의 위력이 아니라, 개념이 시간의 위력이다. 시간은 개념의 힘, 지배력 속에 들어간다. 즉 개념은 시간 가운데 있거나 하나의 시간적인 것이 아니라, 오히려 시간을 지배한다. 이러한 시간은 '개념으로서의 시간'이다. 따라서 인간의 무한성을 꿈꾸는 헤겔은 시간을 개념화함으로써 시간의 지배자가 되고자 했다.

Ⅰ
현대의 시간

뉴턴에서 시작해 헤겔에 이르러 완성되는 근대의 시간은 니체에 의해 철저하게 비판되고 전복된다. 니체는 인간 이성에 의해 완성된 근대적 인간에 죽음을 선고하고, 의지의 철학자로서 초인과 차라투스트라의 등장을 요청한다. 이에 따라 니체의 시간에 대한 이해 역시 근대와는 판이하게 달라진다. 니체는 시간이 매번 자기에게로 돌아오지만 새롭게 다시 회귀하는 '영원회귀의 시간'을 이야기한다. 이러한 니체의 이야기에 귀를 잠시 기울여보자.

니체는《즐거운 학문》에서 영원회귀의 사상을 다음과 같이 이야기하고 있다. "최대의 중량―어느 날 낮, 혹은 어느 날 밤에 악령이 너의 가장 깊은 고독 속으로 살며시 찾아들어 이렇게 말한다면 그대는 어떻게 하겠는가. '네가 지금 살고 있고, 살아왔던 이 삶을 너는 다시 한 번 살아야만 하고, 또 무수히 반복해서 살아야만 할 것이다. 거기에 새로운 것이란 없으며, 모든 고통, 모든 쾌락, 모든 사상과 탄식, 네 삶에서 이루 말할 수 없이 크고 작은 모든 것들이 네게 다시 찾아 올 것이다.' (…) '너는 이 삶을 다시 한 번, 그리고 무수히 반복해서 살기를 원하는가?'라는 질문은 모든 경우에 최대의 중량으로 그대의 행위 위에 얹힐 것이다! 이 최종적이고 영원한 확인과 봉인 외에는 더 이상 아무것도 요구하지 않기 위해서는, 어떻게 그대 자신과 그대의 삶을 만들어 나가야만 하는가?"

이러한 니체의 글에서 우리가 시간에 대해 읽을 수 있는 것은 우리의 삶에서 반복되는 것이 그저 지루한 일상의 반복이 아니라, 늘 새롭게 다가올 수 있는 통찰을 깨닫는 반복의 순간들을 '동일자의 영원회귀의 시간'으로 가져가는 것이다. 니체의 영원회귀의 시간은 동일자의 반복으로서의 영원회귀의 시간이며, '영원성'이 '순간'이 되는 시간으로 해석할 수 있다. 이때 동일자의 영원회귀란 같은 것의 반복을 말하는 것인가? 이에 대해서 가장 탁월한 해석으로는 프랑스의 저술가 클로소프스키P. Klossowski가 니체의 영원회귀를 '악순환'으로 재해석한 설명을 들 수 있다.

클로소프스키는 니체의 영원회귀에서 "악순환은 결정적인 한 번의 행위들의 의미 작용을 동일성들과 함께 없애 버리고, 목적의 완전한 부재 안에서 그 행위들의 무한한 반복을 필요로 하므로, 그런 까닭으로 악순환은 음모 안에서 실험의 선별적 기준이 된다"고 말하고 있다. 여기서 우리가 유의해봐야 할 대목은 전통 역사철학이나 근대 진보적 역사관에서 전제하고 있는, 역사의 목적을 설정하고 이를 수행하는 동일성의 전통철학을 뒤엎었다는 점이다. 또한 동일성의 제거는 목적의 부재로 이어지므로 행위들의 무한한 반복이 악순환된다는 것을 말하는 것이다. 따라서 니체의 동일자의 영원회귀에서 되돌아오는 것은 반복의 악순환이 된다. 니체의 영원회귀는 결코 같은 것으로 돌아오지 않으면서 언제나 다시 돌아오는 새로운 생성의 시간으로 거듭난다.

니체의 영원회귀의 시간이 근대의 직선적인 시간관을 전복한 면에서 현대적이라고 한다면, 현대성의 지평을 다른 측면에서 펼친 또 하나의 중요한 인물은 프로이트S. Freud다. 흔히 '무의식'의 발견으로 인간 이해에 획기적인 열쇠를 제공한 정신분석학자 프로이트는 시간을 어떻게 이해하고 있는 것일까? 초현실주의 화가인 달리S. Dali의 그림 중 〈기억의 지속〉이라는 그림에는 정신분석학의 한 핵심이 잘 나타나 있다. 그 그림에는 여러 개의 시계들이 등장하는데, 정상적인 시계는 하나도 없다. 시계들은 녹아내리거나 구부러져 있어서 정확하게 현재의 시간을 가리키지 않기 때문에 쓸모없을 뿐이다. 그러나 달리의 그림에 나타난 시간은 무의식의 시간을 가리킨다. 기억의 지속은 무의식 속의 시간을 상징한다고 볼 수 있다.

프로이트는 "무의식 조직에서 이루어지는 과정들은 무시간적이다"라고 말하고 있다. 이는 무의식 속에서 절대적이고 영원한 시간이 있다는 뜻이 아니라, 의식의 흐름에서 적용되는 시간이 없다는 뜻이다. 무의식이 조직되는 과정들은 시간적인 순서에 따라 일어나는 것도 아니며, 시간의 경과에 따라 변화되지도 않는다. 즉 무의식 조직의 과정들은 시간과 아무런 관계가 없다. 시간의 문제는 의식 조직에서 이루어지는 작업과 관련이 있다. 그래서 무의식에서 시간이 없다는 뜻은 무의식에서는 일상적인 시간의 규칙이 적용되지 않아 의식의 시간의 지평을 벗어나 있다는 뜻이기도 하다.

프로이트의 무의식 속의 무시간은 언뜻 보면 잘 이해가 가지 않으며, 또 왜 이러한 점이 중요한지도 잘 납득이 가지 않을 수 있다. 그러나 프로이트는 우리의 정신에는 의식의 지평으로만 다 설명될 수 없는 다른 지평 즉 무의식이 있다는 것을 역설했다. 그에 따라 의식의 지평에서 이해하고 있는 시간의 흐름 역시 한 종류의 시간일 뿐이며, 심지어 우리의 깊은 내면에 자리 잡고 있어 의식될 수 없는 무의식에는 의식과는 전혀 다른 시간이 지배한다고 본 것이다. 그에 따라 무의식을 통해 의식에서 단절된 흐름을 추정할 수 있는 실마리를 얻을 수 있게 되기도 한다.

시간의 문제와 필연적으로 연결되어 있는 한 짝의 문제는 '기억'의

아주 오래된 질문들

문제다. 직선적인 시간관이든, 순환적인 시간관이든 간에 시간의 흐름에는 과거가 있다. 이 과거는 기억의 창고 속에 저장되어 있다고 생각한다. 그리스 시대 플라톤은 '회상'으로 기억의 문제를 풀었다. 원래 신들의 세계에 살고 있었던 죄를 지은 인간이 벌을 받아 망각의 강인 레테의 강을 건너면서 자신의 기억을 죄다 잊고 있다가, 이 세계의 사물들에서 자극을 받아 잊힌 기억을 회상의 방식으로 떠올리게 된다는 것이다.

현대 시대에 기억의 문제를 가장 흥미롭게 다시 떠올린 소설가는 '의식의 흐름' 기법의 선구자로 꼽히는 프루스트M. Proust다. 그의 소설《잃어버린 시간을 찾아서》는 말 그대로 과거, 어린 시절의 잃어버린 시간을 찾아가는 이야기다. 엄청난 분량의 장편 소설이어서 단숨에 읽기가 불가능한《잃어버린 시간을 찾아서》에서는 '잃어버린' 기억과 시간의 문제를 다룬다.《잃어버린 시간을 찾아서》의 첫 문장은 이렇게 시작한다. "오래전부터 나는 일찍 잠자리에 들었다" 그리고 그 유명한 첫 장면이 나온다. 마들렌 과자를 한입 베어 물고 콩브레의 어린 시절을 회상하는 것.

'잃어버린' 기억과 시간을 되찾는다는 것은 어떤 의미인가? 마들렌 과자를 한입 베어 먹음으로써 잊혔던 어린 시절의 추억들이 마술처럼 파노라마로 펼쳐졌을 때, 이때 그 추억이 기억된다는 것의 본성은 무엇인가? 어린 시절 내가 경험했던 콩브레의 일련의 일들과 어른이 되어서 마들렌 과자 맛의 매개를 통해 되살아난 콩브레의 추억 간에는 어떤 차이가 있는 것일까? 또 마들렌 과자 맛을 통해 내가 전혀 의지하지 않았는데도 되살아난 그 추억의 파노라마는 어떤 기제에 의해 가능했던 것일까?

소설의 주인공 마르셀은 어린 시절의 잃어버린 사랑과 행복을 되찾기 위해 의식적인 노력을 하지만 결국 수포로 돌아간다. 몇 년 후 마르셀은 자신의 '무의식적인 기억'의 중요성을 깨닫고 잃어버린 과거를 찾아낸다. 결국 잃어버린 과거는 잃어버린 시간이었고, 잃어버린 시간은 무의식적 기억을 통해 찾아진 것이다. 내가 기억해내는 기제나 매개는 내 머리나 내 관념이 아니라, 맛을 음미하고 있었던 내 몸이나 감각이었던 것이다. 내 의지에 의해 깨어나는 것이 아닌, 맛이 잠자고 있었던 내 몸과 감각과 정동을 깨운 것이다.

이러한 기억은 분명 '비-자발적인 기억'이자 '무-의지적인 기억'이다. 또한 이러한 새로운 기억들의 기제를 통해 시간 역시 새롭게 이해되어야 한다. 사건이 일어난 순서대로 나의 뇌 속에 차곡차곡 쌓인 후, 기억의 창고에서 기억들이 하나하나 시간적 순서에 의해 소환되는 것이 아니다. 어느 날 불시에 기억은 특이한 계기를 통해 불현듯 일어나는 것이며, 그 기억에 작동하는 시간 역시 단선적이고 연속적이며 통일된 시간이 아니다. 주인공 마르셀이 어렸을 때 체험했던 콩브레의 유년기의 계열과 성인이 되어 다시금 추억하는 콩브레의 성인기의 계열은 복수적인 시간으로 작동한다.

프루스트의 무의지적이고 비자발적인 기억으로 인해 우리의 기억은 뇌라는 창고 속에 쌓여 있다가 끄집어내지는 것이 아니라는 것, 또 이러한 기억의 실타래를 통해 우리가 갖고 있는 시간 역시 단선적인 시간이 아니라, 복잡하게 얽혀 있는 복수적인 시간이라는 것. 이러한 점이 비록 소설가였지만, 시간과 기억 문제에서 출중한 혜안을 보여 준 프루스트의 탁월한 철학적 예지력이 아니었나 싶다.

I
들뢰즈의 아이온의 시간

현대의 시간에서 빠질 수 없는 중요한 철학자는 들뢰즈G. Deleuze다. 들뢰즈는 플라톤 이래 동일성의 철학으로 대변되는 서양 재현의 형이상학을

아주 오래된 질문들

전면적으로 비판하고 전복한 차이의 철학자다. 이러한 들뢰즈가 시간의 문제에서도 파격적인 생각을 제시한다. 들뢰즈의 저작 가운데 시간의 문제가 가장 잘 드러난 책은 《의미의 논리》다. 들뢰즈는 이 책에서 수많은 의미의 역설의 계열들을 논의하는데, 시간과 관련해 주목할 대목은 '아이온Aiôn의 시간'이다.

들뢰즈는 《의미의 논리》에서 크로노스의 시간과 구분되는 아이온의 시간에 대해 논의하고 있다. 앞에서도 말했듯이 우리가 이해하는 통상적인 시간은 크로노스의 시간이다. 즉 과거, 현재 그리고 미래로 시간이 직선적으로 흐른다고 할 때, 이때 시간은 크로노스의 시간이다. 크로노스의 시간은 역사와 사람들이 신체로서 존재하는 물리적 평면에서 펼쳐지는 시간이다. 이러한 크로노스의 시간은 앞에서 분석한 서양의 대표적인 두 시간 가운데 유대교와 기독교가 상정하고, 근대 자연과학적 사고가 전제한 시간이기도 하다.

그러나 크로노스의 시간만이 있는가? 크로노스가 광대하고 심층적이며 보다 큰 현재들에 의해 지배되는 운동이라면, 여기에 담긴 문제점은 무엇인가? 들뢰즈는 현재의 시간에 모든 척도를 전복시키고 파괴하는 하나의 바닥이, 현재를 비켜가는 심층들의 '미친-듯한-생성'이 존재한다고 볼 수 없는지를 묻는다. 이러한 미친 듯한 생성의 존재는 좋은 크로노스의 생생한 현재에서 보자면 나쁜 크로노스라고도 할 수 있다. 크로노스의 심층에서 미친 듯이 날뛰는 미래와 과거로의 팽창으로 나가고자 하는 이러한 나쁜 크로노스는 좋은 크로노스의 시간 독해와는 다른 시간의 갈래를 보여준다.

들뢰즈는 크로노스와는 다른 새로운 시간을 말한다. 이 시간을 들뢰즈는 《의미의 논리》에서 '아이온의 시간'으로 부른다. 아이온의 시간은 직선적인 한 방향으로 흐르는 크로노스의 시간과 달리, 역설paradoxe의 형식을 취하는 새로운 시간임을 들뢰즈는 논증한다. 아이온의 시간은 왜 역설의 형식을 갖는 것일까? 아이온의 시간은 현재를 나타내기보다, 오히려 현재를 비켜가면서, 현재에서 과거와 미래의 두 방향으로 무한하게 분해되듯이 전개되는 양상을 지니기 때문이다. 아이온의 시간은 니체식의 영원회귀의 반복과 같지는 않지만, 새로운 생성을 염두에 두고 있다는 면에서 충분히 연결될 수 있다.

특정한 규정을 거부하는 이 순수 생성은 현재를 비켜가는, 즉 과거와 미래, 어제와 내일, 더와 덜, 너무와 아직 등 두 방향으로 진행되어 간다. 이렇게 두 방향으로 가는 일종의 역설은 두 방향을 동시에 긍정한다. 이러한 순수 생성의 흐름에 깔려 있는 것이 아이온의 시간이다. 즉 아이온은 사물들의 원인에서 비롯된 표면 효과인 사건 혹은 순수 생성에 고유한 시간 차원을 표상한다. 아이온은 현재를 가지지 않는 부정법不定法이며, 무한정 과거와 미래로 분할된다. 그래서 부정법으로서의 아이온은 경계가 없으며, 항상 현재를 교묘하게 피한다.

과거와 미래를 흡수하는 현재 대신에, 미래와 과거라는 두 방향으로 현재를 매 순간 분할하는 아이온의 순수 생성의 평면에서 일어나는 것은 '사건'이다. 이 사건은 현재를 비켜가는 부정법으로서의 아이온의 시간 형식에 따라 표현된 것이다. 들뢰즈가 새로운 존재론의 평면으로 규정한 '사건'은 모든 사건이 소통하고 분배되는 역설적인 계기를 가지며, 끊임없는 미친 생성으로도 표현된다. 이러한 사건의 미친 생성이 가능한 것은 현재를 비켜가고, 과거와 미래 양방향으로 펼쳐지는 아이온의 시간 형식이 자리하고 있기 때문이다.

이러한 아이온의 시간을 어떻게 이해해야 할 것인가? 이러한 시간을 우리 일상의 체험에서 쉽게 이해하기는 어렵다. 우리가 일상에서 직선적이고 크로노스적인 시간관에 익숙해지도록 학습받았기 때문이다. 우리의 기억 역시 과거에서부터 차곡차곡 쌓여 현재인 지금에 와 있다고 습관적으로 생각한다. 그러나 이러한 시간과 기억에 대한 일상적인 차원, 즉 현재를 살짝 비켜가본다면, 우리에게 일어나는 일상의 다른 이해인 '사건'의 지평이 열린다. 현재가 사건의 시간적인 효과화를, 즉 사물의 상태 속에서 시간의 구현을, 활동하는 몸의 깊이 속에서 시간의 구현을 측정하는 만큼, 무감동적이면서도 불가입성을 갖는 '사건'은 그 스스로에 대해 자신의 현재를 갖지 않는다. 이와 동시에 아이온의 과거와 미래 속에서 뒤로 물러서게 된다. 아이온의 시간 평면에서는 일상에서 '사건'을 찾기는 어렵고, 언뜻 예술적 행위나 무언극, 해학, 작품, 혹은 니체나 아르토의 광기에서 그 시간이 너무나 빠르게 지나가고 있다고 말할 수 있다.

들뢰즈는 잠재성의 형식으로서 아이온의 시간이 현실화의 창조적 과정으로 이어질 수 있어서 새로운 시간의 가능성을 함의하고 있다고 본다. 왜 그런가? 계량적이고 직선적이며 선형적인 시간인 크로노스의 시간 속에서 사는 것이 익숙한 우리에게 시간은 습관적일 뿐이다. 반면에 들뢰즈는 영원성도 아니고, 끝없이 지속되는 시간도 아닌 비시간적非時間的인 것의 형태를 찾고자 한다. 모든 창조에 현재하는 비시간적인 것을 자리 잡도록 하기 위해 우리에게 필요한 것은 역사적인 시간과 영원 사이의 세 번째 시간인, 아이온의 시간이다. 이러한 아이온의 시간을 잠재성의 시간으로 본 들뢰즈는 아이온의 시간이야말로 새로운 창조가 가능한 '미친 생성'의 시간이라고 본다.

들뢰즈는 니체로부터 아이온의 시간에 대한 영감을 얻어왔다고 평가된다. 즉 들뢰즈에게 영감을 준 것이 니체의 '영원회귀의 시간'임을 추정할 수 있다. 들뢰즈가 새롭게 정립한 아이온의 시간이 구체적으로 무엇을 의미하는지를 유추하기란 결코 쉽지 않다. 그래서 오히려 거꾸로 들뢰즈에게 영감을 준 니체의 '영원회귀의 시간'이 갖는 의미를 간접적으로 음미하는 것도 한 방법이다.

　그렇다면 이제 아이온의 시간의 의미를 어떻게 우리의 삶에서 되새길 수 있을까? 무엇보다도 들뢰즈는 우리에게 관습적인 시간의 정형적인 틀에서 벗어날 것을 촉구하고 있다. 규칙적인 시간이 자칫 관성의 늪으로 진행되고, 타성에 젖는 삶의 패턴으로 빠져 버리기 쉽기 때문이다. 들뢰즈는 아이온의 시간을 생성의 시간, 미친 생성의 시간이라고 했다. 이는 일상에서 한 번 경계의 계기를 갖고 이탈하고 탈주하는 모험을 감행하라는 것이 아니겠는가. 따라서 이는 새로움과 생성을 통해 창조의 시간으로 우리의 삶을 채워갈 것을 시사하는 것이라고 볼 수 있다.

I
시간과 현대인의 삶

현대인은 어제를 어떻게 살았으며, 오늘을 어떻게 살고 있는가? 또 내일의 삶은 어떻게 살아갈 것인가? 3차 산업혁명의 현대자본주의 사회 이후 4차 산업혁명의 도래를 알리는 여러 징후들을 맞이하며 현대인들은 더할 나위 없이 바쁘게 살아가고 있다. 우리의 삶의 시간은 속도전으로 변해 가속과 초가속의 현기증 나는 빠름에 지쳐가는지도 모른다. 가속에 대한 현대인의 열광적인 맹신을 현대의 문화철학자 비릴리오 P. Virilio 는 '속도의 파시즘'이라고 일컬었다. 그에 따라 '좀 더 빨리', '좀 더 멀리' 이르려는 삶의 경향은 이제 멈출 수 없는 자연스러운 흐름이 되어 버렸다. 심지어는 가속에서 더 나아가 아예 속도를 더 압축해 탈출하고자 하는 '탈속'의 가능성까지 거론되고 있는 상황이다.

　우리의 삶에서 여가와 한가함을 즐기는 것은 어떻게 보면 게으름과 나태로 낙인찍히기 십상이다. 심지어 여가와 한가함을 부도덕함으로까지 매도해 버린다. 일하기 위해 여가를 갖는가? 여가를 즐기기 위해 일하는가? 양질의 여가를 위해 열심히 노동한다는 것이 오히려 삶의 여가를 갉아먹는 이상한 쳇바퀴의 함정에 빠져 버린 줄도 모르는 것이 아닐까? 현대인들은 주객이 전도된 삶의 패턴에 질질 끌려가고 있는 것은 아닐까?

스웨덴 출신의 에코페미니스트이자 환경론자인 노르베리 호지H. Norberg-Hodge의 《오래된 미래: 라다크로부터 배우다》를 읽어보면 라다크의 여유롭고 한가한 삶에 대해 다시 한번 생각해보게 된다. 그리 풍요롭지 않고 산업화된 도시와는 먼 라다크 지역 사람들의 삶에서는 행복을 읽을 수 있다. 반면에 속도의 파시즘에 매몰되어 정신없이 일상을 보내는 현대인들은 여유와 한가함, 게으를 권리를 박탈당하고 우울증, 불면증, 무기력 등으로 삶의 활력을 잃어 버렸다. 누구를 위해, 무엇을 위해 노동하는가. 자본주의적 풍요와 넘치는 이익이 우리의 삶을 윤택하게 질적으로 여유를 보장하지 않으니 말이다.

이제 우리는 시간을 어떻게 써야 할까? 내가 시간의 주인이 될 것인가 아니면 시간이 나를 지배하도록 놔둘 것인가? 어차피 인간의 생명은 유한하다는 것은 다 아는 사실이다. 자본주의 노동의 노예가 되지 않으면서도 시간을 생성적이고 창조적으로 쓸 수는 없을 것인가? 니체의 영원회귀의 시간, 혹은 들뢰즈의 아이온의 시간을 나의 시간에 채워갈 수는 없을 것인가? 그러기 위해서는 무엇보다도 나를 많은 것으로 채우기보다는 비어 있음의 미학, 느림의 미학, 그리고 여가의 미학을 배울 필요가 있을지도 모르겠다.

— 김 남 우 —

우정

호라티우스, 나를 자랑스럽게 하는 사람

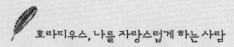 호라티우스, 나를 자랑스럽게 하는 사람

이 장에서는 "각자가 사랑하는 것이 각자에게 가장 아름답게" 보인다는
원리에 따라 호라티우스의 시를 분석한다. "세상 멀리 나무 그늘 아래"에
서 비파를 연주하며 "포도나무 그늘 아래" 술을 마시는 호라티우스는 그
가 선택한 우정이 최고의 행복임을 말한다.

* 이 글은 "호라티우스의 마에케나스 헌정시"(연세대학교 인문학연구원, 《인문과학》, 2009, 153~172쪽)를
  대폭 수정하여 다시 쓴 글이다.

Ⅰ
우정

모두가 숭모하여 가깝게 지내기를 원하는 사람과 내가 가깝게 지낼 수 있다는 것은 얼마나 설레는 일인가? 더군다나 모두가 숭모하는 이유가 그 사람의 훌륭함이라면 그것은 더없이 벅찬 일이다. 훌륭한 사람과 오래 사귈 수 있다면 그것은 또 얼마나 기쁜 일인가? 훌륭한 사람이 내 훌륭함을 칭송한다면 그것은 세상의 무엇과도 바꿀 수 없는 행복이다. 비단 칭송 때문이 아니더라도 함께 사귀고 가까이 지낼 수 있는 것만으로도 이미 우리는 스스로 뿌듯하고 자랑스러운 존재가 되었다고 느낀다. 동갑을 전제하는 우리말의 친구를 좀 더 넓게 쓸 수 있다면, 아리스토텔레스가 행복함으로 안내하는 인간적 탁월성의 하나로 우정을 뽑았던 것에 우리는 충분히 공감한다.

물론 궁극적으로 행복은 각자가 인간적 탁월성을 어떻게 실현하느냐의 개인적 문제지만, 나아가 각자가 인간적 덕德과 행복에 이르도록 권고하고 강제하는 몫은 국가와 공동체에 부여된 과제이기도 하다. 하지만 공동체와 국가가 이에 부응하지 못한다거나 어떤 의미에서든 아예 부재한다면, 결국 행복은 개인의 문제일 수밖에 없다. 이제 막 내전이 끝나고 평화가 찾아왔지만, 아직 국가 질서가 공동체의 구성원에게 인간적 탁월함을 추구하도록 힘을 발휘할 수 있을 만큼 회복되지 않은 상황이라면, 선택은 둘 중 하나밖에 없다. 세상을 견디며 혼자라도 인간적 탁월함에 따른 행복을 추구하거나, 아니면 세상에서 떨어져 나와 뜻을 같이하는 친구들과 살아가거나 둘 중 하나다. 고통스러운 세상을 견디겠다는 생각을 버린다면, 우정은 행복의 절대 보루다. 스토아철학은 지중해 세계의 통치자 로마에 큰 영감을 주었고, 철학자들의 공동체를 가르쳤던 에피쿠로스 철학은 로마 시인들에게 많은 영향을 미쳤다.

I
공화정 말기의 시인 호라티우스

로마 시인 호라티우스의 행복은 에피쿠로스 철학의 모습을 하고 있다. 호라티우스는 세상살이의 많은 훌륭하고 아름답게 '보이는' 것들을 버리고 세상 밖으로 나와, 가난과 은둔 가운데 우정에서 진정한 행복을 찾았다. 호라티우스의 작품 전체를 통해 이를 입증할 수도 있겠지만, 대표적으로 호라티우스 초기 서정시집의 첫 번째 시, 소위 마에케나스 헌정시에는 이미 이런 시인의 생각과 경향이 뚜렷하다.

　　로마의 내전이 끝난 후, 먼저 풍자시를 쓰기 시작해 이름을 얻은 시인 호라티우스는 어느 날 같이 어울리던 문인들의 주선으로 유력 정치가 앞에 섰다. 면접을 보기 위해서였는데, 수줍은 마음이 말문을 막아 묻는 말에 제대로 대답도 못하고 떠듬거렸다. 아버지가 무엇을 하는 사람인지를 말했다. 호라티우스의 아버지는 해방노예였다. 미래의 두호인斗護人은 별말이 없었고 시인은 집에 돌아왔다. 아홉 달이 지나자 '친구'로 함께하자는 소식이 전해졌다. 마에케나스와 호라티우스의 인연은 로마 기원전 38년 겨울 이렇게 시작되었다. 가난한 시인이 로마의 최고 갑부이자 정치 실력자를 만난 것이다. 아우구스투스와 안토니우스 등 카이사르파에 맞서 시인은 아테네 유학 중 공화파인 브루투스에 가담했다. 호라티우스가 승리자 아우구스투스의 로마로 귀국했을 때 그의 신세는 처량했고 호구지책으로 서기 일을 맡았다. 풍자시를 쓰기 시작한 것도 그 무렵이다.

　　당시 마에케나스는 아우구스투스를 돕고 있었고, 다른 한편 문인들을 적극적으로 후원하고 있었다. 마에케나스는 기원전 34년 호라티우스에게 로마에서 떨어진 시골 영지를 선물했고 경제적 안정을 찾은 시인은 영지에 머물러 작품 활동에 몰두했다. 로마와 사비눔을 오가며 만들어진 작품을 차례로 발표했는데 기원전 23년에 세 권의 서정시를 묶어 첫 번째 시집을 발표했다. 그 전 발표물들이 풍자시와 비방시 등이었기에 서정시는 그에게 새로운 도전이었다. 풍자시와 비방시에서는 오로지 서사시의 여섯 걸음 운율 한 가지만을 사용한 것과 달리, 서정시에서는 열세 종류의 운율을 채택한다. 이는 나중에 오비디우스가 호라티우스에게 '운율에 밝은numerosus Horatius' 시인이라고 존경의 평을 남기는 계기가 된다.(Tristia IV 10, 49행)

호라티우스는 첫 번째 시집에 88편의 시를 하나로 묶었다. 이 시집의 첫 시는 마에케나스에게 바치는 헌정시(carm. I 1)다. 실질적으로 이 시집의 마지막 시 또한 마에케나스를 사비눔의 행복한 주연酒宴으로 청하는 초대시(carm. III 29)인 바, 우리는 호라티우스에게 마에케나스가 가지는 중요성과 의미를 짐작할 수 있다. 우선 마에케나스 헌정시를 읽어보자.

마에케나스! 왕가의 자손이여!
나의 보루, 나의 달콤한 자랑이여!

누구는 전차 달리는 올림피아 경기장의
흙먼지가 기쁨이며, 불붙은 바퀴로 반환점을
돌아 얻은 값진 승리가 희열이라, 그것은   5
지상의 그를 신의 반열에 올려놓는다.

누구의 환희는 주변에 모여든 변덕스러운

시민들이 그를 관직에 올리려 다투는 것이며,
누구의 즐거움은 리뷔아의 곡물을 쓸어와
가리지 않고 제 창고를 채우는 것이다.　　　　　10

물려받은 한 뼘 땅을 일구며 기뻐하는
이를 아탈루스 보화로 꾀어내지 못하니
농부는 선원이 되어 두려워하며 뮈르토움
바다를 퀴프로스의 배로 건너지 않는다.

이카루스 바다와 씨름하는 험한 서풍이　　　　15
두려워 고향의 여가와 흙의 삶을 추켜
세우던 장사꾼은 곧 파손된 배를 고쳐
가난을 참지 못하고 다시 길을 나선다.

오래 묵은 마시쿠스를 마시자 하면
멀쩡히 일할 벌건 대낮에도 마다치 않고　　　20
갓 푸른 나무 아래 신성한 시냇물의
잔잔한 머리맡에 몸을 누일 사람이 있다.

전쟁터에 세운 군영, 전투의 뿔피리와
뒤섞인 나팔 소리, 어미들은 가슴 졸이는
전쟁에 기뻐하는 이들이 많고, 엄동설한　　　25
고운 안식구는 까맣게 잊고 충직한 개와
사슴이 나타날까, 마르수스 멧돼지가
그물을 뚫을까 지켜보는 사냥꾼이 있다.

머리에 쓴 현자의 담쟁이 화관은 나를

신들과 함께 있게 하며, 그늘진 숲에   30

사튀로스와 어울린 여인 합창대는 나를

세상과 떼놓는다. 에우테르페가 피리를,

폴리휨니아가 레스보스의 비파를

연주하길 사양치 않을 때에.

당신이 나를 뤼라의 시인이라 여긴다면   35

나의 정수리가 하늘의 별에 닿으리라.

　마에케나스 헌정시는 기원전 320~290년 사이에 활동한 헬레니즘 시인의 이름을 따서 '제1아스클레피아데스'라고 불리는 운율로 쓰였다. 고전학자 쿠르티우스의 설명에 따르면, 이 운율은 중앙에 '장단단장'의 음절 구성을 이루는 쩔뚝이 얌보스Choriambus 운율을 두 번 반복하고, 그 바깥쪽 맨 앞과 맨 뒤에 각각 두 음절의 허두와 마무리를 두는데, 이때 허두의 두 음절은 '장장' 음절이고 마무리의 두 음절은 '장단' 음절이다. '제1 아스클레피아데스' 운율은 이렇게 구성된 전체 12음절의 한 행을 계속 반복해 하나의 시를 이룬다. 첫 번째 서정시집의 88편 가운데 이 운율이 적용된 것은 단 두 번인데, 나머지 하나는 서정시집 전체의 종결을 지시하는 마감시(carm. III 30)뿐이다. 두 시의 유사성은 형식적 측면을 넘어 내용적인 측면에서도 찾아볼 수 있다. 헌정시에서 호라티우스는 자신이 그리스 서정시인들에 들었음을, 마감시에서 자신이 그리스 서정시를 처음 이탈리아에 도입한 것을 자랑스러워하고 있다.(Fraenkel, 1957, 306쪽 이하) 흔히 당시 출판 관행에 따라 책의 종결에 시인과 시인의 개인적 바람을 표하는 마감시를 넣곤 했는데, 호라티우스의 마지막 시(carm. III 30)도 마감시의 전통으로 해석할 수 있다.(Syndikus, 1973) 따라서 실질적으로 시집의 마지막 작품은 마에케나스 초대시(carm. III 29)라고 하겠다. 호라티우스는 첫 번째 서정시집의 시작과 끝을 모두 마에케나스에게 바치고 있다.

마에케나스 헌정시는 '목록시目錄詩'의 일종이고, 좀 더 정확히 말하자면 '선호選好 목록시Priamel'다. 사람들이 저마다 선호하는 것들을 열거하는 가운데 마지막으로 화자가 선호하는 것을 밝히는 형식이다. 대표적인 예는 《일리아스》13권 636행 이하다. "사람이란 무슨 일에나 물리는 법입니다. 잠에도 사랑에도 달콤한 노래에도 그리고 즐거운 춤에도. 이런 것들은 전쟁보다 훨씬 더 오래 즐기고 싶은 일들인데도 말입니다. 허나 저 트로이에인들은 전투에서 물리지 않는 자들입니다." 또《일리아스》2권에는 참전자 목록 혹은 함선 목록이 있는데, 트로이아 전쟁에 참가한 전사들의 이름과 출발지와 동료의 숫자 등이 열거된다. 호메로스의 함선 목록도 단순한 열거는 아닌 것이 그렇게 많은 참전자 가운데 최고의 미남이자 최고의 전사는 아킬레우스였음을, 다른 전사들은 그만 못했음을 말하려는 의도가 엿보인다. 선호 목록시의 다른 대표적 예는 레스보스의 시인 사포Sappho다. "어떤 사람들에게는 기병이, 어떤 사람들에게는 보병이 어떤 사람들에게는 전함이 이 땅에서 가장 아름답게 보이나니 각자가 사랑하는 것이 각자에게 그러하다." 사포는 많은 사람이 각자 다른 무엇보다 특히 열정을 바쳐 추구하는 대상을 하나씩 열거한다. 그래서 트로이아의 헬렌도 사랑을 좇아 프리아모스의 아들을 따라나섰다. 각자의 선호 대상은 각자가 선택하는 것으로 누가 뭐라 해도 각자는 모든 것을 희생하고서라도 자신이 사랑하는 것을 선택하기 마련이다. 왜냐하면, "각자가 사랑하는 것이 각자에게 가장 아름답게" 보이기 때문이다.

한 가지의 선택은 동시에 나머지의 거부를 의미한다. 혹자는 '선호 목록시'가 대체로 "중립적"이라 주장하지만(Race, 1982), 우리는 선호 목록을 수사학적으로 '간과praeteritio'로 보고자 한다. '간과'는 일종의 열거로, 이를 통해 글쓴이는 자신과 부합하지 않는 다양한 것을 제시하고 이런 것들을 취하지 않겠다고 거부recusatio하려는 본래의 목적을 이루게 된다.(Lausberg, §882 이하) 호라티우스는 다른 선호 목록시에서 그리스의 명승을 열거하는 가운데 그리스의 명승을 마다하고 이탈리아의 티부르 숲을 선택했다. 그에게 그리스의 명승들은 티부르 숲만 못하기 때문이다.(carm.I 7, 1~11행 이하) 빛나는 로도스 혹은 뮈틸레네, 에페소스, 혹은 양면 바다인 코린토스의 성벽, 혹은 박쿠스의 테베, 혹은 아폴로의 유명한 델포이, 혹은 테살리아 템페, 처녀신 팔라스의 도시, 말 먹이는 아르고스와 풍요의 뮈케네, 시련을 견디는 라케다이몬, 라리사의 기름진 들판을 열거한다. 하지만 열거의 끝에 이것들이 그에게 "감동을 주지 못하니"(11행)라고 분명하게 거부 의사를 표현한다.

호라티우스는 마에케나스 헌정시의 3~28행에서 많은 사람의 다양한 선호 대상을 나열하고, 열거된 것과 구별되는 시인의 선택을 29행 이하에서 밝힌다. 세상 사람들 각자가 무엇과도 바꿀 수 없다고 주장하는 것들은 세속적 기준에 부합하는 바, 호라티우스는 이런 기준을 거부한다. 순서대로, 올림피아 경기의 우승자, 관직의 획득에 나선 정치가, 곡물 장사로 부를 획득한 곡물 수입상, 고되고 힘든 일일지언정 자족하며 행복한 농부, 바다 여행의 위험을 무릅쓰고 여러 도시를 돌아다니는 상인, 한가로운 삶을 즐기는 사람, 전쟁터에 나선 병사, 추운 겨울도 불사하는 사냥꾼 등 여덟 가지의 삶이 열거된다. 그리고 29~36행에서 마지막으로 호라티우스가 선택했던 바, 세속적 가치와 구분되는 시인의 삶이 제시된다.

호라티우스는 1~2행에서 마에케나스를 부른다. "마에케나스! 왕가의 자손이여! 나의 보루, 나의 달콤한 자랑이여!" 이 시의 첫 단어 "마에케나스Maecenas"는 첫 번째 서정시집 전체의 첫 단어이기도 하며 이런 중요 위치를 차지할 만큼 호라티우스에게 마에케나스는 매우 중요한 인물이었음이 분명하다. 초기 서정시집에서 마에케나스를 호명한 경우는 이외에도 여럿인데, 단순히 이름을 언급한 것을 제외하고 열거해보면 다음과 같다. "소중한 마에케나스 기사여"(carm. I 20, 5), "마에케나스, 나의 커다란 자랑이며 내 삶의 기둥이여"(carm. II 17, 4), "사랑하는 마에케나스여"(carm. II 20, 7), "기사의 자랑 마에케나스여"(carm. III 16, 20).

┃
세상 사람들의 선호 목록

마에케나스는 에트루리아 왕족의 후손으로 굉장한 부자였고, 평생 원로원 신분을 얻지 않았으며 관직에 나서지 않았고 기사 신분eques을 유지했다. 하지만 그는 아우구스투스의 정치적 지지자로서 아우구스투스의 오른팔 역할을 했다. "마에케나스여, 당신은 카이사르의 모든 위험을 당신 자신의 것인 양 떠맡을 준비가 되어 있었다."(epod. I 3~4행) 이런 실력자와의 친분은 시인에게 "달콤한 자랑"이었을지 모른다. 다른 한편 마에케나스는 학식을 갖추었고 시인들의 후원자였다. 호라티우스의 풍자시 '브룬디시움 기행문'(sat. I 5, 39행)에 따르면 베르길리우스와 플로티우스 투가와 바리우스 루푸스 등이 마에케나스의 후원을 받았다. 호라티우스는 마에케나스의 후원으로 사비눔의 시골 농장을 얻어 경제적 안정을 누렸다. 이런 의미에서 호라티우스가 그를 "보루" 혹은 "내 삶의 기둥"이라고 부르는 것은 매우 정당하다. 또 "소중한" 혹은 "사랑하는" 혹은 "달콤한" 등은 마에케나스와 호라티우스의 정서적 연대를 암시한다. 그런데 마에케나스 헌정시의 1~2행에서 호라티우스는 이 시의 청자가 마에케나스임을 밝힐 뿐, 이런 호명의 의도를 숨긴 채 긴 목록을 늘어놓는다.

세속적 기준에 따른 선호 대상으로 처음 언급된 것은 3~6행의 올림피아 경기 승리자다. 고대 그리스 로마 세계의 유명한 경기는, 핀다로스가 지은 승리 찬가epinikion를 토대로 보면, 이스트미아 경기, 네메이아 경기, 퓌티아 경기, 올림피아 경기가 있었다. 여기서는 올림피아 경기만이 언급되었지만, 올림피아 경기는 문맥상 모든 경기를 대표한다. 마찬가지로 경기 종목도 마차 경기만을 언급했으나, 여기서 마차 경기는 모든 경기 종목을 대표한다. 호라티우스 당대에 올림피아 경기의 인기는 과거와 비교하면 상당히 식었지만, 그래도 황제 티베리우스는 기원후 4년 이전에, 아우구스투스의 후계자로 지명되었다가 요절한 게르마니쿠스는 기원후 17년에 올림피아의 마차 경기에서 승리를 거두었다고 한다.(Nisbet-Hubbard, 1970, 5쪽) 올림피아 승자는 신적 불멸의 명성을 보장했고(6행, 신의 반열), 그래서 젊은이들에게 뜨거운 경쟁을 불러일으켰다.(4행, 불붙은 바퀴) "흙먼지"(3행)의 고생스러움은 누군가에게는 남자다움을 과시하는 상징이다.(carm. I 8, 3~4행) "왜 그는 뜨거운 연병장을 버리고 흙먼지와 태양을 견디려 않는가?" 하지만 호라티우스에게는 하찮은 것에 지나지 않았다. 그를 "신들과 함께 있게"(30행) 하는 것은 그런 것이 아니었다.

7~8행도 정치적 명성이라는 세속적 선호 대상을 언급한다. "시민들Quirites"(8행)은 민회에서 로마 인민을 부르는 호칭으로 선거 상황을 지시한다. "관직"(8행)은 흔히 로마의 최고 관직인 집정관, 법무관과 재무관을 나타낸다. 시민들을 꾸미는 "변덕스러운"(7행)은 조롱의 뜻을 담고 있다. "속된 무리를 멀찍이 물리노니odi profanum vulgus."(carm. III 3, 1행) "대중의 바람몰이를 따라popularis aurae."(carm. III 2, 20행) "이랬다저랬다 하는 대중ventosae plebis."(epist. I 19, 37행) 실로 신뢰할 수 없이 수시로 뒤바뀌는 세상 민심은 고귀함과 거리가 멀다. 그래서 시인은 자신이 이런 속되고 경박한 "세상과"(32행) 멀리 떨어져 지내길 바란다.

명성을 추구하는 경기 우승자와 정치가의 삶에 이어, 9~10행은 부유함을 탐하는 삶을 그린다. "리비아"(9행)는 당시 로마의 주요 식량 공급처였던 아프리카 속주를 함축한다. 곡물 수입업자들은 곡물을 수입해 로마 근처 항구에 쌓아두었다가 내다 팔아 이익을 냈다. "쓸어와"(9행)와 "가리지 않고"(10행)는 이런 자들의 행태를 과장해 조롱한 것이다.(Syndikus, 1972, 28쪽)

다음으로, 고향 땅에서 힘겹게 농사를 짓고 사는 가난한 농부(11~14행)는 아무리 많은 금은보화를 준다고 하더라도 고향을 떠나지 않는다. 농부는 부유함을 찾아 먼 길을 나선 바다 항해자의 삶보다 가난한 고향의 삶을 택한다. "가난으로 행복하나니, 작은 식탁 위에 조상이 물려준 소금통이 빛을 발하며, 지저분한 걱정과 욕심은 가뿐한 단잠을 빼앗지 않으리라."(carm. II 16, 13~16행) 평온한 삶은 바다, 전쟁, 재물을 포기하고 '가난한 시골'을 선택함으로써 얻어진다.

다음으로, 15행 이하에서 바다 여행자인 장사꾼은 두려움에 떨면서도 가난이 두려워 부유함을 찾아 길을 나선다. "아탈루스"(15행)는 소아시아 페르가몬의 왕으로 고대 세계에서 가장 부유한 자로 이름을 얻었는데 기원전 133년 로마 제국에 왕국을 헌납했다. "퀴프로스"(14행)는 고대 세계에서 무역 중심지 가운데 하나였다. 가난한 고향을 떠난 사람(18행)은 상인이 되어 "뮈르토움의 바다"(13행)와 "이카루스의 바다"(15행)를 떠돌아다닌다. 폭풍을 만날 때면(15행) 두려움에 고향으로 돌아갈 생각을 하지만 바닷길에서 풍요를 얻으리라는 희망을 버리지 못하기 때문에 결국 상인의 삶을 접지 않는다. 그렇게 호라티우스는 한가로운 시골을 칭찬하면서도 시골의 가난을 견디지 못하는 상인이 선택한 불안과 두려움을 안쓰럽게 바라본다.

다음으로, 한창 일해야 할 시간에 일보다 포도주를 마시며 즐거운 하루를 나무 그늘과 맑은 물의 시냇가에서 보내기로 한 사람은 앞서 고향을 지키는 농부거나 어쩌면 사비눔의 농촌 삶을 택한 호라티우스 자신일지도 모른다. 시인은 "세상 멀리 나무 그늘 아래"(carm. I 32, 1행)에서 비파를 연주하며 술을 마셨고, "포도나무 그늘 아래"(carm. I 38, 7행)에서 술을 마시기도 했다. 이는 30행의 "그늘진 숲"을 선취한다.

다음으로, "시냇물의 잔잔한 머리맡"(22행)에서 즐기는 평화롭고 한가한 삶과 확연히 대조되는 병사와 사냥꾼의 삶이 그려진다. 장사꾼이나 뱃사람처럼 집을 떠나 멀리에서 행운을 쫓는 자들의 전쟁터와 사냥터로부터 행여 나쁜 소식이라도 전해듣지 않을까 "가슴 졸이는"(24행) 어머니와 아내가 지키는 고향이 대조적으로 배치된다. "가슴 졸이는" 어머니의 걱정과 염려는 "여린 안식구"(26행)도 마찬가지다. 식구들의 이런 근심과 불안은 아랑곳없이, 날카로운 뿔피리와 나팔 소리, 전쟁터, 전투가 한창인 한여름의 더위와 엄동설한의 추위, 그물을 뚫는 사나운 멧돼지, 사냥감을 찾아 사납게 달리는 충직한 사냥개가 병사와 사냥꾼에게 즐거움을 선사한다.

새로운 단락을 구분하는 "나를me"(29행)을 맨 앞에 내세움으로써 지금까지는 다른 사람들의 선호였고, 이제부터는 '나의' 선호를 말하겠다는 뜻을 표한다. 호라티우스는 참으로 오랫동안 차근차근 준비한 연후에 이제 자기 이야기를 꺼내기 시작한다. 이에 따르면 호라티우스는 세속적 기준의 모든 것들을 버린 시인의 삶에서 행복을 누린다. 선호 목록시는 29행 이하에서 시 전체의 정점에 이른다.

I
뤼라의 시인

고대 세계에서 시인은 "현자"였다. 시인이 머리에 쓴 "담쟁이 화관"(29행)은 박쿠스의 상징으로, 박쿠스는 호라티우스에게 무사 여신들과 아폴로와 베누스 등과 함께 시인에게 영감을 주는 신이다. "사튀로스"(31행)와 "여인 합창대"(31행) 또한 박쿠스와 연관된다. 포도주를 마시며 하루를 한가하게 보내는 사람(19행)처럼 시인은 "그늘진 숲"에서 펼쳐진 주연酒宴에 참가했고, 술잔치에 함께하는 박쿠스는 호라티우스를 가르친다. "나는 멀리 깊은 산에서 박쿠스가 노래를 가르치는 걸 보았다. 믿어라, 후손들아. 여인들과 귀를 곧추세운 염소 발의 사튀로스들이 배우고 있는 걸 보았다."(carm. II 19, 1~4행)

친구들과 어울린 주연酒宴에서 시를 지음으로써 시인은 마차 경기의 우승자들처럼 "신들의 반열에 오른다"(30행)에 오른다. 시인이 시를 노래할 때 친구들은 그에게 변함없는 성원과 환호를 거절하지 않는다("사양치 않을 때에", 34행). "그늘진 숲"(30행)은 아프리카의 넓은 들판, 풍요로운 소아시아, 폭풍우가 몰아치는 바다, 시끄러운 전쟁터와 차가운 사냥터 등과 대비되는 풍경, 가난한 시골 농부가 일을 제쳐놓고 시원한 물가로 나가 하루를 포도주로 여유롭게 보내던 풍경(19~22행)과 이어진다. 가난한 은둔의 땅에서 친구들과 함께한 호라티우스를, 대중의 변덕에 휘둘리지 않을 수 있는 삶이 "세상과 떼놓는다."(32행) 세상과의 분리는 은둔과 가난을 뜻하면서도 동시에 행복을 말한다. "신들의 반열"(6행)과 "신들과 함께"(30행)처럼, 그리고 마지막에 다시 한 번 거론된 "하늘의 별"(36행)처럼 행복은 절정에 이른다.

한편 호라티우스는 32행 이하에서 '시'라는 비교적 넓은 대상을 좀 더

줍힌다. "에우테르페"(32행)와 "폴리휨니아"(33행)가 언급되었지만, 아홉 명 가운데 누가 언급되던 그것은 흔히 무사 여신들 전체를 대표한다. 여기서 주목할 것은 에우테르페의 "피리"와 폴리휨니아의 "비파"다. 피리는 흔히 합창 서정시를, 비파는 독창 서정시를 반주하는 악기다. 그리고 다시 "비파"에 "레스보스의"라는 한정을 둔다. "레스보스의"(34행)는 레스보스 섬의 시인 사포와 알카이오스를 가리킨다. 앞서 언급했던 것처럼 첫 시집의 마감시에서도 그는 똑같이 말했다. "아이올리아 노래를 처음 이탈리아 운율에 맞추어 불렀다 나를 얘기하리라."(carm. III 30, 13행) 아이올리아는 사포와 알카이오스가 살던 레스보스 섬을 가리킨다. 호라티우스는 첫 번째 시집에 들어 있는 88편의 시들 가운데 56편은 사포 운율과 알카이오스 운율을 따른다.

34행으로 '선호 목록시'가 마무리되었지만, 35행 이하의 2행이 남았다. 1985년 호라티우스 전집의 편집자는 32행 이하에서 전승 사본의 훼손을 의심했다. 35행 이하는 그에게 사족anticlimax으로 보였다. 34행에서 선호 목록시의 종착점에 이르렀는데도 남아 있는 것처럼 보이지만, 사실 35행 이하는 사족이 아니라 시의 궁극적 목표다. 그리고 이곳은 1~2행 호명의 이유가 밝히는 부분이다. 1~2행에서 마에케나스를 호명한 이후 계속해서 지연되었던 호명 이유가 드디어 여기서 밝혀진다.

35행 이하는 마에케나스의 지지를 거론한다. 1985년 판본의 편집자도 잠정적 가설로 마에케나스의 지지를 추정하고, 만약 그랬다면 강조하는 뜻의 '당신이tu'가 있어야 했다고 지적함으로써 이런 가설을 부정하면서 사족을 근거로 전승 사본의 훼손을 입증하려 한다. 사실 호라티우스가 그렇게 썼다면 더욱 분명해졌을지도 모른다. 여기서 우리가 주목하는 것은 호라티우스가 첫 번째 시를 마에케나스 헌정시로 생각했다는 것이다. 다른 선호 목록시처럼 마지막에 '내가 좋아하는 것'을 앞의 항목들에 대비함으로써 시를 끝날 수는 없다. 선호 목록시 형식은 다만 헌정의 뜻과 의미를 돋보이게 하려는 수단일 뿐이다. 선호 목록이 29행 이후 "나를"로 돌아선 이래, 35행에서 "나를"이 세 번째로 다시 한 번 반복되는데, "여긴다면inseres"은 반복된 "나를"에 대비하여 2인칭 단수 "당신이"(35행)를 분명히 말하고 있다. 또 "하늘의 별에 닿으리라"(36행)도 앞서 언급했지만, 무려 네 번째의 반복이다.(6행, 30행과 32행) 자칫 맥 빠져 보일 수도 있는 이런 반복을 무리하게 거듭하는 이유는 이를 감수하고라도 해야 할 말이 아직 남아 있기 때문이다.

│
친구의 인정

호라티우스는 시를 지음으로써 즐거웠고, 특히 그리스의 서정시를 이탈리아에 도입함으로써 더없이 행복했다. 그것만으로도 이미 호라티우스는 세상 사람들이 그렇게 간절히 원하는 것들을 대신할 만큼 많은 것을 얻은 셈이다. 그것이 목록 열거의 뜻이다. 하지만 중요한 한 가지가 아직 남았다. 그에게 그리스 서정 시인들과 비견할 만한 시인임을 말해주는 마에케나스의 인정이다. 장차 시집을 읽으면서 "뤼라의 시인"이라고 말해줄 사람에게 첫 번째 시집을 헌정하면서 지지와 인정을 호소하는 한마디를 끝에 남겨야 했다.

그럼, 왜 마에케나스의 인정과 지지가 호라티우스에게 그렇게 간절했을까? 마에케나스가 누구보다 탁월한 문학적 감식안을 갖고 있었기 때문일까? 혹자는 마에케나스가 '문학의 진정한 심급'이라고 추켜세우려는 뜻이 보이며, 1행에서 마에케나스를 '왕가의 자손'이라고 부른 이유가 그것이라고 설명한다. 헤시오도스의 《신들의 계보》94~96행에 무사 여신들과 왕들에게는 '문학의 심급' 능력이 주어져 있다고 한다. 그럴지도 모를 일이다. 물질적 후원자의 없는 감식안을 추켜세운 것이 아님은 마에케나스가 후원한 로마 최고 시인들을 상기하는 것만으로도 충분하다. 혹은 그가 대중적으로 인기가 높은 실력자였기 때문일까? 실로 오랜 와병으로 공식 석상에 모습을 보이지 않던 마에케나스가 건강을 되찾아 폼페이우스 극장에 나타난 날, 환호하여 사람들은 그를 반겼다.(carm. I 20, 1행 이하) "극장을 찾은 그대가 갈채 받던 날 제가 직접 희랍 술동이에 담아 봉해두었던 술. 소중한 마에케나스, 기사여, 그대 고향을 흘러온 강과 어울려 함께 바티카누스 산에 사는 즐거운 메아리가 그대를 기려 칭송을 주고받던 날 담근 술." 대중적 인기와 명성은 호라티우스의 선호 목록에서 거부되었음이 분명하고, 따라서 대중적 인기를 얻는 사람의 인정과 지지를 그렇게 간절히 원했을 리 없다. 혹은 마에케나스가 엄청난 부자였기 때문이었을까? 혹은 권력자 아우구스투스를 옆에서 거들던 세력이었기 때문이었을까? 재력이나 권력도 마찬가지로 호라티우스가 거부했던 것들이다.

선호 목록에 따르면, 시인은 가난한 은둔의 삶을 선택하고 그리스 서정시를 이탈리아에 들여와 "라티움 노래"(carm. I 32, 3행)를 부르고 있었다. 그것은 시인에게 더없이 커다란 행복이 되었다. 그런 행복은 이미 "신들과 함께"(30행) 있다는 말이 과장으로 들리지 않을 정도였다. 하지만 완벽하지는 않았던 것은, 시인에게 시인이 선택한 행복을 지지하고 응원해줄 사람이 필요했기 때문이고, 그리하여 시인에게 "하늘의 별에"(36행)이르는 기쁨을 주고, 나아가 커다란 자부심을 가지게 할 지지와 응원이 필요했기 때문이다.(Mayer 2012, 61쪽) 그것이 진정한 행복의 선택임을 알아줄 사람, 그것이 올바르고 정당한 선택이었음을 말해줄 사람, 그리고 그 길을 함께 걸어갈 사람이 마에케나스라고 호라티우스가 판단하고 생각했음을 의미한다. 따라서 지지와 응원의 호소는 동반자가 되어주길 바라는 요청, 마에케나스에게 보내는 설득, 동시에 행복한 삶의 권고를 포함한다. 호라티우스는 마에케나스가 그런 사람이라고, 그럴 수 있는 사람이라고 믿었고 판단했고, 시인이 보기에 반드시 그래야 할 사람이었다. 그는 솔바위 아래 가난과 은둔 가운데 문학과 철학을 선택한 '나를 자랑스럽게 하는 사람', 다시 말해 친구였다. 시인 호라티우스와 권력자 마에케나스는 기원전 8년 며칠 간격을 두고 세상을 떠났고 같은 자리에 묻혔다.

아주 오래된 질문들

서 영 화

예술

플라톤 존재론과 현대 예술론

은폐된 그리스 비극, 존재론적 사건의 예술

이 장에서는 이 시대에 우리를 구원해줄 수 있는 것이 어째서 예술인가에 대해 생각해보고자 한다. 이를 위해서 예술에 대한 몇몇 철학자들의 생각을 참조했다. 그중에서도 예술을 진짜와 가짜 같은 진리 문제와 관련해서 생각한 철학자들의 예술론을 소개해보고자 했다. 예술을 진리와 관련해서 생각하는 사유 전통은 플라톤으로 거슬러 올라간다. 플라톤은 예술이 인간 영혼으로 하여금 이념의 진리를 보지 못하게 하는 장막일 뿐이라고 말한다. 예술을 가상의 산물로 폄하하는 플라톤의 예술론은 바움가르텐에 의해 도전받는다. 근대 이후 합리성을 비판하는 문화적 흐름에서 있던 바움가르텐은 '감성적 인식의 학'이라는 이름으로 '미학'이라는 학문 분과를 정립시킨다. 헤겔에서 예술은 진리를 감각적으로 현재화하는 형식으로 발전한다. 이 장에서는 고대 그리스인의 '테크네' 개념에서부터 하이데거가 말하는 '작품 내 진리의 정립'이라는 예술론을 통해 예술의 존재론적 위상을 되짚어보고자 한다. 현대사회에서 사물은 황폐화되고 궁핍하다. 인간은 예술을 통해서 세계와 대지를 되돌려주는 존재론적 사건을 경험할 수 있다. 반면 예술이 없었다면 인간과 사물이 포개고 있는 존재의 풍부한 면은 묻히고 영원히 알려지지 않은 채로 남아 있을 것이다.

Ⅰ
왜 예술인가?

이 시대는 궁핍하다. 언어는 존재의 집이라 했던가. 시대의 궁핍함은 언어를 통해 흔적을 드러낸다. '흙수저', '헬조선' 등은 이 땅을 저주받은 곳이라 규정한다. 이 언어는 우리가 이 땅에서 현재 무엇으로서 어떻게 살아가고 있는가를 드러낸다. 그러나 의문이 든다. 시대의 궁핍함을 말하는 것은 시대착오적인 발상이 아닐까. 과학기술을 통해 인간을 괴롭혀왔던 경제적 궁핍함, 신체적 질병, 노화와 죽음, 나아가 심리적 고독까지도 치유할 수 있는 길이 제시되고 있는 시대에. 그러나 과학기술 문명이 가져다주는 풍요로움은 궁핍함과 뱀처럼 얽혀 있다. 진정한 궁핍함은 궁핍함을 궁핍함으로 알아채지 못하는 데에 있다.

과학기술은 근대인들의 독특한 발명품으로 언급되어왔다. 반면 철학자 하이데거는 과학기술이 무엇인지는 그것의 본질에서부터 물어야 한다고 말한다. 그는 과학기술의 본질을 플라톤 이래 서구 형이상학과의 연관 속에서 찾는다. 그러나 과학기술을 서구 형이상학과 연결시키는 이해 방식은 그리 익숙하게 들리지 않는다. 그러나 '존재자가 무엇인가'라는 보다 심층의 문제로 들어가보면 이야기는 달라진다. 양자는 존재하는 것이 무엇인가를 신이나 자연법칙을 통해 남김없이 알려질 수 있는 것으로 파악하며, 이 속에서 인간과 자연을 지배하고 통제하려는 의지를 강화하려고 한다는 점에서 말이다. 그런 점에서 서구의 역사는 존재하는 것 전체에 대한 지배 의지를 강화해온 역사라고 할 수 있다.

그렇다면 이러한 궁핍한 시대에 인간의 삶과 세계를 이해하는 다른 방식을 제시할 수는 없을까. 인간은 한 번뿐인 삶을 살기에, 우리 삶의 매 순간은 리허설 없는 연극 무대에 서는 것과 같다. 그렇기에 내가 과연 잘 사는 것인지를 끊임없이 고뇌하게 된다. 내가 잘 사는지를 판단하는 척도는 자신이 속한 세계에 있다. 대개의 사람들은 세상 사람들이 제시한 삶의 목표와 가치에 맞추려고 있는 힘을 다해 애쓴다. 그러나 현대 과학 문명이 지배하는 세계가 우리에게 말하는 삶의 가치와 척도는 쓸모 있는 자원으로 되라는 것이다. 쓸모와 유용성을 추구하는 것이야말로 이 시대의 삶의 기준이자 척도다. 그러나 그 속에서 개개인이 펼쳐내는 풍요롭고 고유한 세계는, 들판에 피어 있는 한송이 꽃이 우리에게 다가와 열어 놓는 세계는 닫혀버린다.

과연 각각의 인간에게 어떻게 그들 각자의 세계를 닫아버리지 않고 되돌려줄 것인가. 하이데거는 과학기술에 가려져버리는 존재의 근원적인 모습을 사유할 때, 예술을 소환한다. 그렇다면 예술의 본질은 무엇인가?

|
진짜와 가짜의 이분법 속에서 예술의 지위

예술의 정체성에 대한 물음은 케케묵은 질문으로 치부될 수 있으나 예술에 대해 생각해볼라치면 묻지 않을 수 없는 불가피한 질문이기도 하다. 미 혹은 예술은 통상적으로 '미학'에서 다루어왔다. 그런데 미학이라는 학문이 확립되기 전부터 철학은 미와 예술에 대해 말해왔다. 그리고 미학 이전 시기 철학은 오랫동안 예술을 진리 문제와 관련해서 다루어왔다. 이러한 전통은 플라톤으로 거슬러 올라간다.

진리 문제는 한 철학자가 무엇을 진짜(실재)라 간주하는지, 반대로 무엇을 가짜(가상)라 간주하는지와 관련된다. 플라톤은 실재와 가상에 대한 자신의 입장을 펼치는 가운데 예술의 본질과 그것의 지위를 규정한다.

아주 오래된 질문들

I
가상의 예술: 플라톤

그리스 철학자들은 인간을 둘러싼 세계에 대한 이해를 신화적 방식으로부터 철학적인 방식으로 전환시켰다. 세계에 대한 철학적 이해는 물의 원인(아르케arche)을 묻는 것으로부터 시작되었다. 최초의 철학자라 불리는 탈레스Thalēs는 만물의 원인을 물水이라 했다. 플라톤은 존재하는 것들의 원인을 생성하거나 소멸하지 않는 형상Form 혹은 이데아라 설명했다. 어떤 것이 생성하거나 소멸하는 것이라면, 있는 것 전체를 있게 할 수는 없기 때문이다. 반면 플라톤에게 사물들은 우리가 보거나 듣는 방식으로 구체적으로 경험 가능한 것으로, 생성 소멸의 부침을 겪는 것들이다. 말하자면 플라톤은 세계를 원인들로 구성된 참된 세계와 그 세계를 불완전하게 모방하는 일종의 가짜 세계로 이분법적으로 나눈다. 말하자면 가짜 세계는 참으로 있는 것인 이데아를 모방하거나 분유紛揉하거나, 참여한 결과로 간주되었다. 감각 세계가 참되게 존재하는 것을 모방한 결과로 간주하는 한에서, 예술은 실재와 멀리 떨어진 가상의 것으로 밝혀진다.

플라톤은 그의 초기 대화편《대大히피아스》에서 아름다움의 문제를 다룬다. 소피스트인 히피아스와 논쟁하는 과정에서 소크라테스는 아름다움을 따져 물을 가치가 있는 아주 특별한 현상이라 말한다. 소크라테스는 개별 사물들이 갖는 다수의 아름다운 현상들보다는 아름다운 것들이 아름다울 수 있도록 해주는 아름다움 자체auto to kalon를 문제 삼는다. 물론 소크라테스에게도 아름다움은 아름다운 것들을 통해 경험되는 한에서, 감각적 지각에 의해 알려진다. 그러나 아름다운 것들을 아름답게 만드는 것은 감각 지각 영역의 너머에 놓여 있다. 그리고 사물이나 인간이 갖는 아름다운 모습은 아름다움의 이념 자체를 불러일으키는 것으로서 지위만을 갖는다.¹ 이렇게 가짜 세계에서 아름다운 것들은 참되고 완전하게 있는 아름다움의 이념을 향하도록 한다는 점에서 진리의 매개체라 할 수 있다. 그런 의미에서 초기 대화편에서 플라톤은 예술에 진리를 매개하는 지위를 부여하고 있다.

그런데 플라톤은 중기 대화편에 해당하는 《국가》 10장에서 예술에 대한 비판적 견해를 강하게 피력한다. 예술은 가상과 관계하고 인간을 타락으로 이끈다는 것이다. 누군가가 아름다운 꽃이나 아름다운 여인의 모습에 매혹되는 것과 같은 미적 경험을 했다고 치자. 그들은 꽃과 여인의 모습을 보고 아름다움의 이념으로 향할 수도 있지만, 감각적인 것에만 치중할 수도 있다. 미적 경험이 감각적인 것에만 치중될 때, 예술은 인간 영혼이 갖는 이념과의 연관을 보지 못하게 한다. 예술은 인간의 정신이 이념에 이르는 것을 방해하는 원인으로 간주된다.

플라톤이 예술을 폄하하는 태도는 그의 형이상학적 입장을 통해 보다 분명하게 볼 수 있다. 아름다움은 아름다운 남성이나 아름다운 꽃과 같은 감각적 대상으로부터 경험 가능하다. 그런 한에서 아름다움에 대한 감각적 경험을 드러내는 예술품은 이데아에 대한 이차적인 모방물로 간주된다. 감각 세계는 이데아를 모방해서 만들어진 것인데, 감각 세계를 모방해서 창조된 예술작품은 결과적으로 실재에서 두 단계나 떨어져 있는 것이 되기 때문이다.

나아가 플라톤은 아름다움을 실천적인 문제와 분리해서 생각하지 않았다. 마땅한 교육 자료가 없었던 당시에 어떻게 살아야 하는가의 문제는 예술작품을 구전하는 방식으로 전달되었기 때문이다. 이에 대해 플라톤은 예술에 대한 전쟁을 선포한다. 이제까지 예술이 올바른 삶에 대한 교육을 담당해왔다면, 이제 철학이 그것을 대신해야 한다는 것이다. 참

아주 오래된 질문들

된 삶의 전형을 제시해야 할 예술이 인간으로 하여금 자신의 삶과 운명에 대해 비탄에 빠지도록 이끌기 때문이다.

플라톤에게 예술작품이란,《오뒷세이아》나《일리아드》, 혹은 소포클레스의《오이디푸스 왕》과 같은 당시 아테네에서 주로 상연되었던 비극 작품들을 말한다. 호메로스의《오뒷세이아》는 주인공인 오디세우스가 트로이 전쟁 이후에 고향 이타카로 향하는 10여 년간의 귀향길을 다룬 작품이다. 그런가 하면《일리아드》는 트로이 전쟁을 다룬 작품이다. 또한 소포클레스의《오이디푸스 왕》은 아비를 죽이고 제 어미를 부인으로 취하는 비극적 인물을 작품화한 것이다. 플라톤이 보기에 이 작품들은 광폭하고 음란한 신들에 대한 묘사가 넘쳐날뿐만 아니라, 인간으로 하여금 자신의 비극적 운명의 지배에 저항하려 하지만 결국 그러한 운명의 소용돌이에 삼켜져버린 이야기를 담고 있다.

예술을 가상의 산물로 폄하하는 플라톤의 예술론은 근대에 이르러 도전받게 된다. 바움가르텐A. G. Baumgarten은 '미학'이라는 독립된 학문을 창시했다. 미학이라는 표현은 그리스어 아이스테시스aisthesis(지성·감정·이해)에서 유래하며, 넓은 의미의 미학은 개념적이고 이론 이성 중심의 문화에서 경시되어왔던 감성적 문화의 가치를 새롭게 다룬다. 개념과 이론 이성이 합리성의 가치를 추구해왔다면, 우리를 둘러싼 세계와 자연이 갖는 생산성과 창조성은 담아내지 못한다는 것이다.[2] 반면 감성적 문화는 근본적으로 생산적 성격을 갖는다는 것이다. 바움가르텐은 감성적 지각을 통한 미적 경험의 독특성을 '미학'이라는 학문을 통해 정립하려 한 것이다.

I
진리를 경험하기 위한 필수적 단계인 가상의 예술: 헤겔

바움가르텐 이후로 미학의 문제는 이성의 지배로부터 배제되어온 세계의 다양성을 어떻게 그 자체로 고유하게 드러낼 수 있는가의 문제가 된다. 미학의 역사라는 관점에서 보자면, 헤겔은 미학을 새로운 지평으로 옮겨놓는다. 헤겔은 미학에 진리 문제를 다시 들여온다.

헤겔에게 세계는 정신(이념)이 스스로를 외화한 형태다. 정신이 점점 감각성을 떨쳐버리고 고유한 정신성을 회복해나갈 때, 정신은 예술에서 종교로, 나아가 철학으로 자신을 드러낸다. 그러니까 헤겔에게 예술은 정신이 가장 완성된 형태인 절대정신으로 스스로를 실현한 형태 중 하나로, 절대정신이 스스로를 감각적으로 실현한 형태다. 그런데 내가 여기에서 주목하려는 것은 헤겔이 《미학강의》에서 미학에 대한 기존의 편견에 반론을 제기하는 부분이다.[3]

헤겔 당시 미학에 대한 통념 중 하나는 예술이 참된 현실을 찾고자 하지만 현실의 가상만을 다룬다는 것이다. 논의를 예비하는 과정에서 헤겔은 플라톤이 처음 제기한 예술에 대해 부정적 평가를 언급한다. 헤겔이 보기에 플라톤에게 예술이 갖는 가상적 성격은 예술 자체에서 나오는 것이 아니라 예술이 감각적 현상계에 붙들려 있기 때문이다. 헤겔은 이로부터 다음을 합리적으로 추론한다. 만일 예술이 감각적 현상계에만 붙들려 있지 않는다면 예술에 새로운 지위를 부여할 수 있지 않을까. 헤겔은 플라톤주의자들이 제시한 진리와 가상에 대한 평가를 전도하고, 예술의 진리 가치를 새롭게 제시한다.

헤겔에게 진리는 플라톤주의자들이 그러하듯 초월적이고 이념적인 형태로 다루어지지 않는다. 헤겔이 진리를 이념의 형태로부터 지상으로 끌어내리는 방식은 진리를 의식에 의존하는 것으로 봄으로써 가능했다. 의식의 경험에 의해 알려지고 서술되지 않는 진리나 이념을 말하는 것은 무의미하다. 만일 사물의 본질이나 이념과 같은 것이 초월적인 형태로 있다 하더라도, 오직 인간 의식에 의해서만 경험되고 알려질 수 있기 때문이다. 물론 그렇다고 해서 헤겔이 이념을 인간에 의해 알려진 것만으로 제한한 것은 아니다. 이때 의식은 평범하고 일상적인 독단에 빠져 있는 상태로부터 점차로 실재를 인식하는 단계로 나아간다. 예컨대 평범한 자아는 독단에 빠진 나머지 존재자를 의식에 독립적으로 있는 하나의 외적 대상에 불과한 것으로 본다. 그러나 자연적 의식은 대상을 자신과 독립해 있는 즉자적인 것으로 표상하던 것을 비진리로 경험하게 된다. 그리고 그러한 비진리의 경험을 통해 의식은 비로소 대상을 '의식에 대해 있는' 것으로 경험할 수 있다. 중요한 점은 의식이 이러한 경험 과정을 통해서만 자기 자신으로 있을 수 있다는 것이다. 그렇기 때문에 의식이 겪는 비진리의 경험, 즉 가상의 경험은 의식이 자기 자신을 실현하는 과정에서 필수적이다. 이러한 헤겔의 형이상학적 입장에 따르면 가상과 실재는 대립적이지 않다. 실재와 가상의 이분법을 지양하는 헤겔에게 가상을 실재와 대립되는 것으로 전제하고, 예술을 가상으로 간주하는 예술 비평가들은 비판받아 마땅하다.

나아가 헤겔에게 예술의 종말은 필연적이다. 헤겔에게 정신의 도야 과정은 감각성을 떨쳐버리고 고유한 정신성을 회복해나가는 과정인 한에서, 예술은 진리를 감각적으로 현재화하는 형식에 제한되기 때문이다. 헤겔은 예술을 과거의 것으로 규정한다. 헤겔은《미학강의》서론에서 다음과 같이 말한다. "그것의 최고 규정의 측면에 따른다면 우리에게 [예술은] 과거의 것에 머문다"

이에 따라 예술 장르 간에도 위계가 정해진다. 예컨대 헤겔에게 예술작품은 예술가가 자신의 정신을 질료라는 물질성에다가 담아낸 결과다. 그리고 예술이 질료적 제한성을 덜 가질수록 상위의 예술로, 질료의 제한성을 많이 받을수록 하위 예술로 분류된다. 이에 따르면 건축은 하위 예술 장르에 해당한다. 반면 조소는 상대적으로 질료의 제한성을 덜 갖기 때문에 상위 장르로 간주된다. 조소는 건축 작품에 비해 조형 가능성, 즉 재료를 변형해서 작가의 정신을 표현할 수 있는 여지가 많기 때문이다.[4] 마지막으로 시문학은 최상의 예술 장르에 해당한다. 조소가 건축보다, 그리고 시문학이 조소보다 상위의 예술 장르로 분류되는 이유는 그 속에서 진리가 물질적인 질료성의 제한을 받지 않고, 정신 자신을 고스란히 드러낼 수 있기 때문이다.

예술이 가상만을 다루기 때문에 예술이 유해하다는 논지는 플라톤 이래로 서구 근대에까지 사람들 사이에서 만연되어 있는 생각이었다. 그러나 헤겔에 이르러 예술이 갖는 가상성은 인간이 진리를 경험하기 위한 필수 단계가 된다. 그 과정에서 예술은 진리를 감각적으로 현재화하는 형식으로, 절대 정신의 한 단계로 나타난다. 하이데거의 말을 빌어보자면, 헤겔에게 예술은 "진리의 작품 내 정립"이다.[5]

하이데거는 예술에서 진리 문제를 본격적으로 다룬다는 점에서 그의 사유는 헤겔의 예술철학 가까이에 있다. 반면 하이데거는 '존재론적 차이Ontologische Differenz' 테제를 통해 기존 철학적 예술론이 기대어온 문제의 축을 옮겨놓는다. 철학적 예술론은 실재와 가상의 문제 사이에서 움직여왔다. 이에 대해 하이데거는 실재와 가상의 구분을 이끄는 근본 전제를 문제 삼는다. 실재는 이념이나 신과 같은 고정불변의 실체와 같은 것인가? 혹은 실재는 정신이 스스로를 외화했다가 자기 자신으로 복귀하는 정신의 운동을 가리키는 것인가? 적어도 이때 실재는 객관적으로 외부에 실재하는 것이 되었든, 정신의 자기복귀운동이 되었든 원리나 법칙의 형태로 이성에 의해 온전하게 알려질 수 있는 것으로 간주되었다. 반면 하이데거는 실재를 고정불변의 것으로 보지 않는다. 나아가 실재를 원리나 법칙의 형태로 알려질 수 없는 것으로 본다. 하이데거에게 실재는 존재자의 참다운 있음이 고유하게 경험되는 하나의 존재론적 사건을 가리킨다. 그리고 예술에서 존재자의 참다운 있음이 고유하게 알려지는 사건이 비로소 생겨난다는 것이다. 그렇다면 존재론적 차이를 통해 예술철학을 전개한다는 것은 전통적인 예술철학과는 무엇이 같고 다른가?

Ⅰ
가상의 예술로부터 존재론적 사건의 예술로

하이데거의 예술론은 《숲길》에 실린 〈예술작품의 근원〉(1935-1936)과 《강연과 논문》에 실린 〈건축함, 거주함, 사유함〉(1951), 〈"… 인간은 시적으로 거주한다…"〉(1951) 등에서 다루어진다. 또한 하이데거는 휠덜린에 대한 다수 작품에서 자신의 예술론을 전개한다. 이 중에서도 하이데거는 〈예술작품의 근원〉에서는 자신의 예술론을 예외적으로 상세하게 전개한다. 언급했듯이 플라톤이나 헤겔의 예술철학에서는 실재와 가상 간의 구분이 핵심적인 문제로 등장한다. 그런데 이들 철학에서 말하는 실재는 그것이 이데아나 정신과 같은 것으로 여전히 존재자적으로 접근한 것이다. 이와 다르게 하이데거에게 문제가 되는 것은 존재자의 고유한 있음, 즉 존재자의 존재다. 아래에서는 〈예술작품의 근원〉을 중심으로 하이데거 예술론의 핵심 문제를 따라가보고자 한다.

　　예술작품 근원 논문은 1950년에 출판된 《숲길 *Holzwege*》에 실려 있으며, 이 원고는 1935년과 1936년에 진행한 강의에 기초한 것이다. 하이데거는 이 강의를 추후에 〈서론〉, 〈사물과 작품〉, 〈작품과 진리〉, 〈진리와 예술〉로 세부적으로 나누어 편집한다.

하이데거는 서론에서 예술작품의 근원에 대해 묻는다. 하이데거는 우선 예술에 대한 미학의 견해를 검토한다. 대개 사람들은 예술이 무엇인지를 예술에 대한 이념으로부터 연역해내거나, 반대로 구체적인 예술작품으로부터 귀납적으로 이해한다. 그리고 이러한 이해를 이끄는 것은 특정한 예술에 대한 이해인 '미학'이다. 하이데거는 예술에 대한 미학의 견해를 검토하는 것으로부터 시작해서, 그것을 내재적으로 논파해나간다.

미학에 따르면 예술작품은 '사물적 차원'에다가 특정한 '상징'을 덧입힌 것이다. 이로부터 하이데거는 작품의 고유성이 사물적 측면에 있는 것이 아닐까라고 묻는다. 상징은 인간의 공통된 이념과 정신의 표현인한에서, 종교와 같은 다른 분야에서도 널리 사용되기 때문이다. 그렇다면 상징이 예술작품만의 고유성을 드러낸다고 보기는 힘들다는 것이다. 반면 건축, 조소, 회화, 시문학과 같은 예술작품은 나무, 금속, 청동, 낱말, 색채와 같은 작품의 사물적 측면에 해당하는 재료를 통해 해당 작품만의 고유성을 드러내는 것이 아닐까 하는 것이다. 이런 이유로 하이데거는 미학의 견해로부터 출발해, 예술작품의 고유성 혹은 현실성을 그것의 사물적 측면에서부터 묻는다.

더불어 우리는 하이데거가 예술의 본질이 아니라, 예술 '작품의' 본질을 묻고 있다는 것에 주목해야 한다. 누군가가 예술의 본질을 문제 삼고자 해도, 예술은 항상 작품 속에서만 자신을 드러낼 수 있기 때문이다. 그리고 작품의 현실성은 작품의 사물적 측면에서부터 드러난다.

I
예술작품은 쓸모를 갖지 않는 도구이다?

예술이 무엇인지를 논하기 위해서 사물에 대한 분석이 필연적이게 되었다. 이로부터 〈예술작품의 근원〉의 1장에서 하이데거는 사물에 대한 전통 형이상학의 세 가지 견해를 검토한다. 그중에서도 우리는 사물을 형상-질료 결합물로 보는 견해에 주목해야 한다. 미학의 예술작품에 대한 이해가 세 번째 사물 이해 방식 안에서 움직이기 때문이다. 가령 집은 나무나 시멘트와 같은 재료[질료]를 가지고 추위를 막기 위한 목적으로 특정한 모양(형상)으로 지어진 것이다. 이렇게 집에 대한 우리의 통상적인 이해는 이미 집을 질료와 형상의 결합물로 본다. 나아가 질료와 형상의 결합물로 사물을 이해하는 방식은 사물을 하나의 '도구'로 파악한 결과다. 집의 경우 추위를 막기 위한다는 목적하에, 집이라는 도구가 선택된다는 점에서 말이다. 이러한 분석으로부터 하이데거는 미학의 작품 이해에 질료-형상 결합틀이 작동한다고 말한다. 그런데 이러한 분석에 따르면 예술작품은 도구가 된다.

예술품이 도구라는 것은 수긍하기 어려운 말이다. 그렇지만 다시 생각해보면 예술품은 작가의 생각을 특정 재료를 선택해 형상화한 결과물이 아닌가. 오히려 이를 부정하는 것이 이상하게 생각될 지경이다. 이것이 맞다면 서구 미학은 예술작품을 예술가의 정신을 표현하기 위한 도구로 간주하는 셈이다. 다만 예술품은 '쓸모(용도성)를 갖지 않는 도구'가 된다. 그런데 중요한 것은 어째서 도구를 이해하는 프레임으로 예술작품을 이해하는 것이 이토록 자연스러운가 하는 점이다. 하이데거에 의하면 그 이유는 서구 문화에 깊게 배어 있는 서구의 기독교적 문화의 영향에 있다. 기독교적 세계관에 따르면 존재하는 모든 것은 신에 의해 창조된 창조물이다. 창세기의 하나님이 자기 형상대로 사람을 창조하셨듯이 말이다. 기독교적 문화의 영향하에 있는 서구에서 인간, 자연을 포함한 존재하는 모든 것을 신神의 창조물로 사유하는 것은 자연스러운 일이다. 이와 유사하게 예술작품도 예술가가 산출한 결과물이다. 그리고 예술작품은 예술가가 특정한 정신을 표현한다는 목적을 가지고 특정한 상징을 재료에 덧입힌 결과다. 그런 의미에서 작품의 근원은 예술가이며, 예술작품은 예술가의 제작물이 된다.

　　그러나 하이데거는 예술가가 예술작품의 근원이 될 수 없다고 말한다. 여기에서 근원Ursprung은 무엇을 야기한다는 의미를 갖는 원인Ursache과 구별해야 한다.⁶ 하이데거에게 예술작품은 '자신에게서 기인한다Auf-sich-beruhen'는 의미에서 '자생성das Eigenwüchsige, taken shape by itself'⁷을 갖는다. 그런 의미에서 예술작품은 예술가의 산물이 아니다. 나아가 하이데거는 사물 역시도 그것의 참된 성격을 자생성에서 찾는다. 그렇게 하이데거는 예술작품과 사물의 공통점을 '자기에게서 기인함' 혹은 '자기 안에 머물러 있음das Insichruhen'에서 찾는다. 사물이 '자신에게서 기인한다'는 것은 사물이 자신의 원인을 자신의 외부에 갖지 않는다는 것을 말한다. 사물에 대한 이러한 이해는 고대 그리스어, '퓌시스Physis, φύσις'에서부터 가져온 것이다. 퓌시스는 '자생적으로 피어남' 그리고 '자생적으로 피어나는 것'을 일컫는다. 이는 마치 '스스로 그러그러함'의 뜻을 갖는 동양적인 자연自然 개념과 유사하다. 하이데거는 예술작품 안에서 사물의 성격을 '자기 자신에게서 기인함'에서 찾음으로써, 작품이 '원인으로부터 야기된 도구'와 다르게 있음을 드러내고자 한다. 사물이 자생성을 갖는다는 것은 사물을 마치 인간으로서는 도저히 파악할 수 없는 친밀성을 가지고 서로가 어루어져 피어나는 야생의 정원과 같은 것으로 보는 것이다. 야생의 정원이 피워내는 성장은 사물을 제작물로 파악할 때는 절대로 보이지 않는 것이다. 하이데거는 사물, 나아가 예술작품에 그것만의 고유한 '존재(있음)'의 무게를 되돌려주고자 한다. 그러기 위해서는 사물의 고유한 존재 방식에 주목해야 한다.

서구의 전통 형이상학은 인간과 사물, 자연, 동물 그리고 신 등에서 그것들의 차이 나는 존재 방식을 고려하지 않는다. 그리고 이 모든 상이한 존재 방식을 갖는 것들을 질료-형상의 결합틀로 획일화해서 파악한다. 그러나 이와 같이 획일화해서 이해하는 것은 사물에게 일종의 폭력을 가하는 것이다. 그렇다면 남는 문제는 사물이 참으로 무엇인가 하는 것이다. 그리고 하이데거는 사물이 참으로 무엇인지 하는 것이 예술작품으로부터만 알려질 수 있다고 말한다. "작품의 사물적 현실성에 대한 규정에 이르는 그 길은 사물을 통과해 작품에 이르는 것이 아니라, 오히려 작품을 통해서 사물에 이르게 된다."[8]

▎
구두의 본질은 도구가 아닌 신뢰성이다

〈예술작품의 근원〉 2장에서 하이데거는 진리 문제를 전면에 내세운다. 그리고 "작품 속에서 진리가 작용하고 있다"는 유명한 문구가 이 맥락에서 등장한다. 예술에서 진리가 문제된다고? 플라톤 이래로 예술에 덧씌워졌던 오명을 겨우 거두어냈더니 다시 진리 문제인가라고 누군가는 반문할 수 있다. 18세기 미학이라는 학문 분과가 등장한 이후로 아름다움과 진리는 서로 분리된 것으로 간주되어왔다. 진리 문제는 논리학의 일이며, 아름다움을 다루는 일은 미학의 일이라는 것이다. 그러나 고대에서부터 중세에 이르기까지 진리는 미와 아름다움을 규정하는 핵심적인 기준으로 작용해왔다. 예술은 가상을 다루는 일로 여겨지거나, 진리가 감각적으로 현재화하는 가상으로 다루어졌다. 이 경우 진리는 실재와의 일치를 의미한다. 반면 하이데거는 진리를 실재와의 일치로 간주하기 위해서 실재가 일차적으로 숨겨져 있지 않고 밝게 드러나야 한다고 말한다. 그리고 하이데거는 진리를 '탈은폐', 즉 사물의 있음을 탈은폐하는 것으로 새롭게 정의한다. 이에 따르면 예술은 작품을 통해서 숨겨져 있는 사물의 고유한 있음의 면면을 환히 드러내는 행위가 된다. 하이데거의 표현을 그대로 옮겨보자면, 예술은 '작품 내에 진리를 정립하는 행위'가 된다.

하이데거는 진리가 작품 속에서 생겨난다고 것을 보이기 위해 구체적인 작품을 사례로 든다. 하이데거는 고흐의 〈한 켤레의 구두〉(1886년작)에서 구두가 참답게 있음이라는 진리 사건이 작용한다고 말한다. 그렇다면 고흐의 작품은 어떤 의미에서 참다운 구두 한 켤레의 모습(사물의 진리)을 드러내고 있다는 것인가? 신발은 발을 보호하기 위해 신는다. 그런 의미에서 신발은 특정한 용도를 갖는 도구다. 그러나 신발이 고흐의 작품으로 그려졌을 때, 신발은 농촌 아낙네의 삶의 세계와, 촌 아낙네가 속한 고향 땅인 대지를 함께 불러 모아 들이는 방식으로 있다. 즉 작품 속에서는 신발이 '모음'[9]의 방식으로 있다.

> 신발이라는 이 도구 가운데에는 대지의 말없는 부름이 외쳐오는 듯하고, 잘 익은 곡식을 조용히 선사해주는 대지의 베풀음이 느껴지기도 하며, 또 겨울 들녘의 쓸쓸한 휴경지에 감도는 해명할 수 없는 대지의 거절이 느껴지기도 한다. 더 나아가 이 도구에서는, 빵을 확보하기 위한 불평 없는 근심과, 고난을 이겨낸 후에 오는 말 없는 기쁨과 출산이 임박해서 겪어야 했던 아픔과 죽음의 위협 앞에서 떨리는 전율이 느껴진다…. 그 결과 도구 자체는 자신 안에 머무르게 된다.
>
> _ 하이데거[10]

하이데거는 세계와 대지라는 낯선 개념을 가지고 고흐 작품을 분석한다. 하이데거에 의하면 고흐 작품에서 신발은 그 신을 신고 삶을 사는 농촌 아낙네의 세계를 품어 나른다. 세계는 그것을 기준으로 삶에서 중요한 것과 그렇지 않은 것을 가르게 되는 척도와 같은 것이다. 농촌 아낙네는 삶의 중요한 갈림길에서 자신의 세계에 따라 무엇인가를 결정했을 것이다. 그리고 여기에서 문제 되는 세계는 모든 사람에게 적용되는 것이 아니라, 농촌 사람에게만 속하는 그런 세계다. 또한 하이데거는 고흐의 작품에서 대지가 비로소 환하게 드러난다고 말한다. 작품 속에서 대지는 피어오르는 꽃, 거친 바람, 그리고 농촌 아낙네가 그 속에서 삶을 영위하는 장소인 고향 땅을 말한다. 무엇보다 작품 속에서 삶의 장소인 대지는 인간이 마음대로 변경하거나 처분할 수 없는 한계를 갖는 것으로 경험된다. 마치 하나의 장소가 한계와 경계로부터 구획이 정해지듯 말이다.

나아가 세계와 대지가 작품 속에서 모이는 것은 양자 간의 투쟁을 통해서 비로소 가능하다. 세계가 삶의 '척도'로 있다면, 대지는 사물의 '한계'로 있다. 또한 세계는 자신을 개방하는 것으로 있는 반면, 대지는 자신의 있음을 끊임없이 닫아거는 것으로 있다. 그렇기에 척도와 한계는 작품 내에서 지속적이면서도 고유한 투쟁을 야기하게 된다. 그리고 작품은 세계와 대지의 투쟁을 선동하고 격돌하는 방식으로 있다.

세계와 대지 사이의 투쟁을 격돌시키는 방식으로, 작품은 사물의 있음의 면면을 드러낸다. 나아가 작품 속에서 사물이 그렇게 가장 고유하게 그 자체로서 머물러 있을 때, 이제 한 켤레의 신발은 용도성을 넘어 '신뢰성 Verläßlichkeit'을 갖는 것(도구 존재)으로 드러난다. 일반적으로 신발은 언제든지 대체 가능한 용도성을 갖는 것이다. 그러나 작품 속에서 신발은 촌부가 그것에 전적으로 의지해 일하는 장소를 왕래하는 것으로 드러난다. 그리고 신발을 통해 비로소 촌부가 자신의 삶의 세계를 확신하고 있는 모습이 드러난다. 작품 속에서 신발이 이와 같은 방식으로 존재함이 드러날 때, 작품은 신발의 참된 있음이라는 진리를 밝게 드러내는 것이 된다. 그렇게 작품의 있음 속에서 신발이라는 도구의 있음(도구 존재)이 참으로 경험된다.

예민한 독자라면 하이데거가 사물이 아닌 사물 존재를, 도구가 아닌 도구 존재를, 작품이 아닌 작품 존재를 묻고 있음을 볼 것이다. 사물 존재, 도구 존재, 작품 존재의 의미를 고스란히 이해하기 위해서는 그것을 우리의 고유의 말로 옮겨볼 필요가 있다. 사물 존재는 사물이 사물로서 있음을, 도구 존재는 도구가 도구로서 있음을, 그리고 작품 존재는 작품이 작품으로서 있음을 가리킨다. 하이데거가 예술이 작품 내에 진리를 정립한다고 할 때, 문제가 되는 '진리를 정립한다'는 것은 작품 속에서 존재자가 참으로 무엇인지(존재자의 진리이자 존재자의 존재)가 드러난다는 것이다. 하이데거가 존재자가 아닌 존재를 문제 삼고 있다는 것을 놓치면, 하이데거 예술론의 문지방을 넘을 수 없다.

도구 존재가 신뢰성을 갖는다는 사실은 신발을 닳아빠진 용도성을 갖는 것으로 경험할 때에는 숨겨지는 것이다. 그때 신발은 하나의 도구에 지나지 않는다. 그러나 고흐 작품 속에서 촌 아낙네의 신발은 아낙네가 속한 세계와 대지를 모으는 것으로 보인다. 그리고 작품을 감상하는 사람은 비로소 "신발이 없지 않고 있다"는 낯선 사실에 직면하게 된다. 그리고 비로소 늘 팽개쳐왔던 신발을 비로소 주시하게 된다. 이제 예술 작품 속에서 신발은 하나의 존재자가 아니라, 그것의 있음(존재)에서 비로소 경험된다. 작품 속에서 존재자와 존재의 존재론적 차이가 고유하게 경험된다.

I
고대 그리스인들의 테크네와 위대한 예술

하이데거는 〈예술작품의 근원〉 3장에서 창작의 문제를 다룬다. 예술의 위대함은 어디에서 오는 것일까? 예술가가 위대하기 때문일까? 아니면 예술 거래상들이 예술을 위대하게 만드는 것일까? 각설하고, 예술작품이 창작자의 제작에 의해 만들어진다는 것은 부인할 수 없는 사실이다.

하이데거에게 위대한 예술가는 존재자를 은닉성으로부터 이끌어내서 고유하게 그것 자신의 모습이 드러나도록 비은폐성 가운데로 데려오는 자다. 사물이 펼쳐내는 세계와 사물의 '모음'은 우선은 은닉되어 있다. 사물 속에 은닉되어 있는 '모음'은 예술가에 의해서만 펼쳐질 수 있다. 위대한 예술가는 세계와 대지의 투쟁이 만들어내는 균열을 형태로 빚어내는 자다. 농촌 아낙네의 삶의 세계와 대지 간의 투쟁에서 생겨나는 균열들이 화가로부터 하나의 형태로 모아질 때, 한 켤레의 구두는 촌부의 세계와 고향땅을 자기 안에 모으는 것으로 드러난다. 하이데거는 그리스인들에게 예술이 '테크네'로, 예술가는 '테크니테스'로 지칭되었다는 점을 상기시킨다. 테크네는 오늘날 '과학기술'을 의미하는 반면, 그리스인들에게 테크네의 근본 성격은 존재자의 탈은폐에 있다. 즉 예술가는 은닉되어 있는 사물의 모음을 비로소 작품 속에서 펼쳐내는 자다. 위대한 예술가는 사물이 모으는 은닉된 세계와 대지의 투쟁을 서로 격돌시켜, 사물의 은닉된 모음을 환히 드러내야 한다. 그렇기 때문에 역설적이게도 위대한 예술가는 하나의 비어 있는 통과 같이 있어야 한다. 위대한 예술가는 자신의 내적인 정신을 작품에 투영하는 자가 아니라, 사물의 은닉된 모음을 드러내는 자이기 때문이다.

하이데거에 의하면 예술은 사물에게 '고유하게 있음'이라는 그것의 무게를 되돌려줄 수 있다. 그리고 예술 속에서는 사물의 있음이 환히 드러나는 것은 하나의 고정된 실체와 같은 것이 아니라, 존재론적 사건이다. 무엇보다 우리가 사물의 고유한 있음에 참여함으로써만 생겨나는 하나의 사건이다. 그리고 예술을 통해서만 황폐화되고 궁핍한 사물과 인간에게 세계와 대지를 되돌려주는 존재론적 사건이 생겨날 수 있다. 예술이 없었다면 인간과 사물이 포개고 있는 존재의 풍부한 면은 은닉되고 영영 알려지지 않은 채로 남아 있을 것이다.

아주 오래된 질문들

— 문 성 원 —

타자
낯섦과 다름을 대하는 자세

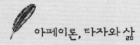 아페이론, 타자와 삶

타자他者란 다른 자다. 나와 다르니까 불편하다. 때로 위험하기조차 하다.
내 마음 같지 않고, 어떤 행동을 할지 모른다. 우리가 타자를 경계하는 이
유다. 그런 반면에 우리는 이 낯선, 바깥의 타자와 관계 맺으며 살아야 한
다. 여기서 자아와 타자 사이에 긴장 관계가 강조된다. 타자에 대한 사유
는 오래되었다. 문명의 진전과 상황의 변화에 따라 타자에 대한 태도도
다양하게 바뀌어 왔다. 고대 그리스로부터 현대에 이르기까지, 파르메
니데스, 플라톤에서 사르트르, 레비나스에 이르기까지 타자의 문제를
철학자들이 어떻게 다루어왔는지, 우리 삶 속에서 타자는 어떤 의미를
지니는지 잠시 생각해보자.

Ⅰ
단지 세상의 끝

〈단지 세상의 끝〉은 2016년 칸느영화제에서 심사위원대상을 받은 영화다. 자비에 돌란이라는 프랑스의 젊은 감독에 대한 칸느의 과잉 애정이 아니냐는 논란이 일기도 했지만, 한 편의 연극 같은 꽤 괜찮은 작품이기도 하다. 죽을병에 걸린 것을 알게 된 주인공이 오랜만에 가족을 찾아가 겪는 하루 남짓한 기간 동안의 이야기가 밀도 있게 화면에 담긴다. 이 영화에서 주목할 만한 대사가 있다.

> 어머니: 너 몇 살이니,
>
>   지금 몇 살이지?
>
>   루이: 나?
>
>   나한테 묻는 거예요?
>
>   서른네 살이죠.
>
> 어머니: 34년.
>
>   나한테도, 34년이네.
>
>   (…)[1]

세상엔 매 순간 무수한 말들이 쏟아지고 사라진다. 그 말들이 과녁에 가닿지 못한다는 걸 말하는 또 무수한 말들이 있다. 어떤 말들은 대체 말들에 과녁이 있는지, 과녁이 있다 해도 그 과녁에 닿는 것이 말들의 소명인지 회의하기도 한다. 루이는 식구들에게 자신이 곧 죽을 운명이라는 걸 끝내 말하지 못하고 떠난다. 어떨 때는 가족도 낯설고 타자일까?

I
타자의 시선

"타자는 지옥이다." 타자를 거론할 때면 흔히 언급되는 이 말은 사르트르가 1943년에 쓴 희곡 〈닫힌 방〉에서 비롯된 것이다. 하지만 정확히 말하자면, 사르트르J. P. Sartre는 '타자는 지옥이다'라고 쓰진 않았다. 〈닫힌 방〉의 표현을 그대로 옮기면 이렇다.

지옥, 그것은 타자들이다.[2]

〈닫힌 방〉이 지옥에 떨어진 세 남녀의 이야기니까, 또 그 지옥이라는 것이 그 사람들이 갇혀 있는 방으로 묘사되고 있으니까, 일면 그럴 듯한 표현이다. 이들은 이미 죽었으므로 이들에게 두려운 것은 더 이상 죽음의 위협 따위가 아니다. 오히려 자신이 타인의 시선에 고스란히 노출되어 있다는 것, 피할 곳이라곤 아무데도 없다는 게 끔찍한 일이다.

잘 알려져 있다시피 사르트르는 '대자 존재'와 '대타 존재'를 인간 실존의 주요한 개념으로 내세운다. 내가 '대자 존재'이고 '대타 존재'라는 말은 내가 '스스로를 대상으로 삼는 존재'이자 '타자의 대상이 되는 존재'라는 뜻이다. 내가 나를 대상으로 삼는 건 내가 주체이기도 하니 괜찮다 쳐도, 타자가 나를 대상으로 삼는 사태는 두렵고 끔찍할 수 있다.

나를 잡아먹는 이 모든 시선들…[3]

좀 과장이다 싶지만, 생각해보면 일리 있는 설정이다. 지옥이란 게 뭔가? 내가 저지른 죄를 낱낱이 들여다보는 신이나 염라대왕이 내게 헤어

아주 오래된 질문들

날 길이 없는 벌을 내리는 곳이 아닌가. 이제 그런 신 따위를 순순히 받아들이기 곤란한 세상이라면, 나를 발가벗긴 듯 들여다보는 타인의 시선이야말로 지옥에 대한 우리의 두려움에 값하는 것이지 않을까.

그런데 뒤집어보면, 이런 사태는 우리가 행하는 대상화의 대가라고 할 수 있다. 내가 다른 사람을 대상으로 보니까 상대방 또한 나를 대상으로 삼는다고 여기는 것 아닌가. 게다가 이렇게 다른 사람을 대상화하는 것은, 이제껏 우리가 사물들을 대상화해온 것의 연장이고 확장이 아니겠는가.

우리는 때로 아무도 없는 공간에조차 시선을 느낀다. 광활한 자연 속에서 신의 눈길을 감지한다는 사람이 아직 있을지 모르겠다. 하지만 그보다 더 흔한 경험은 인공물들 속에서 느끼는 시선이다. 감시 카메라나 블랙박스 같은 장치만을 말하는 것이 아니다. 대상으로 생산된 온갖 사물들이 간직한 시선이 우리를 응시한다. 우리 자신이 시선들의 연결망 속에서 주조된 것이라면, 우리 각각은 홀로 덩그러니 있을 때에도 다른 사람들의 시선으로부터, 타자의 응시로부터 자유롭지 않다.

ㅣ
평화냐 경쟁이냐

우리는 타자로부터 자유롭고 싶어 하면서도 타자로부터 사랑받고 싶어한다. 이 두 가지가 오랜 딜레마라는 것을 우리는 잘 안다. 혹 여기에서 빠져나갈 길이 있을까? 프랑스의 현대 철학자 레비나스E. Lévinas는 다음과 같은 말로 우리의 희망을 일깨운다.

타인과 맺는 관계는 근본적으로 평화적이다. 타자는 하나의 다른 자유로서,

그러나 나의 자유와 유사한, 그래서 결국 내 자유에 적대적인 자유로서 내게 맞서지 않는다. 타인은 나의 자유만큼이나 자의적인 또 다른 자유가 아니다.[4]

타자와 나는 유사한 처지, 대칭적인 처지에 있지 않다는 말이다. 그렇게 보아야 타자와 참된 평화를 이룩할 수 있다고 레비나스는 생각한다. 대칭적인 평화도 아마 가능할 것이다. 그러나 그것은 레비나스에 따르면, 휴전 상태와 같은 평화다. 휴전은 언제든 전쟁 상태로 바뀔 수 있다. 평화의 조건으로 상호인정을 내세운 사상가들이 꽤 있었다. 서로가 서로의 가치와 권리를 용인하면 평화를 수립할 수 있다는 생각이다. 하지만 헤겔에서 보듯 상호인정에 이르는 과정이 인정투쟁을 필요로 한다면, 그렇게 이룩된 상태가 안정적이리라는 보장은 어디에 있는가? 그러한 평화 역시 잠재적 전쟁 상태일 뿐이다. 상호인정에 그치지 않는 상호의존 관계라면 좀 나을 법하다. 서로가 서로를 해칠 수 있다는 점 때문에 유지되는 균형보다는 서로가 서로에게 도움이 되는 관계가 좀 더 안정적일 테니 말이다. 하지만 상거래에서 보는 것처럼 이해利害가 달라지면 그런 관계 또한 금방 일그러지고 깨어질 수 있다. "고객님, 사랑합니다!" 우리는 이런 말이 내가 아니라 내 돈을 향한 것임을 잘 안다. 그렇지만 많은 사람들은 이런 방식이 그나마 자유와 사랑을 동시에 얻는 현실적인 길이라고 여기는 것 같다.

우리가 세상에 혼자 살지 않는 이상, 우리는 타자와 함께 있을 수밖에 없다. 그런 상황에서 타자로부터 자유로울 수 있는 방법은, 타자가 나를 거스르지 않도록 하는 것이다. 그래서 타자들 가운데서도 마치 내 곁에 있는 듯 느끼는 것이다(이것이 헤겔이 자유를 규정하는 방식이다). 타자를 수족과 같이, 입속의 혀와 같이 부리는 것이다. 내 뜻대로 하는 것, 이것이 곧 자유가 아닌가. 이를 성취하는 직접적인 수단은 완력이지만, 그건 아무래도 좀 시원찮은 방식이다. 강제력은 일정 수준 이하로 떨어지면 곧바로 효력을 잃어버릴 뿐 아니라 반발과 복수까지 각오해야 하기 때문이다. 그보다는 모두가 원하는 어떤 것에 기대는 방식이 낫다. 누구나 원하는 바를 내세운다면 저항의 우려를 넘어서서 사랑까지 기대할 수 있지 않은가. 오늘의 세상에서 그런 후보로 가장 유력한 것은 돈이다.

돈을 매개로 자유를 누리려면 우선 돈의 논리에 복종해야 한다는 것이 문제이긴 하다. 그런 점에서 벤야민W. Benjamin의 말마따나 자본주의는 현대의 종교다.[5] 돈은 구래의 신처럼 신도들에게 희망과 위안을 주는 대가로 왜곡과 희생을 요구한다. 그렇더라도 돈은 옛 신보다는 더 분명하고 보편적인 질서를 제공해주는 듯하다. 돈의 질서 안에서 우리는 동일화되고 양화된다. 하지만 그 속에서 평화가 성립하는가? 돈은 오히려 우리를 돈의 소유자로서, 또는 돈에 소유된 자로서 더욱 적대시하도록 만들지 않는가? 돈은 우리 모두를 '돈에 대한 존재'로 대상화해 버린다. 그래서 결국 타자와의 평화가 아니라 동일자들끼리의 경쟁이 남을 뿐이다.

I

다름과 낯섦

타자他者란 다른 자다. 나와 다르니까 불편하다. 때로 위험하기조차 하다. 내 마음 같지 않고, 어떤 행동을 할지 모른다. 우리가 타자를 경계하는 이유다. 하지만 그렇기만 할까? 타자에게 좋은 면은 없을까?

타자가 아닌 자, 다르지 않은 자는, 같은 자, 동일자다. 같다거나 동일하다고 얘기한다는 것 자체가 다른 자, 즉 타자를 전제하는 일이다. 물론 거꾸로도 마찬가지다. 우리는 일정한 기준이나 테두리로 안과 밖을 나누고 그 안팎의 관계에 대해 생각하고 판단하면서 살아간다. 내가 잘 알고 내게 익숙하고 내 힘이 미치는 영역이 안이고, 그렇지 못한 영역이 밖이다. 내부라고 변화가 없는 것은 아니지만 보통은 그 움직임이 일정한 질서 아래에 있어서 통제 가능하다고 생각한다. 반면에, 타자는 그 범위를 벗어나는 낯섦을 지니며 그래서 제어하기 어렵다. 그렇더라도 우리는 이 낯선, 바깥의 타자와 관계하며 살지 않을 수 없다. 왜 그럴까?

이런 질문에 흔히들 동일자는 자족적일 수 없기 때문이라고 답변한다. 나 혼자서 삶을 꾸려가는 것이 불가능하니까 낯설고 힘들더라도 타자와 관계하지 않을 수 없다는 것이다. 이런 말을 할 때 염두에 두는 것은 대개 다른 사람들이지만, 사물이나 자연도 이 타자에 해당될 수 있다. 자연은 때로 낯설 뿐 아니라 우리를 위협하기도 하지만, 우리는 자연에 의존해 살아갈 수밖에 없지 않은가. 하지만 이런 생각은 일면적이 될 위험이 있다. 사실상 자족성을 기준으로 삼는 까닭이다. 다시 말해, 이런 발상은 좋음이나 나쁨 따위의 가치를 자족성에 예속시키는 탓에 자기중심적이고 폐쇄적인 태도를 수반하게 된다.

예를 들어, 자급자족하는 작은 섬의 주민들을 생각해보자. 이들이 자족하는 한, 이들에게 섬과 섬 주변의 바다를 넘어서는 바깥 세계는 없는 것과 마찬가지일 것이다. 물론 이들은 이렇게 한정된 세계 속에서 경계를 짓고 안과 밖을 나눈다. 그 나름의 자연을 타자로 여기고, 또 주변의 이웃을 타자로 여기고 살아나간다. 이런 범위에서도 자연에 대한 의존과 이웃에 대한 의존이 성립하며, 타자는 내 뜻대로 잘 되지 않는, 그러나 내 삶에 필요한 요소로 취급받는다. 하지만 그러한 삶의 테두리 내에서 이들은 자족적이다. 상황에 따라 이 테두리는 확대될 수 있다. 섬에서 군도群島로, 또 그것을 포함하는 지역으로, 국가로, 세계로…. 그러나 이런 것들 또한 확대된 섬에 불과한 것이 아닐까?

문제는 여기에 낯선 손님이 찾아올 때 시작된다. 손님이라고 낯선 이를 높여 부르는 데는 이미 이 낯선 이를 우리 뜻대로 하기 어렵다는 생각이 담겨 있다. 황석영의 소설 《손님》(2001)을 보면, 우리 역사에서 한동안 천연두가 '손님'이라는 명칭으로 불렸다는 얘기가 나온다. 김광태 감독의 2015년 영화 〈손님〉에서도 손님은 낯설고 기껍지 않은 방문자다. 물론 일상적인 의미에서 손님은 대개 반가운 존재다. 하지만 중요한 것은 손님이라 할 때 좋건 나쁘건 그 가치의 무게 중심이 나에게 있지 않고 낯선 이에게 있다는 점이다. 즉, 나의 자족성 너머에, 우리의 자족성 이전에 성립하는 타자성을 지시한다는 점이다.

I
자기동일성과 변화

우리 마음대로 되지 않는 타자적 요소를 어떻게 이해하고 받아들일 것인가는 옛날부터 중요한 문제였다. 우리는 흔히, 우리와 다른 것을 그대로 수용해야지 멋대로 해석해서는 곤란하다고 말한다. 하지만 그게 어디 쉬운 일인가. 타자를 자기화하려는 충동과 노력은 타자에 대한 논의 자체보다 더 오래되었다. 그것은 안정적인 삶을 살고자 하는 바람의 표출이라고 할 만하다. 그러다 보니 타자에 대한 논의에도 그러한 경향이 배어들어가 있다. 가령 고대 그리스 철학에 등장하는 타자 문제에 대한 다음의 논의를 보자.

(…) 자기동일자의 운동 과정은 자체적 존재가 타자와 관계를 맺은 결과이고 타자성은 존재도 무無도 아니므로 연속성을 내포하고 있다. 따라서 자체성, 자기동일성, 운동과정은 연속적으로 접촉하고 있으며 자체성은 반드시 자기동일성을 거쳐서 운동 과정으로 옮겨질 수 있다. 자체성, 자기동일성, 운동

과정의 순서는 타자성의 연속적인 증가를 뜻한다.[6]

이 구절은 파르메니데스의 일자적 존재론을 넘어서서 다多와 운동의 근거를 마련하려는 플라톤의 시도를 설명하는 대목이다. 고故 박홍규 선생님의 해석을 이정호 선생님이 정리한 부분 가운데 일부를 옮겨보았다. 여기서 타자가 어떻게 취급되고 있는가에 주목하고 싶다. 타자의 특성, 곧 타자성은 변화, 운동과 관계하는 것으로 다뤄진다. 또 자기동일성이란 변화, 운동에도 불구하고 같음을 유지하는 성질이고, 자체성이란 다른 것과 무관한 그 자체만의 성질이라고 이해되고 있다. 논의가 파르메니데스적 존재에서 출발했다는 점을 염두에 두면, 타자는 존재 밖의 존재고 따라서 존재도 무도 아니라고 말하는 이유를 납득할 수 있을 것이다. 타자와 접촉하는 존재는 자체성에 머물지 못하고 자기동일성을 확보하려 하는 가운데 운동 변화한다. 타자성이 증가하면 운동 과정이 자기동일성을 넘어서기도 한다. 자기가 죽거나 소멸하는 것이다. 타자로 존재하게 되는 것이니까 완전히 무로 돌아가는 것은 아니지만 동일한 자기로서는 존재하지 못하게 되는 셈이다.

오늘날의 과학적 견지, 특히 생물학적 견지에 서면 오히려 거꾸로의 순서로 사태를 설명하려 들 수 있을 것이다. 자체성이나 자기동일성이 처음부터 존재하는 것이 아니라, 특정한 조건 아래서 일정한 형태를 유지하려 조직체가 생겨나고, 그래서 비로소 자기동일성이라고 지칭할 수 있는 현상이 나타나게 되었다는 식으로 말이다. 이 자기동일성은 주변의 온갖 영향 속에서 경향적으로 유지되는 것이어서 고정 불변하는 것은 아니다. 오히려 환경 변화에 따라 변형된 조직체가 등장하여 존속하기도 한다. 이런 관점에서는, 온갖 운동과 변화를 포함하는 타자적 환경이 존재론적으로 우선이고, 자기동일성을 유지하는 조직체는 한정적이며 상대적인 위상을 갖는다. 더구나 운동 변화에서 벗어난 자체성은 추상적인 사유를 통해서가 아니라면 거론하기 어렵다. 이렇게 보면, 타자성이 지배적인 운동 변화에서 출발하여 자기동일성과 자체성으로 나아가는 것이 실제의 제대로 된 순서라는 얘기가 된다.

그렇다면 플라톤을 위시한 많은 철학자들이 왜 거꾸로의 순서로 사태를 이해하고 설명하고자 했을까? 거기에는 우리의 사유 자체가 어떤 동일자적 질서의 성립을 전제해야 가능하다는 점이 큰 역할을 했을 것이다. 더구나, 박홍규-이정호 선생님에 따르면, 플라톤 철학은 안정적인 규범이 무너진 당시의 아테네 사회를 허무주의적 불안에서 구하려 했던 기본 지향을 가지고 있었다. 이런 지향이 플라톤으로 하여금 자기동일성과 불변의 자체성을 원리적으로 전제하고 우선시하는 이데아론과 같은 관점을 취하도록 이끌었다고 짐작할 수 있다.

하지만 일단 원리가 전제되고 나면 플라톤에서도 현실의 운동 순서는 타자성에서부터 자기동일성을 거쳐 자체성으로 나아가는 방향을 취한다. 이를테면,

> (…) 자기동일성tauton이란 인간이 포이운으로서 영혼의 힘을 토대로 능동적 실천을 통해 무한정성의 지배를 거슬러 올라 에이도스 쪽으로 다가가 구현해야 할 보존의 극대치라 할 것이고, 타자성heteron이란 영혼의 힘을 거부하고 무한정성 고유의 성질이 극도로 발현된 상태, 즉 무無에 접촉하고 있는 해체의 극대치라 할 것이다.[7]

여기서 '포이운poioûn'이란 능동자 또는 능동적 원리를 뜻하고, '무한정성apeiron'은 질서가 부여되지 않은 카오스적 세계의 특성을, '에이도스 eidos'는 질서의 기준이 되는 불변적인 형상形相, 곧 이데아와 같은 것을 가

리킨다. 그러니까 플라톤은 타자성이 지배하는 혼돈과 무질서를 극복하고 질서정연한 세계 쪽으로 나아가는 것이 현실의 과제라고 보았는데, 그것을 위해 우리가 따라야 할 완전한 모범이나 본이 미리 존재한다고 생각했던 셈이다.

한정적 질서로서의 동일자를 여기에서 벗어난 타자보다 우선시하는 사고방식의 효용이 무엇인지는 어렵지 않게 알 수 있다. 설계도가 먼저 마련되어 있으면 집을 짓기가 쉽고, 어떤 사람을 어떤 자리에 쓸지 기준이 미리 서 있으면 안정되게 조직을 운영할 수 있지 않은가. 하지만 그렇다고 해서 집을 지을 터전이나 재료보다 설계도가 이 세상에 먼저 존재한다거나, 이런 활동 저런 활동을 경험하기 전에 우리가 따라야 할 선택의 기준이 우리 마음에 확고하게 자리 잡을 수 있다고 할 수 있을까?

▮
타자와 타인

존재론이나 우주론의 차원에서 동일자와 타자의 문제를 생각해보는 것은 여전히 흥미로운 일일 것이다. 예를 들어, 자연법칙이 없는 우주, 순수한 카오스적 우주를 거론하는 것이 가능할 것인가, 다중 우주론에서 각각의 우주는 동일자적인 것으로 취급될 수 있을까, 또 그럴 때 타자성이란 무엇을 의미할 수 있을까 등등의 문제들이 다뤄질 수 있을 법하다.

그러나 타자 문제의 본령은 역시 사회적 차원에 있다. 굳이 존재론적 논의를 끌어들인 것은, 나보다 타자가 우선적일 수 있다는 점을 내세우는 데는 우주론적이거나 생물학적인 지평으로 시야를 넓혀보는 것이 좋을 듯해서였다. 그러다 보니 타자나 동일자가 인격적 존재의 차원을 넘어서 거론되었으나, 타자와 타인을 연결해 생각하는 데는 큰 어려움이 없을 줄 안다. 사실 대상으로서의 규정을 넘어선다는 점에서 보면 타자라는 말이 타인에 비해 더 적합한 면이 있다. '타인'은 다름을 사람에 한정하는 데 반해 '타자'는 그런 제약을 벗어나기 때문이다.[8] 그렇긴 해도, 실제의 우리 삶에서 문제가 되는 타자는 타인인 경우가 대부분이다.

인생은 타자다.

이것은 〈아주 긴 변명永い言い訳〉(2016)이라는 영화에 등장하는 표현이다. 영화의 끝 무렵에 주인공 사치오가 문득 깨달은 듯 노트에 적어나가는 이 문장 "人生は 他者だ"을 우리말 자막은 "인생은 타인이다"로 옮긴다. 맥락상으로는 무리가 없다. 사치오의 생각은 우리의 인생이 다른 사람들과의 관계로 이루어진다는 것일 테니 말이다. 내 인생이 먼저고 타자가 나중인 것이 아니라, 인생 자체가 다른 사람들과의 관계로 삼투되어 있다. 고통만이 아니라 기쁨과 보람 면에서도 그렇다.

"인생은 타자다"와 "지옥, 그것은 타자들이다" 이 두 문장은 대조적이다. 모순적이지는 않다. 지옥과 같은 인생에서는 아마 이 둘이 자연스레 연결될 것이다. 타자는 내 뜻대로 안 되는 방해물이거나, 나를 대상화하는 지배자 또는 억압자로 다가올 것이다. 타자의 이런 면이 부각되고 강조되는 데는 우리가 봉착한 상황이 큰 역할을 한다. 전쟁과 저항의 와중에 있던 사르트르의 처지를 생각해보자. 꼭 전쟁 따위가 아니더라도 타자가 껄끄럽고 두렵게 느껴지는 상황은 우리 주변에 널려 있다. 이런 상황을 만들어내는 데는 타자를 대상으로 바라보는 자기중심적 시각과 자세가 중요한 몫을 한다. 우리가 타자의 우선성을 계속 강조하고 환기해야 할 이유다.

I
삶의 비대칭성

사실 타자가 우선적이라는 것은 너무 당연한 얘기다. 세상은 넓고 크고 오래 되었는데, 나 자신은 시간적으로나 공간으로나 아주 미미한 존재다. 그나마도 세상이 품어주지 않으면 살아갈 수 없다. 타자가 위협적이라고 하지만, 나는 타자에 의존해서 살아갈 뿐 아니라 내 됨됨이 자체가 타자에 힘입고 있다. 내 테두리를 우리로 넓히고, 또 그 우리의 경계를 계속 확장해봐도 그 바깥의 영역은 한이 없다.

타자와 관계하는 우리의 삶은 이런 점에서 대칭적이 아니다. 대칭적인 것은 어떤 테두리 안에서 이루어지는 동일자끼리의 관계다. 대칭적인 관계는 계산 가능하고 예측 가능하기에 안정적인 것처럼 보인다. 그러나 진정 생산적이거나 창조적이기는 어렵다. 특정한 테두리를 완전히 닫아 놓았을 때 그 안에서 일어날 수 있는 것은 기껏해야 요소들의 교환이나 재조합일 뿐이다. 외부로부터 음식물이 공급되지 않으면 우리 몸이 유지될 수 없는 것처럼, 타자와 단절된 체계는 와해될 수는 있을지언정 그대로 지탱되기조차 힘들다.

물론 우리는 우리가 우위에 선 비대칭성을 생각해볼 수 있다. 그런 것이 바로 자기중심성이다. 플라톤의 《국가》에 나오는 리디아의 양치기 기게스의 이야기는 이와 같은 자기중심적인 태도를 잘 보여준다. 자신의 몸은 투명하게 가린 채 타인을 볼 수 있는 반지, 이것은 스스로는 대상이 되지 않으면서 남들을 지배의 대상으로 삼고자 하는 자기중심적 욕망을 상징적으로 드러낸다. 우리는 투명인간이 되는 초능력까지는 아니더라도 남들보다 특출한 능력이나 지위 따위를 통해 이러한 비대칭성을 구현코자 한다. 기게스의 우화가 함의하는 바처럼 만일 우리 모두가 이런 유혹을 떨치기 어렵다면, 다른 사람도 나와 같은 욕망을 지니고 있음을 인정하고 서로의 자기중심성을 제한함으로써 대칭적인 관계를 확대해나가는 것이 그나마 나을지 모른다. 하지만 앞에서도 얘기했다시피, 이 같은 계산과 대칭성으로는 휴전으로서의 평화나 상품으로서의 호의를 얻을 수 있을 뿐이다. 그렇다면 타자와의 비대칭적 관계를 달리 수용하는 길은 없을까?

⏐
타자성의 윤리

나는 개인적으로 종교가 없지만, 성스러움이나 신비함을 부정하지는 않는다. 미지의 바깥이 지니는 긍정적 가치를 받아들이는 까닭이다. 이 바깥은 머나먼 우주의 공간만을 가리키는 것이 아니다. 내 인근의 자연과 이웃 사람들도 여기에 해당할 수 있다. 물론 성스러움이나 신비함이 자리 잡는 양상은 예전과 많이 달라졌다. 우리의 삶을 좌우할 수 있는 자연적 위력에 신격을 부여하고 그것과 나름의 방식으로 소통하고자 하는 것이 옛 모습이었다면, 오늘의 경우는 그런 위력에 대해 느끼는 두려움보다는 우리의 유한함을 넘어서는 면모 자체에 더 무게가 간다. 위협으로 여기는 정도가 덜해지고 이해 능력이 확충된 만큼, 우리 자신을 보호하고 위안을 얻기 위해 자의적 해석에 매달리는 정도 또한 줄어들었다.[9]

예로부터 인간은 신성함과 관계하는 방식을 문화의 일부분으로 삼아 왔다. 제사나 기도 등이 그것이다. 이 신성함과의 관계는 비대칭적이다. 응답과 위안을 얻는다고는 하지만, 우리가 관장할 수 없는 영역과 관계하는 탓이다. 규정하고 동일화할 수 있는 범위 너머에 있지만 삶에 지대한 영향을 주는, 심지어 생명 자체를 주기도 하고 거둬가기도 하는 영역—이 영역을 우리는 전통적으로 타자적이라고 하기보다는 초월적이고 신적인 영역이라고 여겨왔다. 하지만 이 영역이 위축되고 세속화하면서 우리는 여기에 타자라는 말을 붙일 수 있게 된다. 신과 타자의 차이, 그것은 초월적 위력에 대한 경외감과 낯설고 다른 무엇에 대한 이질감의 차이에 견줄 만하다. 신적 초월에 대해 우리는 어떻게든 우리와 연결 가능한 동일자적 특성을 부여하고 싶어 한다. 반면에 타자에 대해서는 규정 없는 낯섦을 강조하는 경향이 있었다. 그러나 오늘날처럼 신적 초월에서 동일자적 요소를 내세우기가 어렵게 된 마당에는 초월의 긍정적 가치가 타자적인 것으로 넘어올 수 있지 않을까?

이런 발상을 전개한 대표적인 철학자가 앞서 언급한 레비나스다. 그에게 타자는 낯설 뿐 아니라 초월적이다. 무규정적이고 그래서 헐벗었을 뿐 아니라 높다. 이 높음이 위력적이거나 강압적이지 않다는 점도 중요하다. 타자는 오히려 약하다. 오늘날 힘이란 것이 대개 동일자적인 것임을 생각해보면 당연한 얘기다. 폭력을 행사하며 자신의 이익을 챙기는 낯선 자는 사실 또 하나의 동일자이지 진정한 의미의 타자가 아니다. 그렇다면 타자의 높음은 어디에서 오는가? 그것은 '너머'에서, 초월에서 온다. 우리의 한계 너머에서, 우리의 파악 능력과 지배 능력 바깥에서 온다. 더구나 그 '바깥'과 '너머'는 언젠가는 우리의 동일자적 힘이 뻗어갈 수 있는 그런 곳이 아니다. 잠정적인 데 그치는 것이 아니라, 아예 차원을 달리 하는 '너머'다. 레비나스에 따르면, 그 차원은 이익과 자기 확장 너머의 윤리다.

이 윤리의 차원에서 성립하는 관계의 양상이 호소와 응답이다. 윤리적 명령과 책임이라고 해도 좋다. 호소로 명령하는 자가 타자고, 여기에 응답하고 책임지는 자가 우리다. 이제 우리는 초월자에게 호소하고 응답을 기다리는 자리에 서지 않는다. 약하고 헐벗은 타자의 호소에 응답하는 자가 우리다. 초월자나 타자가 아니라 우리가 책임지는 자다. 이와 같은 관계는 이전의 비대칭성을 뒤집은 듯이 보인다. 하지만 이전의 초월자가 사실상 우리와 연결된 동일자적 특성을 부여받았음을 생각해보면, 이제 비로소 동일자의 오염에서부터 벗어난 타자성이 부각되는 것이라고 할 만하다. 레비나스는 이 동일자의 자기중심성과 자기 확장의 시도가 온갖 다툼을 낳았다고 생각한다. 동일자적 신을 앞세운, 또 동일자적 집단을 앞세운 숱한 폭력과 전쟁을 생각해보라. 동일자성에서 해방된 타자를 높이는 것, 타자성과 초월성을 연결시키는 것이야말로 우리 삶의 태도를 근본적으로 혁신하는 길이라고 레비나스는 믿는다.

|
타자의 환대

레비나스에게는 책임이 그렇듯 사랑도 내가 받는 것이라기보다는 주는 것이다. 그 사랑은 타자를 향한 것이지만, 이때의 타자는 대상적 존재가 아니라 동일성의 경계를 넘어선 독특하고 무한한 자로 여겨진다. 독특성과 무한성이 이렇게 엮이는 것은 내가 유한한 한, 내게 다가오는 무한성은 매번 다를 수밖에 없기 때문이다.

> 모든 육욕의 밖에 있는, 그러나 사랑 받는 자에 매인, 다시 말해 '세상에 유일한 자'에 매인 사랑[10]

타자의 호소를 명령으로 받아들여야 하듯, 우리는 타자를 위한 사랑에 매이지 않을 수 없다. 여기서 타자는 나를 응시하고 지배하는 시선이기는커녕, 내가 아끼고 봉사하며 어려움을 대신해야 할 자가 된다. 레비나스는 타자들에 의한 지옥이 우리가 동일자적 자세를 취하는 까닭에 생겨나는 것이라고 여기고, 우리가 타자에게서 얻고자 하는 사랑이 타자를 위한 사랑으로 바뀌어야 그 지옥이 사라질 수 있다고 본다.

이런 견해가 매우 비현실적인 것으로 비칠지 모르겠다. 하지만 나는 이와 같은 발상이 적게나마 우리의 관심을 끌 수 있게 된 것은 현실의 변화 탓이 크다고 생각한다. 우리가 꾸려가는 삶의 테두리가 정말 취약할 때는 다른 것에 대한 경계를 누그러뜨리기 어렵다. 또 자기 확장의 운동이 질주하는 모습을 보일 때는 거기에 제동을 거는 반성적 시도가 묻혀 버리기 쉽다. 그런데 오늘의 상황은 어떤가? 내 판단엔 두 경우 다 해당되지 않는 것 같다.

혹자는 최근 들어 세계적으로 눈에 띄는 것은 집단적 배타성이 다시 득세하는 양상이 아니냐고 반문할 수 있겠다. 하지만 이런 움직임은 자기 확장의 일환이라기보다는 그간 타자에 대한 개방성이 확대되어온 데 대한 일종의 반작용으로 보인다. 이럴 때일수록 타자의 환대를 정당화하는 논리와 사상이 더욱 필요하지 않겠는가. 오늘의 우리는 이미 폐쇄적인 공동체 속에서 살아갈 수 있는 처지에 있지 않다. 낯선 자가 이웃일 수밖에 없는 상황이다. 이런 환경에서는 낯섦과 타자에 대한 새로운 감수성이 요구된다."

그렇다고 아무 때나 어떤 경우나 타자를 환대하라는 말은 아니다. 우리에게 다가온 낯선 자는 ET일 수도 있고 에어리언일 수도 있다. 레비나스 철학에서 '환대' 개념을 부각시키는 데 중요한 역할을 한 데리다J. Derrida는 우리가 현실적으로는 조건에 따른 환대를 할 수밖에 없지만 그 바탕에는 언제나 조건을 넘어서는 환대의 정신이 깔려 있어야 한다고 강조한다.¹² 파괴의 동일자적 폭력이 제어되는 한에서 다름을 받아들이고 우리를 변화시키려는 자세가 필요하다는 뜻이다.

아주 오래된 질문들

우리들은 일상 속에서도 타자와 끊임없이 갈등을 빚는다. 친구와 가족조차 나와 다르고 낯설게 느껴질 때가 많다. 이 다름과 낯섦의 경험에서 대립이 성립하는 지평과 그러한 대립을 넘어서는 차원을 구분하는 것이 중요하다. 동일성에 의한 충돌 너머의 타자성에 주목해보자는 얘기다. 우리는 이해관계에 따라 같은 평면에 놓이기 때문에 다투는 것이지, 다름 그 자체 때문에 부딪히는 것이 아니다. 오히려 우리는 다름 가운데서 너머와 높이를 발견할 수 있다. 이 너머와 높이를 향해 우리를 여는 것이야말로 타자와의 삶에서 우리가 추구해야 할 바가 아닐까.

— 최 종 덕 —

자유
마르크스가 본 에피쿠로스의 행복한 자유

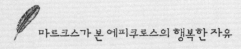

마르크스가 본 에피쿠로스의 행복한 자유

마르크스에게 에피쿠로스는 고전 원자론의 세계를 이해하고 선험적 형이상학의 허구도 꿰뚫어보게 한 결정적 계기였다. 이 시작은 데모크리토스와 에피쿠로스의 차이를 분명히 관찰한 후 현실화되었다. 마르크스는 데모크리토스를 형이상학적 원자론으로, 에피쿠로스를 실존적이면서도 동역학적인 원자론으로 파악했다. 그런 마르크스의 원자론 이해는 자본론을 포함한 그 자신의 철학적 사유 구조 전체에 걸친 기초가 되었다. 나아가 이 글은 에피쿠로스의 원자론이 어떻게 윤리적 행복론과 자유론으로 연결되는지를 설명한다. 이 설명을 하려면 우회적이고 상관적이며 복잡하고 생태적인 우연성을 띠는 원자의 운동성을 이해하는 것이 우선이다. 이러한 원자의 운동성이 궁극적으로 "자유"와 "목적성이 배제된 자연의 제일성"을 종합한 유물론 철학의 기반이 된다. 에피쿠로스는 이런 자유가 신의 존재를 설정하지 않아도 가능하다고 말한다. 에피쿠로스의 행복은 일시적 행복감이나 즐거운 느낌이 아니라 삶의 지속적인 자유로움에 있다. 에피쿠로스에게서 이런 지속적 자유의 향유를 통한 행복은 헤도네hedonē로 표현된다. 헤도네는 공허한 선험주의를 벗어나 구체의 현실을 마주하는 인식에서부터 가능하다고 한다. 에피쿠로스에 따르면 "자유와 실존 그리고 역사 안의 헤도네"를 얻으려면 남에게 의존하는 권력과 명예를 버리고 그 대신 나 자신이 자족하는 권력과 자신을 존중하는 명예를 찾아가면 된다. 남에게는 소소한 듯 보이지만 나에게 소중한 그런 행복한 삶을 에피쿠로스는 강조한다.

I
청년 마르크스가 만난 고대 에피쿠로스, 그리고 고대 원자론

마르크스가 1841년 〈데모크리투스와 에피쿠로스 자연철학의 차이〉라는 제목으로 제출한 박사학위 논문은 에피쿠로스 철학을 2천여 년 만에 재조명했다는 데 큰 의미가 있었다. 그때 마르크스의 나이는 스물세 살이었는데, 세계를 구성하는 기초가 무엇인지를 알고자 했던 지적 호기심으로 헤겔 공부에 한창 몰두했었다. 그렇지만 헤겔을 통해서만 세계의 존재론적 기초를 찾아내기 어렵다는 것을 어렴풋이 알게 되었다. 그러면서 고대 그리스의 원자론자인 루크레티우스를 접하게 되었고, 마르크스는 자연스럽게 데모크리토스와 소위 쾌락주의자로 알려진 에피쿠로스를 읽게 되었다. 마르크스는 에피쿠로스를 통해서 고전 원자론의 세계를 이해하게 되었는데, 원자론뿐만이 아니라 선험적 형이상학의 허구를 꿰뚫어보게 된 결정적 계기였다. 그런 계기는 데모크리토스와의 비교를 통해 드러났다. 마르크스는 데모크리토스와 에피쿠로스의 차이를 분명히 강조했다. 데모크리토스를 형이상학적 원자론으로 본다면 에피쿠로스를 실존적이면서도 동역학적인 원자론으로 마르크스는 파악했다. 그런 마르크스의 원자론 이해는 그 자신의 철학적 사유 구조 전체에 걸친 기초가 되었다.

　고대 원자론은 기본적으로 유물론에 기반을 둔 자연철학의 발전 과정이었다. 고대 자연철학은 잘 알려진 대로 '거북이', '거인', '티탄', '가이아' 등의 상상적 이미지로 짜여진 신화 방식으로 세계를 이해했던 틀에서 탈피해 '물', '불', '공기' 등의 자연적 이미지로 조립된 설명 방식으로 변화했다. 이러한 탈피와 변화의 고대 그리스 시기를 우리는 자연철

학 시대라고 부르며, 철학개론서에서 자연철학의 문을 연 최초의 철학자
는 탈레스로 기록되어 있다. 자연철학이란 세계의 창조 신화보다는 세계
를 구성하는 어떤 자연적인 요소를 찾아보려는 이성적 태도였다. 그중에
서도 데모크리토스는 더 이상 쪼개어지지 않는 궁극의 단위로 세계의 구
성요소를 파악했다. 데모크리토스는 이런 궁극의 요소를 원자atoms라고
보았다.

　데모크리토스의 원자가 만약 물질로만 된 무엇이라면 그의 원자론은
곧 유물론이 될 것이다. 그러나 데모크리토스의 원자는 요즘 우리가 말
하는 물질의 성질과 똑같지 않다. 데모크리토스의 원자들은 비경험의 존
재이지만 그렇다고 해서 관념적인 것이 아니라고 한다. 경험적 존재들을
구성하는 비경험의 원자이지만 그 원자들은 일상의 자연 존재 혹은 자연
현상과 질적으로 같기 때문에 원자는 여전히 물질적이라고 할 수 있다.
엄격히 말하면 모양과 크기를 여러 가지로 갖고 있는 물질적 성질의 원자
들이 모여서 이 세계가 구성되었다는 점이다. 원자를 통해 세계의 존재
와 현상을 설명할 수 있다는 것이다.

　우리가 알고 있었던 원자론의 철학사적 의미는 주로 '기계론', '환원
주의', '결정론', '요소주의'라는 딱딱한 존재론적 이해에 머물고 있었다.
그렇게 기존의 이해 방식을 간단히 설명하면 다음과 같다. ① 원자는 세
계의 기본단위여서 이 세계의 모든 사태와 사물은 원자로 환원된다는 점
에서 환원주의가 떠오른다. ② 원자들이 모여서 세계를 구성하는 그 구
조는 기계 부속품을 조립하여 전체 기계가 되는 것과 같다는 점에서 기계
론이 떠오른다. ③ 요소주의 원자론과 같은 말로서 원자가 구성단위 기
초 요소라는 점에서 요소주의를 떠올릴 수 있다. ④ 요소들이 모여서 사
물의 구성 혹은 사태의 운동이 결정된다는 점에서 결정론이라고 말할 수
있다.

원자론에 대한 일반적인 이해는 주로 데모크리토스의 원자론에 국한되곤 했다. 마르크스는 데모크리토스의 원자론만이 고전 원자론의 전부가 아님을 체계적으로 지적한 최초의 철학자였다. 마르크스는 데모크리토스와 다른 에피쿠로스의 원자론을 주목했다. 에피쿠로스 철학의 의미는 고대 그리스의 윤리학적 쾌락주의와 자연학적 원자론이 결합되어 있다는 데 있다. 다시 말해서 윤리적 가치론과 물리적 사실론이 결합된 새로운 원자론을 에피쿠로스에서 찾은 것은 마르크스의 대단한 역사적 안목으로 평가된다. 이 글에서는 에피쿠로스의 원자론이 어떻게 윤리적 행복론과 자유론으로 연결되는지를 보려 한다.

I
원자론에서 유물론으로

데모크리토스의 원자가 물질적이라면 데모크리토스의 원자론은 곧 유물론이 된다는 귀결에 이른다. 이렇게 데모크리토스의 원자론이 유물론으로 분류되지만, 우리가 알고 있는 통상의 유물론과 다르다. 데모크리토스의 원자론은 이성적 존재가 아직 자리 잡지 못했던 고대 자연철학 시대의 유물인 만큼 근대 과학혁명 이후 혹은 계몽주의 이후 정착된 과학적 유물론의 개념으로 설명되지 않는다. 데모크리토스의 원자론을 유물론으로 해석한다는 뜻은 당시의 신화적 세계관을 탈피하는 통로로서 자연주의 세계관을 출발시켰다는 데 있다. ① 물질적 세계를 물질로 설명하려 했고 ② 설명하는 단위가 원자이며 ③ 따라서 원자는 물질적이고, 결국 ④ 데모크리토스의 원자론은 유물론적이라는 귀결을 다시 반복하는 것과 같다. 유물론이라는 동일개념으로 고대 그리스 유물론자 모두를 동일하게 설명할 수 없다. 앞으로의 논의에서 에피쿠로스의 철학적 태도를 유물론 기반 행복론으로 끌고 가려고 하는데, 최소한 여기서 논의하게 될 에피쿠로스의 유물론은 데모크리토스의 유물론과 동일시할 수 없다는 점을 강조할 것이다.

유물론이라고 말할 때 그 말이 사용되는 맥락과 의미는 다양하다. 마르크스의 유물론은 보통 변증법적 유물론으로 일컬어진다. 자본 중심의 현대소비사회에서 소위 물질만능주의 혹은 물신주의를 비유하는 메타포로서 통속적 유물론이 있고, 철학적 세계의 물질적 기초인 존재론적 혹은 형이상학적 유물론의 의미도 있다. 이 존재론적 유물론은 형이상학의 논의 범주로서 유심론에 대비되는 개념이라고 보면 된다. 자연과학에서는 보통 경험세계의 모든 물질계가 원자와 같은 물질적 기초단위로 환원된다는 과학적 유물론이 있다. 마르크스가 새로이 접했던 에피쿠로스의 유물론은 데모크리토스의 유물론과 달리 자유를 허용하는 동력학적 물질론으로 이해되었다. 마르크스의 에피쿠로스 이해는 나중에 자신의 변증법적 유물론을 형성하는 데 중요한 기초를 만든 셈이다. 물론 마르크스의 변증법적 유물론이란 헤겔의 변증법과 엥겔스의 역사유물론의 종합적 시스템으로 알려져 있지만, 마르크스 유물론의 동역학적 구조는 마르크스가 청년 시절 공부했던 에피쿠로스의 유물론 구조에 있었다고 판단된다. 나아가 20세기 프랑스 철학이라 일컬어졌던 포스트모더니티 사조들은 유물론적 경향을 가지고 있었다. 그들의 유물론을 여기서는 실존적 유물론이라고 부르려 하는데, 이는 실제로 동력학적 유물론의 한 흐름으로 분류할 수 있다.

그래서 유물론이라는 말이 사용되는 맥락과 그 의미는 앞처럼 다양하게 보여지며, 이는 아래와 같은 그림으로 정리할 수 있다.

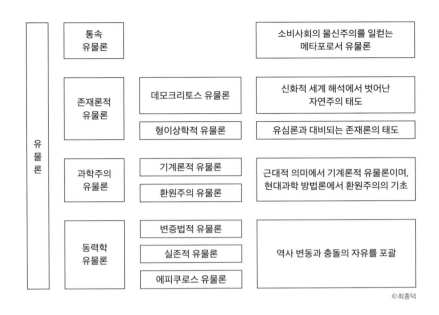

유 물 론	통속 유물론		소비사회의 물신주의를 일컫는 메타포로서 유물론
	존재론적 유물론	데모크리토스 유물론	신화적 세계 해석에서 벗어난 자연주의 태도
		형이상학적 유물론	유심론과 대비되는 존재론의 태도
	과학주의 유물론	기계론적 유물론	근대적 의미에서 기계론적 유물론이며, 현대과학 방법론에서 환원주의의 기초
		환원주의 유물론	
	동력학 유물론	변증법적 유물론	역사 변동과 충돌의 자유를 포괄
		실존적 유물론	
		에피쿠로스 유물론	

©최종덕

I
동력학적 원자론

유물론적 배경으로서 원자론의 근거는 우선 데모크리토스의 원자론에서 찾을 수 있다. 마르크스가 보기에 데모크리토스의 원자론은 형식적 유물론이며, 존재의 내재성 측면에서 보면 오히려 플라톤의 이데아 성질을 어느 정도 반영하고 있다. 데모크리토스의 원자는 ① 운동하지만 운동의 양식은 불변이며 ② 원자 외의 진공 상태를 갖지만(원자는 허공을 떠다니지만) 원자 자체는 독립적이며 ③ 원자끼리 충돌하지만 여전히 결정론적이며 일탈을 허용하지 않는다. 결국 존재의 겉보기 인식론적 양상은 데모크리토스의 원자와 플라톤의 이데아가 전혀 다르게 보이지만, 그들 사이의 존재의 존재론적 양상은 질적으로 동등하다고 마르크스는 판단했다.

데모크리토스의 원자론에서 말하는 원자는 물질적이지만, 그 물질성은 경험적 물질성이기보다는 선험적 물질성에 가깝다. 역설적으로 바로 이 점 때문에 데모크리토스의 원자는 근대과학혁명 이후 기계론과 결정론 그리고 환원주의에서 말하는 세계의 기초단위로 인식되었다. 그러나 마르크스는 에피쿠로스를 접하면서 데모크리토스의 원자론은 자신이 추구하는 세계이해를 채워줄 수 없다고 판단했다. 그가 찾던 존재론의 토대는 데모크리토스의 존재론적 원자론이 아니라 에피쿠로스의 원자론에 있다고 마르크스는 인지했다.

결론부터 말하자면 데모크리토스의 원자론은 마르크스 전반에 깔려 있는〈변동의 철학〉과 어울릴 수 없었다. 다행히 마르크스는 젊은 나이에 일찍 에피쿠로스를 만났다. 에피쿠로스를 통해서 마르크스는 유물론을 유지하면서도 미소의 비감각적 대상에 대한 경험주의와 동력학적 변동성의 철학, 그리고 일탈과 자유의 윤리학을 더 깊이 배울 수 있었다. 마르크스에서 에피쿠로스의 원자론은 기계론적 유물론의 제약을 벗어나 변증법적 유물론을 잉태시킬 수 있었던 철학적 원천이었다. 에피쿠로스의 원자론은 데모크리토스의 그것과 달리 결정론과 기계론 그리고 유토피아론과 목적론을 타파하는 존재론적 토대라고 말할 수 있다. 이 점에서 마르크스는 에피쿠로스의 열혈 독자였다.

I
에피쿠로스 철학의 구조

에피쿠로스 철학은 크게 인식론과 자연학 그리고 윤리학으로 나뉜다. 에피쿠로스의 인식론은 지각경험과 감각의 인식을 다룬다. 잘 알려져 있듯이 그의 자연학은 데모크리토스의 원자론과 비슷하게 보이지만 전혀 다른 관점에서 천체와 사물 존재론을 다루고 있다. 에피쿠로스의 윤리학은 대중에게 가장 친근한 부문으로 소위 쾌락주의라고 알려진 행복론을 말하고 있다. 에피쿠로스 2천 년 이후 에피쿠로스 행복론 철학을 한눈에 알아본 철학자가 바로 마르크스였다. 마르크스는 데모크리토스 원자론과 에피쿠로스 원자론의 차이를 공부하면서, 에피쿠로스 자연학이 데모크리토스의 결정론과 선험론을 부정하면서 어떻게 자유론과 행복론으로 발전하는지를 인지할 수 있었다. 에피쿠로스의 행복론이나 원자론을 알려면 에피쿠로스의 인식론과 자연학 그리고 윤리학, 세 영역이 서로 결합되어 있음을 이해하는 것이 중요하다. 이를 위하여 마르크스의 생각을 따라 에피쿠로스와 데모크리토스의 차이를 더 자세히 알아본다.

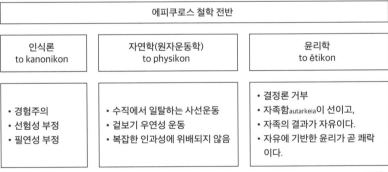

에피쿠로스 철학 전반		
인식론 to kanonikon	자연학(원자운동학) to physikon	윤리학 to ĕtikon
• 경험주의 • 선험성 부정 • 필연성 부정	• 수직에서 일탈하는 사선운동 • 겉보기 우연성 운동 • 복잡한 인과성에 위배되지 않음	• 결정론 거부 • 자족함autarkeia이 선이고, • 자족의 결과가 자유이다. • 자유에 기반한 윤리가 곧 쾌락이다.

©최종덕

에피쿠로스의 인식론to kanonikon은 데모크리토스와 다르게 감각에 기반한 경험주의의 기초를 갖는다. 에피쿠로스는 감각의 세계를 객관적 현상으로 포용했다. 반복하지만 이 점에서 데모크리토스와 다르다. 에피쿠로스에서 존재론적 결정론과 인식론적 필연성은 없다. 오로지 우연성뿐이며 원자운동은 우리 의지에 상관적이기도 하다.

I
데모크리토스의 원자론과 인식론

원자는 세계 시초의 존재이며 이성을 통해서만 인식된다는 것이 데모크리토스 원자론의 기초다. 공간을 점유하지 않으며, 가장 작은 물체로 더 이상 분할되지 않는다는 것이 데모크리토스 원자의 특성이다. 데모크리토스의 원자는 수학적 위치를 알려주는 점의 존재와 이동거리를 알려주는 선분적 존재를 지시한다. 이런 데모크리토스의 원자의 양태는 정역학적 원자 운동으로 비유될 수 있다. 그리고 데모크리토스에서 원자는 무한하다. 원자마다 다른 모양이 있지만 모양의 차이는 원자 그 자체의 규정이다.

원자는 원자의 크기와 모양의 차이만으로 세계를 설명할 수 있는 기본단위라는 것이 데모크리토스 원자의 핵심이다. 원자가 크기를 갖는다면 그 공간을 차지한다는 뜻이다. 그럴 경우 그 자체로 더 이상 분할불가능한 세계의 궁극적 요소가 된다는 점에서 원자의 의미가 상실되고 마는 논리적 모순을 마르크스는 파악했다. 원자 공간을 차지하는 크기를 지녔다면 이미 원자는 스스로 분할가능하기 때문에, 그런 논리는 자기 스스로 모순이라는 것이다.

물론 데모크리토스가 이 점을 놓치고 원자론을 모순적으로 서술했는지는 확실하지 않다. 데크리토스는 원자가 크기가 아닌 무게를 가지고 있지만 않다면 분할불가능의 조건을 만족시킨다고 생각한 것으로 여겨진다. 실제로 데모크리토스가 보는 원자는 크기를 가지고 있지만 무게를 본질로서 가지고 있지 않다. 원자가 무게를 가지고 있지 않다는 뜻은 원자가 형상만을 지닐 뿐 질료적 성격이 없다는 의미를 포함한다. 데모크리토스 원자에서 무게는 본질적이거나 필연적이지 않으며 단지 우연적

akzidentelle 요소일 뿐이다. 원자가 무게를 본질로 가지고 있지 않다는 점에서 원자는 질료가 아닌 순수 형식이다. 데모크리토스 1800년 후에야 등장한 뉴턴에서 잘 알려진 "질점point mass"개념처럼 데모크리토스의 원자는 무게를 갖지 않는다. 그래서 데모크리토스의 원자는 근대적인 의미에서 볼 때 수학적 존재에 비유될 수 있다. 마르크스가 보기에 이런 데모크리토스의 원자는 추상화의 결과이며 관념의 소산물로 여겨졌다.'

데모크리토스에서 원자운동은 직선으로 낙하하는 수직운동이 모두이다. 직선운동은 자연스런 운동이라고 데모크리토스는 생각했다. 직선운동은 필연적이고 결정적이다. 왜냐하면 원자의 직선운동이란 외부 절대자의 통제에 의해 결정적으로 주어진 운동이기 때문이다. 원자의 이런 운동 양식은 아리스토텔레스의 운동론의 기반이 되었다. 아리스토텔레스에서 사물의 운동은 외부에서 지속적으로 주어지는 (충격) 운동량에 의해서만 가능하다 지속적인 외부 작용이 없다면 모든 운동하는 사물은 얼마 못가서 정지된다. 예를 들어 하늘에 던진 돌맹이는 최초의 운동량의 힘이 다하면 땅으로 떨어질 뿐이다. 이런 양식의 운동 이해는 근대과학의 동력학을 완성한 케플러가 나오기까지 1500년 이상이나 유지되어 왔다.

근대과학에서 마찰력을 수학적으로 이해하게 되었다. 아리스토텔레스는 최초 운동력을 갖게 된 물체가 마찰력에 의해 운동이 비로소 정지된다는 점을 인지하지 못했다. 거꾸로 물체가 지속적으로 운동하기 위해 외부의 충격운동량이 보완되어야 한다고 생각했다. 이런 아리스토텔레스의 운동역학이 2천 년 가까이 근대과학의 운동학을 지배해왔다.

데모크리토스 원자론으로부터 우리는 그의 인식론을 추론할 수 있다. 앞서 이야기 했듯이 데모크리토스의 원자는 경험으로 인식되는 지각 범위를 초월해 있으며 정적이다. 데모크리토스 원자론에서 감각적 현상은 원자 자체에 속하지 않는다. 감각현상은 객관성을 가지고 있지 않기 때문이다. 감각현상은 일종의 주관적 가상이다. 원자만이 필연성의 세계이며, 원자와 허공 외에는 독사doxa와 가상일 뿐이라는 것이 데모크리토스 인식론의 기초다. 데모크리토스에서 개체적 대상은 원자들의 결합이다. 대상 개체를 인식하기 위해 원자의 실재성과 필연성에 대한 인식이 필요하다는 것이 데모크리토스의 생각이다. 그런 인식만이 진리이다. 그러한 실재성과 필연성에 의해 원자 운동은 철저히 인과관계 안에 있다. 데모크리토스는 다음처럼 말했다. "나는 페르시아의 왕관을 얻기보다는 하나의 새로운 인과관계Ätiologie를 발견하고 싶다."[2]

반복하여 강조하지만, 데모크리토스에서 원자와 빈공간은 필연성과 기계적 인과성의 원천으로서 현상으로 드러나지 않는다. 즉 경험적으로 인식되지 않는다는 뜻이다. 세계의 존재는 원자들의 결합과 분리에 의해 생성소멸하지만, 생성소멸의 원리는 필연성의 귀결이며, 필연성의 원자 운동은 세계의 법칙과 운행을 결정한다. 이런 점에서 마르크스는 데모크리토스의 원자론을 결정론으로 규정했다.

원자는 인식의 대상이며 진리의 원천이다. 그런 원자로 구성된 자연 그 자체만이 실재적이라는 것이 데모크리토스 존재론이다. 진리란 그 실재를 인식하는 데 있다. 자연 안에 필연적 객관성이 존재하며, 겉에 드러난 현상은 객관적 실재의 주관적 가상일뿐이다. 우리는 경험지식을 통해서 실재의 껍질인 현상세계만을 유추할 수 있고, 그런 유추의 태도를 우리는 경험론적 방법 혹은 실증적 태도라고 부른다. 마르크스는 이러한 데모크리토스의 실증적 태도를 회의주의 탐구방법이라고 보았다. 마르크스가 본 데모크리토스 인식론은 아래처럼 요약될 수 있다. 첫째, 감각과 실재는 분화된 세계로서 이분법적 존재론에 기반한다. 둘째, 존재는 경험으로 인식될 수 없으며, 경험적 지식은 진리가 될 수 없다는 플라톤의 인식론을 그대로 따르고 있다고 보았다. 셋째, 실재계를 비슷하게 탐구하기 위해 인간이 유일하게 할 수 있는 일은 실증적 탐구라고 마르크스는 데모크리토스의 원자를 인식론적으로 해석했다. 이러한 청년 마르크스의 해석은 데모크리토스의 운동론을 부정하는 판단으로 이어졌으며, 나중에 변증법적 유물론의 토대를 형성하는 데 있어서 중요한 반증사례가 되었다. 우선 데모크리토스 운동론을 부정하는 논리적 절차의 하나로서 마르크스는 에피쿠로스의 원자론을 긍정적으로 분석하게 되었다.

I
에피쿠로스의 원자론

데모크리토스의 원자와 달리 에피쿠로스의 원자는 동력학적 존재다. 그래서 에피쿠로스의 원자는 수학적 위치만 알려주는 점의 존재도 아니고 이동거리만 알려주는 선분적 존재가 아니다. 플루타르크에 의하면 에피쿠로스의 원자는 크기, 모양, 무게의 세 가지 성질을 갖는다. 크기와 모양 두 개의 성질만 갖는 데모크리토스의 원자는 수학적인 성질이지만, 무게를 본질로 갖고 잇는 에피쿠로스의 원자는 상대적으로 자연적인 성질을 많이 갖고 있다. 에피쿠로스의 원자는 아래처럼 요약될 수 있다.

① 원자는 결정적으로 규정되지 않으면서도, 세계존재의 근원이 되는 아페이론Apeiron이다.
② 독립적이고 무한하지만 고정된 실체는 아니다.
③ 원자는 정해진 통로만을 운동하지 않으며, 직선의 통로를 벗어난 일탈의 자연적 우연성을 포함한다.
④ 자연적 우연성의 원자는 운동의 자유를 낳게 하는 존재론적 기반이다.
⑤ 원자도 무한하지만 허공(진공)도 무한하다. 허공은 경계가 없다.

⑥ 에피쿠로스에서 '원리로서 원자'와 '물질적 기체로서 원자'는 서로 다른 개념이다. 원자원리atomoi는 모든 원자에서 같지만 충돌과 반작용에 의해 생기는 결합과 분리의 소산물로서 원자들은atoma stoicheia(atom element；원자원소) 서로 다른 무게를 지닌다.

⑦ 원자마다의 서로 다른 무게가 곧 그 원자의 고유한 성질이 된다.

데모크리토스는 원자 원리와 원자 원소를 구분하지 못했으나, 에피쿠로스는 이를 구분하여 이로부터 존재의 원리적 본질과 현상적 현존을 보게 되었다고 마르크스는 해석했다. 그리고 앞서 말했듯이 에피쿠로스 원자가 데모크리토스 원자와 다른 핵심적인 양상의 하나가 '무게'를 갖느냐 아니냐의 차이에 있었다. 에피쿠로스에서 원자의 질량성은 원자가 속도를 가질 경우에만 의미를 지닌다. 속도는 변화하는 원자운동, 즉 운동변화량을 통해서만 인식가능하다. 여기서 인식가능하다는 것은 에피쿠로스 인식론의 요지다. 원자를 지각할 수 있는 근거는 원자가 정해진 직선 운동궤도를 탈선하여 사선으로 움직일 때 그 운동량 변화에 있다. 즉 변화하지 않으며 지각되지 않는다는 것이 에피쿠로스의 생각이었으며, 마르크스는 이 점에 매료되었다. 데모크리토스와 다른 에피쿠로스 원자론의 핵심은 원자의 일탈성에 있다. 클리나멘clinamen의 일탈성이야말로 데모크리토스에서 찾아볼 수 없는 것이며, 에피쿠로스의 원자론 기반 자연학과 경험주의 기반 인식론을 연결해주는 구실을 한다. 반복해서 말하지만 원자가 수직운동만 한다면 지각되지 않지만 수직궤도를 탈선한 사선운동이 있기 때문에 원자는 지각의 대상으로 될 뿐만 아니라 실존적으로 파악되는 것이다(이 글에서 원자의 사선운동의 원인을 말할 때 일탈, 이탈, 탈선, 편위, 편차, 클리나멘 등의 용어를 썼는데, 이는 문맥에 따라 다르게 번역한 독일어의 deklination；clinamen이다).

에피쿠로스에서 원자의 운동은 우연성Zufall에 의해 움직인다. 직접적이고 일대일 대응되는 인과관계로 묶인 관계가 아니라 우회적이고 상관적이며 복잡하며 생태적인 우연관계처럼 보이지만, 겉보기에만 그렇게 보인다는 것이 마르크스의 해석인데, 그는 그런 해석의 결과로서 원자의 운동이 너무 복잡하여 마치 우연적으로 보이는 것 자체가 바로 원자의 상관적 특질이라고 에피쿠로스를 이해했다. 이러한 원자의 상관성은 원자가 수직운동에서 벗어나는 편차를 갖기 때문이라고 했다. 앞서 말했듯이 원자가 수직강하운동에서 벗어나 편차를 일으키고 이 편차만큼의 위치이탈이 생기며 이런 이탈로 인해 다른 원자와 무작위로 충돌하게 된다. 이러한 무작위성 원자간 충돌이 세계 우연성을 낳는 기초다. 이러한 우연성에 기초한 원자의 편차운동은 존재의 복잡성과 다양성을 낳는다. 원자는 그 자체로 순수 형식reine으로 다른 존재의 계기를 이루는데, 그 계기의 관계는 복잡할 뿐이지 인과관계가 아주 없다는 뜻이 아니라고 마르크스는 이해한다. 이 점은 마르크스가 에피쿠로스를 지나치게 자의적으로 해석한 듯 여겨진다. 그러나 이런 마르크스의 해석이 궁극적으로 "자유"와 "목적성이 배제된 자연의 제일성"을 종합한 자신의 유물론 철학의 기반이 된 것으로 추측된다.

에피쿠로스에서 원자의 탈선된 운동 즉 사선운동은 데모크리토스 원자의 결정론적 운동 방식을 부정하는 주요 근거다. 마르크스는 여기서 에피쿠로스의 핵심을 간파했다. 데모크리토스의 원자운동은 그것이 비록 운동성에 노출되어 있지만, 마르크스가 보기에 데모크리토스의 원자운동은 외부의 절대적 존재자에 의해 조종되고 통제되는 일종의 결정론적 운동성으로 파악되었다. 이 점은 상대적으로 에피쿠로스의 원자운동이 결정론 범주에서 벗어난 것, 즉 자유운동으로 마르크스에 의해 파악되었다. 일탈성은 절대적 외부존재자의 통제를 벗어난 변동의 운동이다.

그런 일탈의 운동은 외부자의 존재를 설정하지 않고 원자 자체의 자족성 autarkeia에 기인한다고 마르크스는 추론했다. 이런 마르크스의 추론은 사유의 대전환이었다. 왜냐하면 마르크스 이전 에피쿠로스를 이해한 수준은 전적으로 2세기 로마 사상가 키케로의 해석에 의존했었으며, 키케로 해석의 기초는 원자 운동을 플라톤과 데모크리토스의 시각에서만 보았기 때문이다. 당시로는 에피쿠로스 원자의 일탈된 사선 운동의 자유가 용납될 수 없었으며, 이를 반전시켜 바라본 마르크스의 시선은 말 그대로 대전환과 같은 것으로 볼 수 있다.

데모크리토스	에피쿠로스
• 필연성의 원자 운동은 존재의 외부적 근거를 전제하며 이는 필연성의 세계를 낳으며, 이로부터 윤리적 근거는 원자 밖의 절대존재에서 찾아질 수밖에 없다.	• 우연성Zufall은 외부적 근거를 전제하지 않으며, 단지 자기주체성과 내부적 자기동력에 의존할 뿐이다. 즉 외부 절대존재자를 필요로 하지 않는다.

©최종덕

다시 말하지만 에피쿠로스의 사선 운동은 원자의 자유성을 함의한다. 이탈된 원자는 운동의 자유를 의미한다는 뜻이다. 이런 점에서 에피쿠로스의 원자는 순수하게 그리고 절대적으로 자립적이다. 원자의 편위운동이 원자의 자립성과 자유를 보장한다. 역설적으로 원자의 자립성으로 인해 원자는 외부 절대자에 통제에 의한 결정론적 직선이 아니라 자기결정적 다시 말해서 자유롭게 편위된 사선운동을 가능하게 한다. 예를 들어 데모크리토스가 강조한 단순한 수직낙하운동은 자립적이지 않고 외부의 강제적인 운동의 사례라고 에피쿠로스는 말한다.

편위운동은 숙명을 깨트리는 운동이다. 운명에 맞서 싸우고 저항할 수 있는 무엇이다. 감각으로 지각할 수 없는 것이며, 원인 없이 일어나는 것은 아니다. 이런 원자의 편위성을 표현하려는 것이 에피쿠로스 철학의 핵심이다. 그리고 클리나멘의 일탈적 운동성은 에피쿠로스 철학으로 가장 잘 알려진 쾌락주의의 존재론적 토대다. 에피쿠로스의 클리나멘은 그의 자연학 및 윤리학 전반의 근저가 된다.

|
시간과 원자의 실존성

마르크스는 세계와 의식이 서로를 반영한다는 방법론의 하나로서 반성 형식Reflexionsform을 말했다. 반성 형식에는 의식과 실재 간의 상호성, 사유와 존재와의 상호성이 포함된다. 마르크스의 결론은 아래와 같다. "원자가 추상적이고 개별적인 자기의식의 자연적 형식에 다름 아니듯이 감각 자연은 대상화되고, 경험적이며 개별적인 자기의식일 뿐이다." 즉 감각은 개별자의 자기의식이며, 이런 자기의식에서 추상화되어 만들어진 자연적 형식 중의 하나가 원자다. "추상적인 이성을 통해서만 세계 안의 원자를 판단할 수 있다. 마찬가지로 감각을 통해서 구체적인 자연을 판단할 수 있다."[3] 감각자연이 자기의식으로 파악되는 중요한 반성 형식의 하나가 시간이다.

데모크리토스와 에피쿠로스의 시간 개념의 차이를 통해서 마르크스는 에피쿠로스 원자의 자연성과 실존성을 피력했다. 데모크리토스의 시간은 ① 발생과 소멸의 계기이다. ② 시간은 원자에서 배제된다. ③ 원자는 기원과 시작의 계기조차도 없다. 반면 에피쿠로스에서 시간은 현상의 절대적 형식이다. 사건은 변화를 머금고 있으며 변화의 변동성이 곧 시간이다. 시간은 현상계의 순수한 형식이라는 것이 마르크스의 입장이다. 에피쿠로스의 시간은 특수하게 실존하는 자연 안에 붙은 필연성이다. "인간의 감성은 체화된 시간이고, 감각적 세계의 실존하는 자기 안에서의 반성이다."[4] 나아가 마르크스는 말하기를 "에피쿠로스에서 감각은 그 자체로 현상계의 반성이고 체현된 시간이므로 현상은 사물마다의 필연적 귀결이다."[5] 감각과 시간이 만나 시간성과 현상이 하나로 통합되는 뜻이다. 감각으로 지각된 물체들의 우발적(자연적) 사건들의 계기다. 결국 감각적 지각은 시간의 근원이고 시간 자체다.

시간의 근원인 감각은 현상계의 반성 형식이며 현상은 사물마다의 필연적 귀결이라는 마르크스의 판단은 에피쿠로스에서 원자마다의 고유한 성질이 있다는 것에서 얻어왔다. 알다시피 에피쿠로스에서 원자는 원자마다의 고유한 성질ideale Einzelheit을 갖는다. 원자마다 서로 다른 성질에 따라서 원자마다 무게가 서로 다르게 된다. 이런 성질이 있기 때문에 원자는 세계에 감각적으로 드러난다. 이를 마르크스는 변증 관계로 이해했다.

마르크스가 데모크리토스를 이해한 인식과 대상의 주체성은 다음과 같다. 먼저 데모크리토스에서 인식의 주체는 객관적 주체이며, 대상의 실재는 감각 이면에 존재한다고 마르크스는 이해했다. 나아가 데모크리토스에서 인식의 주체는 자기의식의 자족함Ataraxie des Selbstbewusstseins의 평정이며, 이는 곧 최고선에 도달할 수 있는 진리의 담지자라고 보았다. 그러나 마르크스는 이 데모크르토스가 보는 이러한 대상의 주체적 실재성은 독단주의에 빠질 수 있다고 생각했다.

마르크스는 자연의 객관적 실재성을 말하려는 데모크리토스의 생각을 부정했다. 지각된 경험이 객관적 현상이지 별도의 실재가 따로 있는 것이 아니라는 생각 때문이다. 그래서 마르크스는 데모크르토스와 다른 존재론적 색채를 지닌 에피쿠로스에 매료되었다. 에피쿠로스에서 감각은 진리를 전달한다. 그래서 감각은 직관적으로 확실하다. 나아가 지각 배후에 공허한 실재계를 거부한다. 감각은 직관Prolepsis과 감정Affekte으로서 반박될 수 없는 분명한 자극이며 반응이고, 그로부터 확실한 지식이 생긴다는 생각을 강화했다. 이런 감각을 통하여 오히려 성찰적 지식에 이를 수 있다고 마르크스는 생각한 듯하다.

　　데모크리토스와 달리 에피쿠로스의 원자 운동은 일탈의 자유성을 가지고 있으며 이런 자유성은 외부에서 운동에 간섭하는 조종자가 없다는 것을 이미 여러 차례 강조했다. 외부 조종자 없는 원자의 자유성은 원자가 그 자체로 (내부 스스로) 자족적이어야 하는 필연성을 의미한다. 데모크리토스에서 오로지 수직궤도운동만이 실재의 존재이며, 일탈 운동은 단지 일시적인 가상이나 표피적인 현상일 뿐이다. 반면 외부 존재자를 필요로 하지 않고 자유로운 운동을 허용하는 에피쿠로스의 원자운동은 실존적이며 그 원자의 존재는 실존적이라고 상호 비교할 수 있다. 정리하면 데모크리토스의 원자운동이 실재적이라면, 대비하여 말하건데 에피쿠로스의 원자운동은 실존적이라고 할 수 있다. 에피쿠로스에서 원자는 질료의 특성으로 실존의 현상이며, 그 현상이 드러나는 이유는 충돌 때문이라고 앞서 말했다. 원자의 실존성은 원자가 특정의 고유한 성질을 가지고 있기 때문이라고 마르크스는 이해했다.

┃
예언술과 선험성을 부정하는 데서 시작된 에피쿠로스의 행복론

아리스토텔레스는 자연을 설명하는 법칙이 본질적이고 단일해야 한다고 했다. 이런 아리스토텔레스의 입장은 천체의 현상이 영원하고 안정적이라는 데 있다. 반면 아리스토텔레스의 천문학을 거부하는 에피쿠로스는 아리스토텔레스와 달리 다수성의 자연현상을 중시한다. 에피쿠로스는 천체의 영원성과 안정성을 부정한다. 에피쿠로스는 아래처럼 말한다고 마르크스는 쓰고 있다. "천체의 영원성은 자기의식의 아타락시아를 방해한다. 천체가 영원하지 않다는 것은 당연하고 그럴 수밖에 없는 귀결이다."[6]

에피쿠로스는 하늘을 일자Einer, Oneness의 지배 운동으로 보는 것을 거부했다. 에피쿠로스에서 천체 운동은 일자의 천명에 따라 운행하는 것이 아니라는 것이다. 일자의 명령이란 실제로 하늘의 지복을 염원하는 감각적 마음이 만들어낸 가상의 형상이라는 것이다. 하늘의 지복성Seligkeit과 불변성Unzerstoerbarkeit은 감각적 믿음에 기반한 추상화의 결과일 뿐이라는 뜻이다. 불멸성에 대한 믿음은 실제로 행복에 대한 염원을 대신한 표현일 뿐이다. 내 밖의 공포와 내 안의 결핍을 채우기 위한 행동과 희망이 불멸성에 대한 믿음을 낳았다는 것이 필자의 생각이기도 하다. 이러한 표현은 2천 년 후의 흄의 자연종교를 연상하게 한다.

위와 같은 에피쿠로스의 생각은 피토클레스Pythocles에게 보내는 편지에서 확인할 수 있다. 그 편지 안에서 에피쿠로스는 아래의 명제를 제시한다. ① 불멸성에 대한 믿음은 자칫 우둔함과 미신을 낳는다. ② 이데올로기나 공허한 가정의 혼란에서 벗어나 진정으로 행복한 삶을 추구해야 한다. ③ 하늘의 운행 즉 천체 운동은 신비로운 신의 명령이 아닌 자연학physiologie의 현상으로 설명가능하다. ④ 존재는 이데올로기일 뿐이다. 그런 이데올로기에 우월성Vorrang(우선성)을 부여하는 생각의 습관을 버려야만 올바른 천문운행의 자연학을 접근할 수 있다. 천문 현상은 일자에 의한 하나의 원인론으로 설명되지 않는다. 천문대기 현상은 단순원인론Haplos이 아니라 복잡원인론Pollachos의 대상이기 때문이다.

하늘에 대한 믿음에 기반한 신화적 이야기와 공허한 상상력에서 탈피하여 현상과 감각지각을 중시하는 것이 에피쿠로스의 자연학적 태도다. 자연의 지식을 통해 막연한 공포를 제거할 수 있다는 것이 에피쿠로스 윤리학의 기초다. 자연학적 태도가 있어야 우리는 행복을 맞이할 수 있다는 뜻이다. 왜냐하면 불행은 막연한 공포심에서 조장되는 경우가 많기 때문이다. 예를 들어 에피쿠로스는 예언술과 점성술을 부정했다. 나아가 일자, 필연적인 것das Notwendige를 부정하고, 또한 ① 보편성allgemeine의 세계, ② 만들어진 목적론의 세계, ③ 결정된 원리의 세계를 탈피하는 것에서부터 에피쿠로스의 행복론은 시작된다고 했다. 절대적 결정론을 추구하는 점성술, 미신적 믿음, 그리고 선험적인 형이상학, 절대법칙의 이데올로기에서 벗어나야만 하늘에 대한 불안Angst에서 벗어날 수 있다는 것이 에피쿠로스 행복론의 핵심이다.

I
에피쿠로스가 본 신

데모크리토스에서 세계 안에서 원자의 운동을 지배하는 절대적 위상의 존재를 신이라고 말할 수 있다. 데모크리토스의 세계 밖에 존재하는 신은 세계 안의 모든 원자 운동을 관장한다. 반면 에피쿠로스에서 신은 어디에나 존재하지만 세계 내 원자 운동에 대하여 일체 간섭하지 않는다. 에피쿠로스의 신은 운동을 관장하지도 않지만 인간에게 처벌과 보상을 하는 존재도 아니다. 신에게는 고통도 없으며 기쁨도 없다. 고통과 즐거움이 있다 해도 느끼지 못하며 타자에게 전달도 하지 않기 때문이다.[7] 신의 보상과 처벌이라는 신의 원리는 하나의 이데올로기이며, 인간사회에서 권력을 옹호하고 수립하려는 인간의 전략의 소산물이라고 한다. 불경한 사람은 신을 믿지 않는 사람이 아니라 신의 이름을 도용해 일반 대중들의 견해들을 장악하는 사람들이다. 신의 보상과 처벌이라는 원리를 악용하는 사람들이 바로 불경한 사람이라는 뜻이다.[8]

실제로 신이 요청된 이유는 형이상학이나 예언술 때문이 아니라 죽음에 대한 공포, 죽고 싶지 않은 희망, 그리고 죽음 이후의 편안함의 기대가 섞여서 신을 찾게 된다는 것이 에피쿠로스의 입장이다. 그러나 죽음은 누구에게나 예외 없이 온다. 그래서 죽음을 무서워하거나 피하는 것이 아니라 마주하고 두려워하지 않는 데서부터 행복이 시작된다는 것이다. 정확히 말해서 죽음의 공포를 벗어난다는 실제 의미는 신이 죽음 이후를 관장한다는 믿음을 버리기만 하면 된다는 데 있다. 신에 대한 에피쿠로스의 유명한 단편을 그대로 옮겨본다.

신은 악을 막을 의지는 있지만,

능력이 없는 것인가?

그렇다면 신은 전능하지 않은 것이다.

악을 막을 능력은 있지만, 의지가 없는 것인가?

그렇다면 신은 악한 것이다.

악을 막을 능력도 있고 의지도 있는 것인가?

그렇다면 이 세상의 악은 어디서 기인한 것인가?

악을 막을 능력도, 의지도 없는 것인가?

그렇다면 왜 그를 신이라 불러야 하는가.

Is God willing to prevent evil, but not able?

Then he is not omnipotent.

Is he able, but not willing?

Then he is malevolent.

Is he both able and willing?

Then whence come the evil?

Is he neither able nor willing?

Then why call him God?"

_ 에피쿠로스의 유명한 질문 4

|
헤도네로서의 행복

행복하기 위해 신에 의존할 필요가 없다는 것이 에피쿠로스 행복론의 중점이다. 행복하기 위하여 결정적 운명을 숨겨놓을 필요도 없다. 에피쿠로스 윤리학을 쾌락주의로 부르는데, 이는 고통을 최소화하고 즐거움을 최대로 하자는 최대 행복의 원리로서 근대공리주의 명제와는 다르다. 에피쿠로스의 행복은 일시적 행복감이나 즐거운 느낌이 아니라 삶의 지속적인 자유로움에 있다. 에피쿠로스에서 이런 지속적 자유의 향유를 통한 행복은 헤도네hedoné로 표현된다.

헤도네는 공허한 선험주의를 벗어나서 구체성의 행복한 삶을 중시한다. 헤도네는 정적인 불변의 세계가 아니라 변화하는 원자의 운동성을 파악하는 자유로운 시선으로부터 생겨난다. 에피쿠로스는 이런 시선을 "성찰"이라고 말했다. 성찰은 신을 마주하는 신비주의적 체험으로부터 생겨나는 것이 아니라 구체의 현실을 마주하는 경험주의적 인식으로부터 가능하다는 것을 말한다. 헤도네는 무작정 고통을 피하고 쾌락을 향한다고 해서 얻어지는 것이 아니라, 고통과 쾌락을 구분하는 인식(지혜)을 통해 얻어진다. 에피쿠로스는 이렇게 고통과 쾌락을 구분하는 인식을 실천적 지혜이며 성찰이며 프로네시스pronesis라고 했다. 다시 말해서 이런 프로네시스를 통해 헤도네에 이른다고 한다.

프로네시스는 선천적으로 주어진 개인 능력과는 전혀 다르다. 프로네시스로 가는 길을 찾기 위해 우리는 꾸준히 자기 감정을 조절하는 연습과 훈련을 해야 한다. 가만 있으면 우리 생각 안에 망상이 조작되고 기만이 들어차며 당장의 욕망에 허우적거리게 된다. 바닥에 떨어지는 듯한 이러한 감정은 누구에게나 잠재되어 있다. 한편 우리는 이런 바닥 감정을 조심하고 조절하려는 수치심도 가지고 있다. 바닥 감정이 남에게만 아니라 나 자신에게 드러나는 것을 부끄럽고 창피하다고 생각하는 마음이 바로 수치심이다. 바닥 감정에서 벗어나 수치심을 얻어가는 것이 우리들의 또 다른 긍정적 잠재성이다. 그런 수치심의 마음을 잃지 않기 위해 우리는 풀어진 쾌락을 수치심이라는 필터를 거쳐 조절하는 연습을 할 수 있다. 이런 사유 훈련과 연습 과정을 에피쿠로스는 nephone logismos라고 한다. 즉 기만적 욕구 충족이 아니라, 망상의 공허한 의식을 제거해 멀쩡한 정신으로 생각하며 행동하는 삶을 말한다.

이렇게 세계는 나를 자극하며 나는 연습한 시선으로 세계를 바라보고 세계를 수정할 수 있다. 이것이 바로 에피쿠로스의 자유다. 자유는 세계와 자아의 상호성에서 나온다. 마르크스는 세계와 의식이 서로를 반영한다는 방법론을 통해 데모크리토스와 에피쿠로스를 비교했다. 세계와 의식 사이의 상호성에서 획득한 자유는 나중에 마르크스 철학 전반을 풀어가는 방법론이 되었다.

에피쿠로스의 헤도네		
동적인 헤도네	정적인 헤도네	
고통을 제거하고 즐거움을 향유하는 시간의존적 헤도네	신체적 무통상태 (아포니아)	정신적 헤도네 평정함(아타락시아)

©최종덕

I
헤도네를 누리는 철학적 원리와 구체적 방법

에피쿠로스를 새롭게 조명했던 170년 전의 마르크스의 공부법은 고전만의 이야기가 아니다. 주술과 미신이 우리의 일상사에서 정치사회에 이르기까지 만연된 오늘의 한국사회, 도덕적 몰락과 공공성 파괴를 훨씬 초월하여 기만과 분열, 망상과 집착에 빠진 한국사회의 권력부패를 보면서 에피쿠로스의 철학을 고전에서 끄집어내어 현실의 실천철학 범례로 삼을 필요가 있다. 에피쿠로스를 흡수한 마르크스의 철학은 결국 자본론을 쓰는 데까지 이어졌다고 본다.

어떤 사람은 청년 마르크스와 《자본론》 이후의 마르크스를 구분해 그의 철학을 이분법으로 나누기도 한다. 그러나 에피쿠로스를 깊이 독서한 청년 마르크스가 아니었다면 《자본론》도 세상에 나오지 못했을 수 있다. 데모크르토스의 원자론과 에피쿠로스의 원자론의 차이를 파악한 청년 마르크스는 에피쿠로스의 원자 운동론을 통해서 현대사회 속에 숨겨진 자연사와 인류사의 역동 구조를 찾아낸 것이다. 마르크스는 클리나멘의 원자 운동을 통해 형이상학의 결정론과 목적론적 시간이 배제된 필연성 대신에 "자유와 실존 그리고 역사"의 의미를 체득한 셈이다. 청년의 "자유와 실존 그리고 역사"는 장년의 역사변증법과 비환원적 유물론 철학으로 완성된 것이다.

청년의 철학에서 장년의 철학으로 이어준 다리는 명백히 에피쿠로스의 원자론과 헤도네 철학이다. "자유와 실존 그리고 역사"라고 말한 청년 마르크스 철학의 키워드는 마르크스 후기철학의 기초만이 아니라 결국은 인간의 행복을 말한다. 행복하기 위해 우리는 결정론의 운명을 거부하고 자유에 도전하면 된다. 행복하기 위해 우리는 주어진 목적 수행의 부속품이 아니라 나 자신이 스스로 삶의 주체가 되는 실존을 회복하면 된다. 행복하기 위해 우리는 추상화된 논리적 필연성 대신에 현실의 역사의식을 버리지 않으면 된다. 마르크스가 에피쿠로스를 통해서 찾아낸 행복은 "자유와 실존 그리고 역사" 안에 있었다.

구체적으로 우리는 "자유와 실존 그리고 역사 안의 헤도네"를 어떻게 해야 누릴 수 있나? 간단한다. 두 단계를 거치면 된다. 첫 번째로 권력과 명예를 개인의 욕망 안에 가두지 말고 다른 사람들과 공유하면 된다. 권력과 명예를 무조건 버리라는 말과 다르다. 더 간단히 말하자면, 에피쿠로스에 따르면 남에게 의존하는 권력과 명예를 버리고 그 대신 나 스스로 충족시키는 권력과 자신을 존중하는 명예를 찾아가면 된다. 남에게는 소소한 듯 보이지만 나에게 소중한 그런 행복한 삶을 에피쿠로스는 강조한다. 그런 행복을 헤도네라고 했다. 헤도네에 이르는 두 번째 단계로서 ① 주술적 신비주의와 ② 미신적 종교의 그림자 ③ 그리고 결정론적 운명론과 ④ 조금만 참으면 다 잘될 것이라는 정치권력의 막연한 유토피아론 ⑤ 나아가 현실을 기만하고 사실을 도피하는 사회적 목적론, 이렇게 사람에게 다가오는 현혹을 냉철한 눈으로 거부하면 된다.

아주 오래된 질문들

이
정
은

지혜
법률을 초월하는 철학자

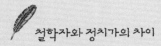# 철학자와 정치가의 차이

현실 정치가는 정치에 무지한 철학자를 뜬 구름을 잡는 몽상가로 비난
하고, 파스칼과 같은 어떤 철학자는 정치가나 법률가를 극도로 폄하한
다. 이런 상호 비난은 결국 우리 사회가 나갈 방향을 제시하는 데 방해만
될 뿐이다. 인간사회에서 '나쁜 일'을 정말로 끝내려면, 철학과 정치가
서로 어떻게 연대할지를 고민하면서, 정치권력과 철학을 합치시켜야 한
다. 합치를 위해 진리 즉 지식이 필요하지만 관조적 지식이 아니라 참여
하는 지식이 필요하다. 참여의 지식은 마음의 통찰과 힘에서 나온다. 구
체적으로 말하면, 인간에 대한 '공동의 보살핌epimeleia'과 배려에서 정치
와 철학이 만날 수 있다. 참여의 철학은 한편으로는 통치자의 하인으로
보일 수도 있지만, 실제로는 통치자를 이끄는 햇불이며 시대정신이기도
하다. 헌정질서가 붕괴된 경험을 한 한국사회에서 정의로운 세상을 위해
적극적으로 참여한 시민은 이미 철학자로 거듭난 셈이다.

I
철학자에게 정치학이란?

시대가 하수선하여 고통이 가중되면, 어떤 사람은 좌절하여 은둔자가 되고, 어떤 사람은 현실과 맞닥뜨려 고민하다가 상담을 받기도 한다. 부조리한 현실을 개선하기 위해 정치에 뛰어드는 사람도 있는데 철학자 가운데서도 그러한 사람들이 있다. 철학의 본업은 진리 탐구고, 진리 사랑이 만드는 메아리는 반성적, 관조적 삶을 요구하기 때문에, 정치에 뛰어드는 교수들을 폴리페서*라고 비난하는 사람들도 있다. 형이상학이 정치학이나 법학의 근저에 놓여 있기는 하지만, 철학자가 정치가나 법률가는 아니기 때문이다. 그래서 알렉산더 대왕을 가르쳤던 고대의 아리스토텔레스도, 프리드리히 대왕 2세의 각별한 총애를 받았던 근대의 칸트도 '철학자와 왕의 관계'에서 분명한 선을 긋는다.

한술 더 떠서 정치학이나 법학을 폄하하는 철학자도 있다. 파스칼에 따르면, 정의로운 국가를 규정하기 위해 《국가》, 《정치가》와 《법률》을 저술한 플라톤이나, 좋은 인간과 좋은 시민의 관계를 《정치학》과 《니코마코스 윤리학》에서 설명한 아리스토텔레스는 법률의 가치를 평가절하한다. 파스칼은, 그들이 정치철학의 체계를 세우지만, 실제로는 정치인과 통치자를 '정신병자'로 간주했다고 주장한다.

플라톤과 아리스토텔레스는 "《법률》이나 《정치학》의 저술에 골몰하고 있을 때는 반-놀음거리로 그것을 만들고 있었다. 이것은 그들의 생애에 있어서 가장 철학자답지 않고 가장 성실하지 못한 부분이었다. 가장

---

* polifessor: 현실 정치에 적극적으로 참여하는 교수를 일컫는 조어

철학자다운 부분은 검소하고 조용하게 생활하고 있던 때였다. 그들이 정치학을 썼다면 그것은 정신병원의 규칙을 만들기 위해 쓴 것 같다."[1]

법학과 정치학이 '정신병원 규칙'이면, 그 규칙으로 국민을 다스리는 왕은 무엇인가? 정신병원 원장인가? 익히 알려져 있듯이 플라톤은 철인왕* 정체를 정립했는데, 파스칼의 주장대로라면 철인왕은 정신병원의 규칙을 따르고 있으나 스스로를 왕이나 황제라고 '착각'하는 '광인'인 셈이다.

진리를 다루는 철학자가 광인의 규칙을 만들고, 광인 자리를 탐하다니? 무엇 때문에? 이들은 직접 민주제적인 정치 질서를 지닌 위대한 도시에서 아이러니하게도 위대한 소크라테스가 억울하게 사형당하는 것을 경험했기 때문이다. 소크라테스는 아테네 법을 존중하여 사약을 순순히 받아들인다. 차후에 아리스토텔레스도 정치적으로 억울한 상황에 놓이는데, 그는 '위대한 아테네'가 '위대한 철학자'를 '두 번'이나 부당하게 대우하는 것을 묵과할 수 없다고 하면서 칼퀴스로 도망친다.

위대한 철학자를 죽음으로 내모는 그런 부조리를 막아내는 최선책은 무엇일까? 철학자가 정치 전면에 나서는 것이다. 모든 것을 휩쓸어가지만 그 한가운데는 고요한 태풍의 눈처럼, 정신병원 규칙에 맞춰 광기어린 행정을 펼치는 통치자의 자리에 앉는 것이다. 이를 위해 플라톤은 '정의로운 사회'를 구상한 뒤 끝에 《국가》를 집필한다. 정의로운 국가의 완결판이 철인왕 체제다. 국가 대표자를 '군주despotēs'로, 민주정체에서는 '통치자'로 부르기도 하는데, 플라톤은 철인왕정을 주장하면서도 정치인들을 '동료 통치자'나 '동료 수호자'[2]라는 호칭을 즐겨 사용한다. 플라

---

* 철인왕哲人王, philosopher king은 플라톤의 유토피아인 칼리폴리스의 지배자이다. 《국가론》에 따른 플라톤의 이상국가는 "철학자가 왕이 되[어야만 하는] … 또는 현재 왕이라고 불리는 자들이 성실하고 충분히 철학자화되[어야하]는" 도시국가였다.

톤과 아리스토텔레스가 정치와 법률에 매달려 정치철학을 구축한 데는 시대적 맥락이 있으므로, 파스칼의 해석을 염두에 두면서 철학자가 통치자가 되어야 하는 보편적 근거를 찾아보자.

┃
왜 철인왕을 꿈꾸는가?

아리스토텔레스는《정치학》에서 '가장 좋은 국가'라면 그리고 '좋은 국가의 입법자'라면, 개개인에게 좋은 삶은 "다른 사람과의 공동생활을 즐겨야"[3] 한다는 것을 간과하면 안 된다고 주장한다. 그러면서 당시에 선한 삶으로 회자되던 두 입장을 소개한다. "하나는 자유로운 개인의 생활을 정치인의 생활과 구별하여, 다른 어떤 것보다도 자유로운 생활을 좋게 여기며 정치적 관직을 회피하는 사람들이다. 다른 하나는 정치인의 생활을 가장 좋은 생활로 생각하는 사람들이다."[4]

정치 생활을 꺼리면서 친구와의 사사로운 우정에만 집착하는 전자도, 정치적 삶에만 몰입하는 후자도 문제가 있다. 그래서 아리스토텔레스는 두 입장보다도 '더 좋은 삶'을 살짝 끼워 넣는다. "아무 목표가 없는 사색, 그리고 순수하게 그 자체만을 위하여 하는 명상이나 일련의 사고"[5]가 '더 선한 삶'이다. 사색이나 명상이라는 단어에서 드러나듯이, 그에게는 사적인 삶이나 정치적 삶보다는 철학적 삶이 우위에 있고, 이성적 사고에 몰입하는 관조적 삶이 최고의 삶이다.

관조적 삶을 우위에 두는 이런 사고방식을 지닌다면, 철학자가 특별히 정치에 관심을 가질 이유는 없다. 게다가 철학자가 왕이 되어도 정신병원 규칙을 따르기는 마찬가지인데, 굳이 광인의 우두머리가 될 필요가 있겠는가? '철학자 살아남기'라는 절박함과 처절함 때문에 철인왕을 강조할 수는 있지만, 철학자의 목숨과 안전을 보장해주는 실력자를 찾아서 그에게 통치를 맡기면 되지 않는가? 굳이 기를 쓰고 광인왕이 될 필요가 있는가?

플라톤은 이렇게 주장한다. "'진실로 그리고 충분히 철학을 하게' 되지 않는 한, 그리하여 '정치권력'과 철학이 한데 합쳐지는 한편, 다양한 성향들이 지금처럼 둘 중의 어느 한쪽으로 분리되는 상태가 강제적으로 저지되지 않는 한, (…) '나쁜 것들의 종식'은 없다네."[6] 어떤 국가에서 어떤 유형의 삶을 살아도, 나쁜 일은 일어나게 되어 있다. 인간사회는 '나쁜 일'의 발생이 끊이지 않는다. 그러므로 나쁜 일을 근본적으로 종식시키려면, 정치권력과 철학을 합치시키고 철인왕을 요청할 수밖에 없다는 것이 플라톤의 논리다.

철학자 입장에서 평가하면, 소크라테스 사건보다 더 나쁜 일은 없다. 소크라테스가 최악의 일을 겪은 이유는 '철학자답게' 살았기 때문이다. 철학자다움은 철학자의 안전과 생명을 위협한다. 그러므로 관조적 삶을 누리고 싶은 철학자는 '어쩔 수 없이' 통치자가 되어야 한다. 게다가 철학자가 지닌 특별한 능력은 통치자와 철학자의 일치를 불러일으킨다. 통치자가 궁극적으로 실현해야 할 '나쁜 것들의 종식'은 아무나 할 수 있는 일이 아니기 때문이다. 철학자의 능력을 정치권력과 합치시키면, 철학자는 "자신보다 못한 사람들에 의해 통치받지 않을 것이고, 둘째로는 철인들의 삶을 위해 명백한 최고 조건인 완전한 정적complete quiet, 즉 절대적 평화가 국가에 도래할"[7] 수 있다고 보기 때문이다.

그렇다면 무엇보다도 먼저 통치에 필요한 지식과 방법을 습득해야 한다. 그런데 통치술은 철학자의 본업이 아니고, 이성적 관조도 아니며, 본업보다 '덜 선한 것'이다. 불가피하게 통치 행위가 철학자의 본업과 어떤 연관성을 지니는지, 철인왕 정체가 왜 필요한지를 설명하는 일이 요구된다.

아주 오래된 질문들

철인정치가 필요한 가장 중요한 근거는, 소크라테스 사건이 그저 철학자에게만 국한되는 것이 아니라 '국가의 나쁜 것들'이라는 보편적 차원의 문제라는 것이다. 만인에게 영향을 미치는 나쁜 것들이 종식되는 국가는 '정의로운 국가'다. 그러므로 가장 정의로운 국가는 "어느 한 집단ethnos이 특히 행복하게 되도록 하는 게 아니라, 시민 전체가 최대한으로 행복해지도록 하는 것"[8]이다. 통치자는 나쁜 것들을 종식시켜야 하고, 철인왕은 다른 왕들과 달리 '모든 나쁜 것들의 종식'을 가능케 한다.

I
통치술의 출발점

시민 전체를 행복하게 하는 가장 정의로운 국가, 나쁜 것들의 종식이 일어나는 국가는 어디인가? 그런 국가를 가능케 하는 철학적 통치술은 무엇인가? 플라톤은 《정치가》에서 통치술에 대한 일반적 정의를 내리고, 예민한 부분들을 세분하면서 섬세하게 설명해나간다. 이때 '결합과 분리'의 방법을 사용한다. 우연히도 플라톤이 이데아 세계를 파악하는 철학자의 방법으로 사용한 것도 '결합과 분리'의 변증법인데, 통치술에 적용한 방법도 동일하다.

철학자와 정치인의 관계를 살펴보면, 정치와 전혀 관계없는 수와 비례를 다루는 '산술학자 및 기하학자'보다도 철학자가 정치인에게서 훨씬 멀리 떨어져 있다. 그러므로 통치를 하려면, 통치 지식을 습득해야 한다. 어느 학문이든 지식epistēmē이 필요한데, 이 지식은 타인 없이도 관조 상태에서 즐기는 철학자의 순수 인식epistēmē과는 차원이 다르다. 플라톤은 이에 대해 기술technē이라는 단어를 적용해 통치술을 '기술적 지식'으로 규정한다.

기술적 지식은 다시 '인식적(이론적) 지식ʰᵉ ᵍⁿᵒˢᵗⁱᵏᵉ'과 행위가 연관되는 '실천적 지식ʰᵉ ᵖʳᵃᵏᵗⁱᵏᵉ'[9]으로 나뉜다. 이 구분에서, 통치술은 인식적 지식에 해당한다. 통치술이 여타의 인식적 지식과 다른 점은 '손과 몸'이 아니라 '마음의 통찰과 힘'을 사용한다는 점이다. 기술적 지식의 한 분야라고 해도, 통치술은 전쟁술 내지 직조술과는 다른 능력이다. '마음의 통찰과 힘'을 사용하기 때문에 특별하며, 쉽게 얻어지는 능력은 아니다. 게다가 철인왕은 소소한 정치인ᵖᵒˡⁱᵗⁱᵏᵉ이 아니라 왕도적 통치자ᵇᵃˢⁱˡᵉᵘˢ다. 왕 중에서도 특별한 왕이라서 왕도적 통치술ᵇᵃˢⁱˡⁱᵏᵉ에 걸맞게 두 배의 능력이 요구된다.

그렇다면 플라톤은 철인왕과 평범한 왕, 왕과 정치인, 정치인과 대중을 구분하는가? 철인왕의 특별함으로 나아가기 위해, 플라톤은 왕과 대중의 차이를 먼저 설명한다. "대중은, 그들이 누구든 결코 이런 지식을 터득할 수도 없고 지성을 갖고 나라를 다스릴 수도 없을"[10] 것이다. 아무나 이세돌 같은 바둑 고수가 되는 것이 아니듯이, 통치술도 마찬가지다. "바른 통치가 있다면 그건 한두 사람이나 전적으로 소수의 사람들에서 찾아야"[11] 한다고 말한다. 플라톤에게 바른 정체는 한 사람이나 소수를 상정하는 일인정체이며, 민주정체보다는 군주정체에 더 가깝다.

그러나 설령 철인왕이 대중과 구별되는 특별한 능력을 지닌다고 주장해도, 현실 정치를 살펴보면 왕이 혼자서 통치하는 것은 아니다. 통치자를 뒷받침하는 통치 집단이 필요하다. 뛰어난 통치자도 다른 정치인들과 대화하면서 협력과 조언을 구하게 된다. 이때 "한 나라의 왕에게 능히 조언할 수 있는 사람은 그가 누구든 간에, 통치자 자신이 소유해야만 하는 지식을 지니고 있다고"[12] 인정해야 한다.

철인왕에게 조언할 만한 능력을 지닌 자는 철인왕과 동일한 반열이며, 소수만 획득하는 왕도적 치술을 체득한 사람이다. 이들이 지닌 통치술은 인식적 기술로서 판단 기능뿐만 아니라 명령과 지시 기능도 지닌

아주 오래된 질문들

다. 지시하고 명령하고 관장하는 기술을 살아 있는 인간에게 사용하면, 그것이 통치술이다.

생명체를 관장하는 기술에 통치술을 직접 적용한 것이 비근하게는 출생과 양육trophē이다. 국가를 염두에 두면, 개인 양육이 아니라 집단 양육이 된다. 그런데 양육 기술은 말이나 소의 양육에도 적용되므로, 인간에게만 한정시키려면 다시 양육술과 통치술을 분리하는 척도가 필요하다.

플라톤은 인간적 차원을 분리하기 위해 '공동의 보살핌epimeleia'과 배려를 통치술에 덧붙인다. 통치술은 "모든 인간사회의 보살핌이며 모든 인간을 두루 통치하는 기술"[13]이다. 이때 보살피는 기술을 사소한 개인적 보살핌으로 오해하면 안 된다. 나라 전체를 염두에 두기 때문에, '국가 업무의 보살핌'을 의미한다.

그렇다면 보살필 내용이 사소한 일인지 아니면 국정과 관련된 일인지를 판단하는 능력이 요구된다. 달리 말하면 공적인 영역과 사적인 영역을 구별하고, 분리하고, 결합하는 능력이다. 플라톤은 이것을 '결합 기술과 분리 기술'[14]로 규정한다. 통치자는 결합과 분리 능력을 지녀야 하며, 결합하고 분리하는 인식적 지식이 통치술이다. 결합과 분리 능력으로 국사를 적절하고 정확하게 해내는 일이 중요한 이유는 정치 현장이 지닌 변수들 때문이다. 통치자는 변수들이 낳는 모호함을 반영하여 '지나침hyperbolē과 모자람elleipsis', '깊과 짧음', 종에 따르는 '유사성과 차이'를 제대로 판가름할 수 있어야 한다. 이런 판가름 능력이 바로 '측정술metrētikē'이다.

최고 통치술을 발휘하려면 판단, 명령, 관장하고 보살피는 능력과 더불어 지식을 분석하고 종합하는 '결합과 분리 능력'이 요구된다. 그 능력을 단계적으로 실천하는 측정술을 갖추면, 남다른 통치자가 된다. 통치자는 "한층 더 변증술에 능해지도록"[15] 높은 단계의 교육을 받고 그것을 완수해야 한다. 철인왕의 최종 조건은 변증술을 탁월하게 습득하는 것이다.

왕에게 요구되는 변증술은, 플라톤이 철학자의 마지막 관문으로 요구하는 것이기도 하다. 어린이들은 동일한 시스템에서 교육을 시작하지만, 진리를 탐구하는 철학자가 되려면 마지막 단계에서 변증술을 체득해야 한다. 변증술 이전 단계인 수사학 내지 웅변술에 머무는 아이는 평범한 정치인이 된다. 그러나 수사학 단계를 넘어 변증술까지 체득하면 철학자가 된다. 철학자를 꿈꾸든 아니면 철인왕을 꿈꾸든, 결국에는 변증술을 배워야 한다.

뛰어난 왕을 꿈꾸는 어린이에게는 측정술과 변증술이 필요하다. 존재 전체의 보편적 원리를 파악하는 '철학자의 방법론'을 체득한 자만이 철인왕 자격을 얻는다. 통치술에서 요구하는 결합과 분리 기술은 정치적 삶을 넘어 '더 선한 삶'으로서 이성적 사색과 관조로 나아가는 철학적 능력이기 때문이다.

그런데 다소 의문이 드는 점이 있다. 정치 행위는 관조적 삶이 아니기 때문에, 왕이 변증술까지 터득할 필요가 있을까? 변증술을 터득해도 정치가로서 삶을 꾸리는데, 왜 철학자 같은 능력이 필요할까? 그래서인지 플라톤은 통치술을 논하는 《정치가》에서 철인왕에게 여타의 왕들과 달리 두 가지를 더 분명하게 요구한다. 첫째는 변증술이고, 둘째는 감각계를 넘어서는 이데아계에 대한 철학적 통찰이다. 다음을 보자.

> 가장 크고 가장 귀한 존재들에는 (…) 그걸 맞추어 능히 만족시킬 수 있는 사람들에 대한 분명한 감각적 영상eidōlon은 없다는 (…) 설명을 주고받을 수 있도록logon dounai kai dexasthai 훈련해야만 하네. 왜냐하면 가장 아름답고 가장 큰 것인 비물질적인 것ta asōmata은 다름 아니라 이성에 의해서만 분명히 보이기 때문이네.[16]

아주 오래된 질문들

결합과 분리 기술을 제대로 발휘하려면, 철인왕의 통치술은 소위 이데아처럼 이성으로만 보이는 것을 파악하는 능력을 갖춰야 하고, 변증술과 순수 지식이라는 철학적 혜안도 지녀야 한다. 왜냐하면 통치자는 '결합과 분리'의 변증법을 사용해 이데아를 향한 철학적 고양과 체계를 보유하게 되는데, 그런 능력과 체계를 보유한 자만이 '나쁜 것들의 종식'을 이룰 수 있기 때문이다. 나쁜 것들의 종식을 위한 통치술의 정점은 철학적 능력이다. 그래서 철인왕 정체의 정점은 철학이다.

철인왕과 달리, 나머지 왕들은 철학자의 능력을 갖추지 않은 통치자다. 플라톤은 철인왕과 나머지 왕들을, 군주정과 전제정을 그런 맥락에서 비교한다. 철학과 정치를 더 긴밀하게 연결하기 위해 플라톤은 보살핌과 정체의 관계를 강조하고, 여기에 '강제적인 것'과 '자발적인 것'의 구분도 도입해 왕들의 차이를 드러낸다. 보살핌을 강제적으로 하느냐, 자발적으로 하느냐에 따라 정체가 달라진다.

정체는 일인정체(왕정, 참주정), 소수에 의한 정체(귀족정, 과두정), 다수통치인 민주정체로 대별된다. 일인정체에서 보살핌이 강제적이면 참주술 tyrannikē이 되고, 자발적이면 '참된 왕도적 통치자'가 된다. 세 가지의 정체는 이렇게 여섯 가지로 나뉘며, 여섯 가지 정체를 능가하는 최고 정체가 철인왕 체제다. '참된 왕도적 통치자'가 다스리는 최고의 단계가 철인왕 체제며, 철학자가 관장하는 국정의 보살핌이다.

어떤 정체든 국정은 강제와 자발성, 가난과 부, 법과 무법을 고려하여 이루어지고, 참된 통치술도 이 세 가지 대립쌍과 연관된다. 그런데 플라톤이 《정치가》에서 이런 주장을 펼쳐나갈 때, 대화 상대자가 갑자기 '법'과 관련해서 심각한 질문을 던진다.

일인이나 소수나 여럿에 의해서, 또는 부나 가난에 의해서, 그리고 강제나 자발성에 의해서 규정되든, 그게 성문법을 갖고 있는 것으로 드러나든, 법이 없는 것으로 드러나든 올바른 것이라고 생각하는가?[17]

질문자는 여기에서 '올바른 것'에 대해 묻고 있다. 그런데 질문 중에 눈에 띄는 대목이 있다. 통치자는 법에 기초하여 다스리므로 성문법을 지켜야 하는데, 질문자는 '성문법이 있든 없든'이라고 말한다. 성문법이 없으면, 법에 기초한 정치가 불가능하고, 그래서 국정 운영이 어려워지는 것이 아닌가? 통치자가 '법률 없이' 국정을 관장하고, '법을 벗어나서' 국정을 보살필 수 있다는 것인가?

평범한 왕이 아니라 '철학자 왕'이 통치해야 한다는 전환점이 바로 여기다. 철인왕은 행정부의 수반이므로, 법률가도 입법가도 아니다. 근대에 형성된 삼권분립에 의하면, 통치자는 입법자나 법학자가 규정한 법률에 기초하여 통치한다. 그런데 '성문법이 있든 없든'이라는 표현은, 법률 없는 통치가 가능하다는 해석을 낳는다. 단도직입적으로 말하면, 철인왕의 통치술은 법률을 넘어선다. 철인왕의 통치술은 '법률 넘어서기'이며, 심하게는 '법률 무시하기'다. 철인왕과 나머지 왕들의 차이도 여기에서 판가름이 난다.

| 철인왕의 통치술

더 좋은 것, 더 바람직한 것과 더 올바른 것을 실현하려면, 철인왕은 보살피는 기술을 발휘해 '국가의 나쁜 것들'을 종식시켜야 한다. 이때 통치의 출발점과 척도는 당연히 '법률'이다. 철인왕도 '준법적'이어야 한다. 그러나 시민의 행복을 '더 좋게' 하려고 하다 보면, 때로는 법률에 명시한 것보다도 더 좋은 기술을 사용해야 하는 상황에 봉착한다. 이때 '준법'을 포기해야 하나? 법률을 도외시해야 하는 상황에서 법률을 따를 수밖에 없다는 것은 양가적 감정을 느끼게 한다.

> 분명한 것은 입법술nomothetikē이 왕도적 치술에 속한다는 것이네. 그러나 최선의 것은 법률이 아니라 지혜를 갖춘meta phronēseōs 왕도적 치자가 우세한 것이네.[18]

통치술은 법률과 분리되지 않지만, 법률이 지닌 한계를 극복하는 통치술의 최선은 법률이 아니라 지혜다. 그렇지만 현실 정치에서 왕이 법률을 초월해 통치하면, 불법적이거나 탈법적이라는 비난을 받을 게 뻔하다. 그래서 이 책의 대화 상대자도 "법률 없이도 다스려야만 한다는 것은 아무래도 듣기 거북스러운 언급"[19]이라는 불만을 곧바로 토로한다. 최고 통치자도 일단은 '준법의 중요성'에서 출발해야 한다. 성문법을 지키는 것은 통치자의 일차 의무이기 때문에, 준법 여부는 탄핵 대상이 된다. 당시에 민의를 대변하면서 통치자를 견제했던 '집정관'에 관한 내용들을 살펴보면, 준법이 얼마나 중요한지를 쉽게 파악할 수 있다.

집정관은 통치자가 임명하거나 투표에 의해 당선되는 것이 아니라, 구성원 전체가 참여하는 제비뽑기에 의해 매년 새롭게 결정된다. 제비를 뽑은 집정관은 전문적으로 정치 훈련을 받은 자가 아니라, 그저 평범한 시민이다. "누구든 법률보다 더 지혜로울 수는 없기"[20] 때문에, 게다가 사욕을 부려 권력을 남용할 수도 있기 때문에, 집정관은 성문법에 따라 통치해야 한다. 임기가 끝나면 새로 제비뽑기를 하는데, 이와 동시에 기존 집정관이 "성문화된 법률이나 조상들의 오랜 관습"[21]에 맞추어 임무를 수행했는지도 검토한다. 만약 위법이나 불법이 발견되면, 시민 누구라도 집정관을 고발해 법정에 세울 수 있다.

이런 아테네에서 일반적으로 칭송받는 두 가지 요소가 있다. 하나는 법률을 어기고 어떤 것을 하려 들면 안 된다는 것이다. 다른 하나는, 그렇게 하는 이는 사형이나 온갖 극형으로 처벌한다는 것이다. 당대 현실을 반영해 《정치가》의 대화 상대자도, 집정관이 "법률과 성문화된 것을 어기고 젊은이들과 노인들을 설득하는 것으로 판명되면, 그를 극형에 처해야만"[22] 한다고 말한다. 준법이 엄중하기 때문에, 성문법을 어기면 '칭송 요소'에 의해 단죄된다. 그렇다면 "성문법이 있든 없든"이라는 말은 엄청나게 위험한 말이다. 위법이나 불법을 단죄하는데, 철인왕이라고 해서 무슨 수로 '법률 무시하기'를 할 수 있겠는가?

그런 상황에서도 철인왕이 준법을 넘어서는 관건은 '더 나은 것', '더 선한 것'에 대한 합의에 달려 있다. 준법과 칭송 요소 때문에, 대중뿐만 아니라 평범한 왕들도 위법 행위를, 즉 보다 더 나은 것을 시도하는 행위를 하지 않을 것이다. 무엇보다도 법은 "자신의 지시에 어긋나게 행하는 것을 전혀 허용하지 않을뿐더러, 설령 그 자신이 지시했던 말보다 더 나은 새로운 어떤 것이 누군가에게 나타날 경우에도"[23] 허용하지 않는다. 법 자체가 새로운 탐구를 금하고 있다. 법의 이런 한계 때문에, 인식적 기술과 관련된 모든 분야에서 발전이 가로막히게 된다.

학교나 군대에서 집단적으로 체력을 단련시키는 조련사를 상상해보자. 조련사는 무수히 많은 학생들을 공동으로 훈련시키기 위해 훈련 질서와 법칙을 만들고, 그 법칙에 따라 일사불란하게 진행한다. 훈련 규칙을 집단에 적용하다 보면, 자연스럽게 개인차를 무시하게 된다. 차이를 반영하려면, 학생들을 개별적으로 지켜봐야 하는데, "누군가가 어떻게 일생을 통해 늘 곁에 지켜 앉아서 한 사람 한 사람에게 그에게 어울리는 것을 정확하게 능히 지시할 수 있게 되겠는가?"[24]

그렇듯이 법칙을 만드는 법률가도 상호 계약 및 정의 규정과 관련해서 각자에게 적합한 입법을 하기는 힘들다. 헌법이나 기본법의 내용을 추상적으로 표현하는 것도 이와 관련이 있다. 인간사는 다양하고 변화무쌍해서 영원한 적용이나 절대적 불변성을 주장하기는 곤란하다. 판례를 중요하게 여기는 것도 그런 맥락에서다. 몇 가지 상황에 비추어봐도 "법nomos은 최선의 것과 가장 올바른 것을 정확히 파악해서 동시에 모든 이들에게 가장 좋은 것을 결코 지시할 수 없"[25]다는 한계를 지닌다. 새로운 변화가 발생할 경우에, 즉각적으로 더 좋은 것을 반영하는 법이 만들어질지도 미지수다.

　법이 한계를 지닌다면 '법 개정'이나 '법률 무시하기'로 나아가야 하는데, 더 좋은 것과 더 나은 세상을 만들기 위한 판단력과 안목을 지닌 자가 필요하다. 플라톤은 옥석을 가리는 능력으로 결합과 분리 기술을 지닌 '철학자의 지혜'를 언급한다. 철학자로 훈련을 받은 통치자는 더 좋은 것, 더 바람직한 것과 더 정의로운 것에 대한 판단력뿐만 아니라, 법률을 능가하는 지혜도 지니고 있다. 철인통치자는 훈련 과정에서 얻게 된 지혜를 발휘하여 '법률 준수하기'와 '법률 넘어서기'를 적절하게 활용한다.

┃
법률을 능가하는 철인왕의 면모

철인왕은 성문법을 벗어나도 된다는 권리를 누가 부여했는가? 무엇이 보장해주는가? 철학자가 되기 위해 감내한 고된 교육과정과, 사색과 관조를 통해 터득한 철학적 지혜다. 그러나 법률 넘어서기나 무시하기는, 현실에 직접 영향을 미치기 때문에 굉장히 예민한 사안이다. 구체적 맥락에서 월권 근거를 제시하면서 설득해 나가야 한다. 플라톤은 통치술을 직조술 및 의술과 비교하고, 의사와 조타수에 비유한다.

의사는 환자를 치료할 때, 처방법 내지 치료법이라는 법을 따른다. 그러나 어떤 상황에서는 환자를 더 좋게 한다는 확신이 서면, 더 좋게 할 목적으로 '처방법을 벗어나서' 치료할 수도 있다. '성문화된 것(처방법)'에 따라 치료하는 것이 원칙이지만, 과학자가 전문 기술을 활용해 신약이나 수술법을 개발하듯이, 의사는 기존의 처방법을 변형하기도 한다. 성문법에 의해서건 아니건 "신체들의 좋음을 위해서ₑₚ' ₐgₐₜₕₒ̄ 더 나쁜 상태로부터 더 나은 상태를 만들어"[26] 환자를 구제할 수 있다는 확신이 서면, 성문화된 것을 벗어나는 시도를 한다.

바다의 조타수도 마찬가지다. 과속하면 자동 정지되는 배를 모는 조타수가 있는데, 어느 날 폭풍우 때문에 항구에 빨리 도착해야 하는 경우를 생각해보자. 그는 폭풍우에서 살아남기 위해 일부러 자동 조절 장치를 고장 내서 목적지에 닿을 수도 있다. 승무원을 살리겠다는 일념으로 기계 조작 법칙을 위반해 전문 기술을 발휘한 그를 비난할 수 있을까? 조타수는 "규칙들을 성문화시키지는 않지만 기술을 법으로 삼음으로써 언제나 배와 선원들의 이익을 지키고 동료들을 구하는 것처럼"[27] 성문화된 항해법을 떠나서도 기술력을 발휘한다.

의사와 조타수는 기술을 지닌 전문가로서 때로는 준법적으로, 때로는 탈법적으로 각자 영역에서 탁월한 능력을 발휘한다. 철인왕의 통치술도 마찬가지다. 성문법과 통치술이 갈등하는 상황이면, 나라를 위기에서 구하고 시민의 삶을 개선시킬 목적으로 성문법을 벗어날 수 있다. 혼란스런 상황을 타개하기 위해 법률을 넘어 "지식과 정의를 사용하고 나라를 구제해서 더 못한 상태로부터 더 나은 상태를 힘닿는 만큼 만드는 한, 우리는 이것이 당시에, 그리고 그와 같은 기준들에 따라서 유일한 바른 정체ₒᵣₜₕ̄ₑ ₚₒₗᵢₜₑᵢₐ라고 말해야만"[28] 한다.

통치자가 평범한 왕이면, 성문법에서 벗어나는 것을 두려워해서 위기를 그대로 겪을 수도 있다. 그러나 철학자로서 통치자는 법률의 한계 앞에서 법률 자체를 문제로 삼는다. 바른 정체는 "법률보다 강한 기술의 힘을 발휘"[29]하여 실현된다. 이때 철인왕은 준법과 탈법을 판가름하는 '측정술'을 사용한다.

이런 논리로 나아가면, 어느 지점에서는 철인왕과 참주를 구별할 수 없는 난점이 생긴다. 참주가 사리사욕으로 법률을 무시해도 똑같은 논리로 방어할 것이기 때문이다. 그래서 플라톤은 '결합과 분리 기술' 내지 '측정술'만으로는 부족하다고 판단해, 철인왕의 통치술에 두 가지를 더 덧붙인다. '엮는 기술'과 '훌륭함'이다.

모든 것을 적시에 판단하고 상황에 맞게 지시를 내리려면, 확실하게 '사리사욕을 던져' 버리고서 엮는 기술, 즉 '잘 엮는 기술'이 필요하다. 철인왕이 엮는 것은 인간사이기 때문에 '인간들을 훌륭하게 엮는 것'을 의미한다. 훌륭함은 영혼 기능을 제대로 발휘할 때 실현된다. 영혼은 이성, 기개와 욕망이라는 세 능력을 지니는데, 세 기능이 조화를 이루어 제대로 작동하면 영혼의 탁월함 내지 영혼의 덕이 발휘된다. 영혼의 덕에는 구체적으로 지혜, 용기, 절제, 정의가 있고, 덕을 탁월하게 실현하는 것이 훌륭한 영혼이다. 철인왕은 영혼을 훌륭하게 실현한다. 반면 참주에게는 훌륭함이 없고, 그래서 엮는 기술도 부족하다.

인간이면 누구나 덕을 지니며, 덕들 간에 우호적 관계를 형성한다. 그러나 구체적인 삶은 복잡하고 변수가 많고 변화무쌍해서, 때로는 똑같은 행동인데 다른 평가를 내리기도 한다. 상황과 변수 때문에 우호적인 덕들끼리도 충돌한다. 용기와 절제는 어떤 경우에는 반목하며, 양자 사이에 형성된 친밀함에 의해 판단 정도와 경계가 달라진다.

"이런 성질들 사이의 불일치는 적어도 사소한 일이긴 하지만, 가장 중대한 일과 관련해서는 (…) 가장 몹쓸 우환nosos으로"[30] 되기도 한다. 그러므로 통치자는 우환을 낳는 사람들, 무지와 비천한 성향을 지닌 사람들을 교육에 의해, 즉 보살핌과 배려에 의해 '고상한 방향'으로 이끌어야 한다. 비천함과 고상함이 동시에 펼쳐지는 곳이라면, 양자를 더욱 더 잘 엮어어야 한다. 거칠음과 유약함도 마찬가지다. 이것들을 용기와 절제를 지닌 성품으로 계발하고, 양자가 활성화된 곳에서는 씨실과 날실처럼 조화롭게 엮어야 한다.

그래서 플라톤은 철학자의 지식과 방법에 비추어서 조심스럽게 질문을 던진다. 국정과 시민들을 더 잘 보살피기 위해 "정녕 법이 가장 바른 것이 아닐진대, 무엇 때문에 구태여 법을 제정할 필요가 있겠는가?"[31] 이 대목에서는 파스칼의 플라톤 해석이 옳은 듯하다. 철학자는 '정신병원 규칙'에 연연해할 필요가 없다. 그런데 왜 굳이 정신병원 규칙을 따르는 왕이 되려고 하는가? 실제로 일어났던 사건을 고려하면, 국가의 '모든 나쁜 것들'을 근본적으로 종식시켜야만 소크라테스 같은 억울한 죽음이 생기지 않으며, 그럴 만한 능력을 지닌 자는 철학자이기 때문이다.

어쨌든 철인왕으로서 관건은 법률 넘어서기 내지 법률 무시하기이며, '결합과 분리 기술'로서 '측정술'뿐만 아니라 '엮는 기술과 훌륭함'도 지니는가의 여부다. 이 모든 능력을 계발하는 고된 교육과정을 견뎌내는 자가 바로 철학자다. 그러므로 철학자가 왕이 된 정체만이 '모든 나쁜 것들의 종식'을 기대할 수 있다.

I
야인으로 물러나는 철학자

법률도 초월하게 하는 철학자의 통치술로서 '엮는 기술과 훌륭함'은 그 능력을 획득하는 게 쉽지 않고, 진리와 정의라는 철학적 지식도 전제한

아주 오래된 질문들

다. 뛰어난 철학자가 되는 것이 어렵듯이, 철인왕의 통치술을 획득하는 것도 마찬가지로 어렵다.

그러므로 대립되는 것들을 잘 엮어 " '아름다운 것들과 올바른 것들', 그리고 훌륭한 것들 및 이것들과 반대되는 것들에 대한 확신을 동반한 참된 판단이 혼들 안에 생기게"[32] 하는 것은 아무에게나 가능한 일은 아니다. 다수 대중이 도달하기 어려운 단계라서, 남달리 탁월한 능력을 지닌 자를 기다려야 한다. 그런 이유에서 플라톤은 일인정체가 바람직하며, 다수가 다스리는 민주정체는 철학자를 실존적 위험에 빠트린다고 주장한다.

근대에 들어서면, 어중간한 입장을 취하는 플라톤에게 반대하는 만민평등 사상이 정립된다. 루소는 자연권적인 보편 인권과 존엄성을 주장한다. 누구라도 교육을 받으면 계몽될 수 있다. 칸트는 한발 더 나아가 "민중이 스스로를 계몽하는 것은 오히려 가능한 일이다. 실제로 민중에게 자유만 허용된다면 계몽은 거의 확실히 이루어질 수 있다"[33]고 천명한다. 민중들끼리도 계몽이 가능하므로, 남달리 특별한 철인왕을 기다릴 필요가 없다.

칸트가 《순수이성비판》을 쓴 것도 보편적 가능성을 논증하기 위해서다. 그는, 기존 철학자들이 대중과 괴리되는 독단론과 회의론만을 양산했다고 평가하면서, 사변철학자들이 "대중에까지 도달해서 대중의 확신에 최소의 영향이라도 일찍이 끼친 일이 있었던가?"[34]라고 반문한다. 그러면서 그는 '이성 비판'을 시도하고 대중들에게 그의 철학적 여행에 동참할 것을 권한다. 대중이 대중을 깨우칠 수 있는 여지를 보여준다.

"만일 독자가 이 비판의 길을 나와 함께 편력하는 호의와 인내를 가졌다면, 그리고 이 좁은 길을 대로大路로 만들고자 기여할 것을 아끼지 않는다면, 독자는 많은 세기가 걸렸어도 성취되지 못했던 일이, 현 세기가 지나가기 전에 달성되지나 않나 하는 판단을 할 수 있을 것이다."[35]

독자에게 같이 편력하기를 권하는 칸트의 비판적 방법은 "좁은 길을 대로로" 만들겠다는 의지에서 나오며, 이것은 만민평등 사상을 철학적으로 표현한 것이다. 이로 인해 철학자와 대중의 구분은 사라진다. 전문가와 비전문가를 구별하기는 하지만, 교육과 계몽의 가능성은 누구에게나 열려있다. 대중 누구나 전문 철학자가 될 수 있다.

더불어 칸트는 철학자와 대중을 분리하는 플라톤을 비판한다. 플라톤은 감각계를 무시하며, 소수 철학자만 이데아계로 진입시키고, 대중을 감각계라는 미몽의 동굴에서 벗어나지 못해서 철학자가 되지 못한 즉, 통치자가 되지 못한 존재로 보기 때문이다. 그러나 칸트는 오히려 감각계를 인식의 근간으로 삼는다. 가령 비둘기가 자유롭게 날아가려면 감각계에 존재하는 '공기의 저항'이 필요한데, 플라톤은 바보스럽게도―이데아계처럼―공기 저항을 없앤 진공 상태에서 비둘기가 더 잘 난다고 착각한다고 비판한다. 플라톤은 "이념의 날개에 의탁依託하여 감성계를 떠나 피안彼岸에 즉 순수오성의 진공 중에 감히 뛰어 들어갔다."[36]

칸트의 이러한 플라톤 비판은 인식적 기술을 다루는 정치 전문가 내지 법학 전문가에게도 동일하게 적용할 수 있다. 칸트의 대로(넓은 길)를 따라가면, 통치자와 대중의 간극, 소수와 다수의 구별이 자연스럽게 극복되기 때문이다. 아렌트H. Arendt는 좁은 길을 대로로 만들어서 전문가와 대중, 철인왕과 대중의 위계를 타파한 칸트 때문에 정치 철학에서 흥미로운 변화가―아렌트의 입장에서는 걱정스러운 변화가―일어났다고 주장한다.

"정치에 대한 철학자의 관심이 사라지는 것이다. 철학자는 정치에 대해 어떠한 특별한 관심도 갖지 않는다. 철학자에게는 어떠한 자기이해도 존재하지 않으므로 자신을 다수로부터 보호할 헌법이나 권력에 대한 어떠한 주장도 하지 않는다."[37]

아렌트는 철학자가 더 이상 통치할 필요가 없고 통치에 대한 관심도 사라지는 것에 대해 우려한다. 철학자는 철학자로 남아 있고, 통치자는 철학자가 아닌 그저 통치자로만 존재하는 이분법이 그녀가 보기에는 후유증을 낳기 때문이다. 그러나 칸트에게 통치자와 철학자는 다르게 특화된 역량을 지닌다. 그에게는 "국왕이 철학자와 같이 사색하고 철학자가 국왕과 같이 된다는 것은 기대할 수도 없고, 또한 바람직한 일도 아니다. 왜냐하면 권력의 소유는 불가피하게 자유로운 이성의 판단을 방해하기 때문이다."[38]

그렇다고 해서 특별한 사람만 통치자가 될 수 있다는 의미는 아니다. 대중 누구라도 교육과 계몽의 과정을 거치면, 통치력을 획득한다. 단지 이성 능력을 서로 다른 인식적 기술을 획득하는 데 사용하여 서로 다른 분야의 전문가가 되는 것일 뿐이다. 결과적으로 철학자와 통치자는 상대 영역을 마음대로 넘봐서는 안 되고, 철학자가 권력을 탐하면 오히려 철학적 관조와 성찰에 방해가 된다.

플라톤 이래로 철학자가 지녔던 정치적 영향력은 칸트에 의해 사라지는가? 아렌트의 우려와 달리, 칸트에게도 철학자의 정치적 역할이 나타난다. 그는 후기 역사철학 논문에서, 비록 철학자가 통치자는 아니지만, 통치자는 철학자의 말에 '귀를 기울여야' 한다고 주장한다. 왕이 철학자의 말을 '경청'해야 한다는 주장은 알렉산더 대왕을 가르쳤던 고대의 아리스토텔레스가 이미 오래전에 천명했다. 근대철학자 칸트는 아리스토텔레스 주장에 만민평등의 관점까지 덧붙여서 '통치자의 경청'을 강조한다.

철학자의 말을 '경청'해야 한다면, 통치자와 철학자의 관계는 어떻게 구체화되는가? 통치자와 철학자는 어떻게 평등성을 발휘하는가? 칸트는 양자 관계를 '여왕과 시녀'로 비유한다. 통치자는 여왕이고, 철학자는 시녀다. 여왕이 밤길을 나서면, 어둠을 밝히는 '횃불을 든 시녀'가 필요하다. 시녀가 없으면, 여왕은 길을 나서지 못한다. 철학자는 시녀다. 그러나 만약 시녀가 횃불을 잘못 들거나 물웅덩이로 인도하면, 여왕은 진흙탕에 빠지게 된다. 여왕의 행보가 시녀의 횃불에 달려 있다면, 여왕을 이끄는 자는 시녀다. 철학자는 통치자의 시녀지만, 실제로는 통치자를 이끄는 횃불이며 시대정신이다.

칸트는 이것을 국내법뿐만 아니라, 국제법과 세계시민법을 만드는 데도 적용한다. 인류 역사를 발전시키고 세계 평화를 이루려면, 왕에 대한 철학자의 영향력이 필요하다. 통치자가 한 국가의 자유를 실현하려면, 그에 걸맞게 공화제적 법질서를 형성해야 한다. 칸트는 삼권분립에 기초하는 법제도를 지닌 국가를 시민사회이고 문명화된 사회라고 주장한다.

그러나 만약 자국이 공화제적 법질서를 지닌 시민사회여도, 야만 국가가 침입하면 시민사회적 법질서와 평화는 깨지고 만다. 자국의 자유와 법질서를 유지하려면, 다른 국가도 공화제적 법질서를 지닌 시민사회가 되고, 서로를 야만화하지 않는 국제법이 필요하다. 달리 말하면 영원한 평화를 실현하려면, 국제관계에도 법질서가 필요하다. 그러나 국제법은 너무 느슨해서 법을 위반한 국가들을 국내법에서처럼 강력하게 처벌할 수는 없다. 궁여지책으로 칸트는—비록 실효성은 없지만—전 세계가 한 국가처럼 되는 세계시민사회와 세계시민법을 고안해낸다.

문명국의 관계든, 문명국과 야만국의 관계든, 세계 평화를 실현하기 위한 국제법과 세계시민법은 국가 간 법적 조항이다. 칸트는 국가 간의 조항을 예비 조항과 확정 조항으로 구분한다. 예비 조항과 확정 조항은 통치자와 법학자의 소관사이지, 철학자의 소관사는 아니다. 그런데 칸트는 예비 조항과 확정 조항 이외에 '추가 조항과 부록'을 덧붙이고, 추가 조항에다가 '영원한 평화를 위한 비밀 조항'이라는 제목을 붙여준다.

비밀 조항의 내용은 이러하다. "공적인 평화의 실현 가능한 조건에 대한 철학자들의 준칙을 전쟁을 위해 무장한 여러 국가들은 충고로서 받아들여야 한다."[39] 칸트는 철학자에게 왕이 되라고 요구하지는 않지만, 세계 평화를 실현하는 법질서는 철학자의 시대정신에서 나온다고 생각한다. 철학자는 통치자나 법학자는 아니다. 그러나 통치자가 국제법과 세계시민법을 현실화하면서 세계 평화를 실현하려면, 누군가에게 귀를 기울여야 한다. 그 누군가가 바로 철학자다. 왕이 철학자의 충고에 경청해야만, 영원한 세계 평화가 가능해진다.

철학자는 시녀라서 정치 전면에 나서지는 않지만, 시녀를 가장한 여왕의 막후 세력이나 마찬가지다. 비밀조항이기는 하지만, 왕이 철학자의 충고에 귀를 기울여야 한다는 조항의 정당성을 칸트는 이렇게 덧붙인다. "시녀로서의 철학이 횃불을 들고 귀부인들 앞에 서서 가고 있는지, 아니면 귀부인들의 긴 옷자락을 들고 뒤에서 따라가고 있는지"[40]를 똑바로 보라고. 근대에 들어서면, 철인왕은 만민평등으로 인해 정치에 대한 관심을 상실하고 야인으로 돌아간다. 이제 철학자는 여왕의 시녀가 되는 것으로 만족한다. 철학자의 정치적 행위는 예비 조항이나 확정 조항처럼 드러난 실세로서가 아니다. '비밀 조항'으로, 막후에서 영향력을 발휘하는 야인으로서다.

|
인류의 지속 가능한 세계 평화

만민평등의 정신 때문에, 철학자는 야인이 되었다. 그런데 왜 야인으로만 살지 않고, 살짝 고개를 들어 통치자의 막후 세력이기를 자처하는가? 한 국가의 현실 정치 때문이 아니라 미래 세대에도 적용되는 '세계 평화'

를 위해서다. 한 나라의 평화는 세계 평화와 연결되며, 세계 평화는 한 나라의 안정 없이는 불가능하다. 세계 평화는 현재뿐만 아니라 과거와 미래까지 아우르는 유기적 관계 속에서 가능하다.

그러므로 세계사적 관점에서 자유와 행복을 실현하려는 노력이 필요하다. 미래 세대까지 고려하는 지속 가능한 평화를 예비하기 위해, 시대를 통찰하는 지혜를 지닌 자들의 협동이 요구된다. 철학자는 시대정신과 지혜를 왕에게 들려주어 세계 평화가 진흙구덩이에 빠지지 않도록 횃불을 밝힌다. 왕은 횃불의 도움을 받아 세계의 마차를 앞으로 끌고 나간다. 철학자의 역할과 관련된 칸트의 세계사적 조망은 역사철학의 체계와 필연성을 정립한 헤겔에게도 그대로 이어진다.

사람들은 누구나 마구잡이로 살지 않는다. 개인이 목적을 지닌 존재로서 미래를 꿈꾸듯이, 공동체도 목적 지향적으로 움직인다. 세계 평화의 꿈이 인류를 관통하여 진행되는 것이 세계사이고, 우리는 세계사적 관점에서 역사의 진보를 기대한다. 그 속에서 철학자는 야인이지만, 미래로 이어지는 세계사적 발전과 진보를 고민하는 야인이다.

이렇게 세계시민사회를 기획한 칸트보다 더 분명하게 진보사관을 천명하고, 발전의 원리와 필연성을 법적으로 체계화한 사람은 헤겔이다. 역사 발전의 척도는 자유의 실현인데, 자유는 추상적이기 때문에 구체적으로 그리고 객관적으로 펼쳐내는 과정이 필요하다. 자유의 구체화는 공동체의 법과 제도를 통해 가능된다. 공화제적 법질서를 기준으로 시민사회의 발전을 논하는 칸트처럼, 헤겔도 인륜적 국가의 헌법과 법제도를 통해 역사 발전을 규정한다.

헤겔이 저술한 《법철학》에서 자유의 보편적 실현은 한 사람만 자유로운 정체에서 모두가 자유로운 법체계를 지닌 정체로 나아감으로써 가능하다. 자유의 객관화는 절대 권력을 지닌 한 사람의 의지에 의해서가 아니라, 헌법과 제도라는 객관적 법에 의해서다. 만민평등과 보편적 자유는 국내법과 국제법을 통해 정립된다. 한 국가의 구성원이 자유를 제대로 실현하려면, 국가 간에 적용되는 국제법이 동시에 필요하다. 전 세계인에게 영향을 미치는 국제법은 일시에 만들어지는 것이 아니므로, 세계사의 전개 과정을 겪게 된다.

헌법과 법제도를 통해 자유의 필연성을 세계사적 맥락에서 논증하는 헤겔도 철학자를 통치자로 내세우지는 않는다. 철학자는 그저 평범한 한 시민으로서 현실에 관심을 갖고서 시대를 묵묵하게 겪어나간다. 역사의 한 자락에서 시대의 아들로 자유가 보편적으로 실현되는 과정을 치열하게 지켜본다. 치열한 체험과 조망의 끝에 시대를 관통하는 인륜적 시대 이념을 체계화한다.

철학자는 마치 밤이 되어야만 날아가는 '미네르바의 올빼미'처럼 사후 정리를 한다. 철학자의 사후 정리는 과거 사건들의 체계화 가운데서 시대 이념을 밝히고 미래로 전해준다. 과거와 현재를 성찰하면서 포착한 시대 이념은 반짝이는 샛별처럼 새 시대의 이정표가 된다.

21세기 한국사회를 보자. 헌정 질서 파괴라는 시련을 온몸으로 겪으면서 법적 질서를 회복하고자 하는 촛불 시민들의 묵묵한 행보가 있었다. 시대의 아들과 딸들로서 평범한 철학자 대중들이 과거와 현재의 사건들을 예리하게 주시했다. 그저 한 사람의 시민으로서 철학자 대중들이 겪은 체험과 조망은 뒤이어 등장하는 올빼미의 날갯짓에 의해 새 시대의 이정표가 되고, 세계사적 시대 이념으로 반짝거리고 있다.

이기백

법

철인통치냐 법치냐

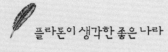

플라톤이 생각한 좋은 나라

플라톤은 특정 계층이 아니라 시민 전체가 최대한 행복한 나라가 좋은
나라라고 보고, 이런 나라의 실현을 위해서는 가장 지혜로운 자인 철학
자가 통치를 해야 하는가, 아니면 법에 의한 통치가 이루어져야 하는가
를 중요한 문제로 다룬다. 이 문제는 그의《국가》와《정치가》및《법률》
을 관통하는 주요 주제 중 하나였다.《국가》에서 그는 좋은 나라의 실현
을 위해 법률도 중요하지만 무엇보다도 통치자의 지혜가 중요하다고 여
겨 이른바 철인통치론을 제시한다. 그리고 저술 시기상으로《국가》와
《법률》사이의 작품인《정치가》에서는《국가》에서처럼 통치자의 지혜
를 무엇보다도 중시하면서도, 한편으로 지혜에 의한 통치의 의미와 한계
를 드러내고, 다른 한편으론 법의 한계와 불가피성을 밝히고 있다. 그런
가 하면 플라톤의 최후 대화편인《법률》에서는 철인통치의 현실적 한계
를 고려해 법률에 의한 통치를 차선책으로 제시한다. 또한 시민들을 법
에 따르게 하는 데 강제보다는 설득과 권고의 방식을 활용해야 함을 역
설한다.《법률》은 법치의 필요성과 아울러 통치자나 정치가와 시민의 소
통의 중요성을 일깨워주는 것으로 볼 수 있다. 오늘날에도 그의 견해는
여전히 의미 있게 여겨진다. 사실 우리는 법치와 소통의 중요성을 우리
의 현대사 속에서 절감하곤 하지 않았던가?

I
소크라테스의 죽음에서 시작된 플라톤의 철학

플라톤은 대내외적으로 격변의 시대를 살았다. 그는 대외적으로 펠로폰 네소스 전쟁 시기에 태어나서 아테네가 그 전쟁에 패하는 현실을 보게 된다. 그리고 대내적으로는 여러 정변을 목격하고, 그가 큰 기대를 가졌던 민주정 정권 때는 그가 보기에 "가장 훌륭하고 가장 지혜로우며 가장 정의로운 사람"인 소크라테스가 불경죄로 처형되는 현실을 안타깝게 지켜본다. 그 후 그는 한창 나이에 가졌던 정치가의 꿈을 접고 아테네의 암울한 현실을 타파할 수 있는 근본적인 대책을 강구하고자 한다. 이를 위해 그가 선택한 것이 철학자의 길이다. 이런 점에서 플라톤의 철학은 소크라테스의 죽음에서 시작된다고 할 수 있다.

그는 현실과 무관한 이데아론으로 관념적인 사변의 세계에 빠져 있는 듯 오해받기도 하지만 그의 관심의 중심은 늘 현실에 있었다. 그의 형이상학적인 이론들도 결국 현실을 근원적으로 통찰하고 개선하려는 노력의 일환이었다. 이를 단적으로 잘 보여주는 것이 동굴의 비유다. 이 비유에서 그는 철학자들이 동굴 바깥에서 좋음의 이데아를 본 후에는 동굴속의 현실세계로 내려가야 한다고 역설한다. 그러니까 그의 철학은 현실에서 출발해서 결국 현실로 돌아온다. 그의 정치철학은 이런 현실적 관심의 소산이었다.

그의 정치철학의 핵심을 담고 있는 대표적인 대화편으로는《국가》와 《정치가》및《법률》을 꼽을 수 있다. 플라톤은《국가》에서 철인왕의 통치, 다시 말해서 철인통치자가 지닌 지혜(지식)에 의한 통치를 내세운다. 그 다음《정치가》에서는 사실상 철인왕과 같은 왕도적 치자가 지닌 지식에 의한 통치를 바른 정체로 제시하면서도, 법에 의한 통치와 지식에 의한 통치를 분명히 대비시킬 뿐 아니라 양쪽 통치 방식의 장단점도 드러내 준다. 그런데《법률》에서는 철인왕이나 왕도적 치자에 의한 '인치' 대신 '법치'를 택하고, 시민들을 법에 따르게 하는 데 최대한 설득과 권고의 과정을 거쳐야 함을 역설한다. 이러한 변화를 어떻게 보아야 하는가에 대해 논란이 있는데, 이와 관련해서는《법률》의 현실국가론이 "이상국가의 원칙을 유지하면서 그 원칙을 현실의 조건 위에서 구현하고자 하는 현실구제론으로서 플라톤 정치철학의 실천적 유연성을 보여주는 것이다"(이정호, 2013, 463)라는 견해가 주목할 만하다.

┃
좋은 나라와 철인통치

플라톤은《국가》에서 시민 전체가 최대한 행복한 나라, 다시 말해 '완벽하게 좋은 나라'(427e)를 그리며, 이런 나라를 '아름다운 나라kallipolis'(527c)라고 부르기도 한다. 그러면 그가 말한 아름다운 나라는 어떻게 실현될 수 있을까? 좋은 나라를 실현하기 위해 그가 제시한 한 가지 방법은 나라를 정의롭게 만드는 것이다. 이는 남녀 구분 없이 시민들이 성향에 따라 각자에게 맞는 한 가지 일ergon에 종사하는 것이다.(423d) 그의 견해에 따르면, 정의dikiosynē란 세 계층, 즉 통치자 계층, 군인 계층, 생산자 계층이 각기 '제 할 일을 하는 상태oikeiopragia'다.(434b-c) 그런데 그는 각 부류가 제 할 일을 제대로 하려면 각기 고유한 덕을 닦아야 한다고 본다. 곧 통치자 계층은 지혜sophia를, 생산자 계층은 절제sophrosynē를, 이 두 계층 사이에 위치하는 군인 계층은 용기andreia를 닦아야 한다고 말한다.

또한 플라톤은 좋은 나라의 실현을 위해 수호자들의 권력에 대한 일종의 견제 장치로 가혹한 조치를 강구한다. 즉 생산자 계층을 제외한 수호자들은 "어떤 사유 자산도 가져서는 안 되고"(416d), 남녀 수호자들 서로 남편이나 아내를 공유하고 자식도 공유해야 한다는 것을 법으로 제정해야 한다는 것이다.(457d-e) 이는 권력을 쥔 수호자들이 권력을 남용해 사리사욕을 채우고 국사를 소홀할 수 있는 여지를 원천적으로 차단하기 위한 조치라 할 수 있다. 플라톤은 교육, 양육, 남편이나 아내를 소유하는 것이나 혼인 또는 출산 등, 이런 모든 것이, '친구들의 것들은 공동의 것이다'라는 속담대로 이루어져야 한다고 본다.(423e-424a)

그런데 좋은 나라의 실현을 위해 플라톤이 무엇보다 중시한 것은 통치자의 지혜다. 이런 생각은 이른바 '철인통치론'을 통해 분명히 드러난다. 그는 철학자들이 통치자들로 되거나 현재의 통치자들이 철학자들로 되어야 한다는 신념을 다음과 같이 표현한다.

> 철학자들이 나라들에 있어서 군왕들로서 다스리거나, 아니면 현재 이른바 군왕 또는 최고 권력자들로 불리는 이들이 진실로 그리고 충분히 철학을 하게 되지 않는 한, 그리하여 이게 즉 정치권력과 철학이 한데 합쳐지는 한편으로, 다양한 성향들이 지금처럼 그 둘 중의 어느 한쪽으로 따로따로 향해가는 상태가 강제적으로나마 저지되지 않는 한, 여보게나 글라우콘, 나라들에 있어서, 아니 내 생각으로는, 인류에게 있어서도 악들의 종식은 없다네. (《국가》 5권 473c-d)

이처럼 플라톤은 정치권력과 철학이 합쳐져서 정치가 지혜에 의해 이뤄지기를 간절히 열망한다. 다시 말해 그는 하나의 나라, 즉 아름다운 나라가 실현되려면 무엇보다 지혜로운 통치자에 의한 통치가 이루어져야 한다고 여기고, 그래서 통치자 교육에 큰 관심을 기울인다. 그리고 그는 장차 통치자가 될 자들을 최종적으로 좋음의 이데아를 볼 수 있도록 교육해야 한다고 본다.

> 그러니까 나라의 수립자들인 우리가 할 일은 가장 훌륭한 성향을 지닌 자들로 하여금 앞서 우리가 가장 중요한 것이라고 말한 배움에 이르도록, 그래서 좋음을 보게끔 그 오르막을 오르지 않을 수 없도록 하되, 이들이 일단 이 길에 올라 충분히 보게 되면, 이제 이들이 허용받고 있는 걸 이들에게 더 이상 허용하지 않는 것일세. (…) 바로 거기에 머물러 있으려 할 뿐, 저들 죄수들 곁으로 다시 내려가서katabainein 저들과 함께 노고와 명예를, 이게 다소 하찮은 것이건 대단한 것이건 간에, 나누어 가지려 하지 않는 걸 더 이상 허용하지 않는다는 것이네. (《국가》 519c-d)

통치할 자들은 동굴 밖으로 나가 좋음의 이데아를 봄으로써 최고의 앎을 얻어야 한다. 이 이데아는 "장차 사적으로나 공적으로나 슬기롭게 행하고자 하는 자가 보아야만 하는 것"(517c)이지만, 이것을 인식한다고 해서 동굴 속 동료 죄수들 곁으로 내려가려는 의지가 저절로 생기는 것은 아니라고 플라톤은 보고 있다. 좋음의 이데아를 바라보며 사색을 즐기며 행복해할 철학자들에게 다시 동료 죄수들 곁으로 내려가서 통치자의 길로 들어서도록 '강제'를 한다. 그리하여 그들은 사유재산과 가정이 허용되지 않을 뿐 아니라 순수하게 철학에만 몰입할 자유도 허용되지 않는다. 아무래도 그들에게는 너무도 가혹한 길이 놓여 있는 것으로 보인다.

이와 관련해 플라톤은 "우리의 이 나라에서 철학자들이 된 사람들로 하여금 다른 사람들을 보살피고 지켜주도록 우리가 강요한다고 해서, 우리가 이들에게 올바르지 못한 짓을 하게 되는 건 아니다"(520a)고 말한다. "마치 벌떼 사이에서 지도자들이나 왕들로 여러분을 탄생시켜서는,

아주 오래된 질문들

여느 시민들보다도 더 훌륭하고 완벽하게 교육을 받게 했으며, 또한 양쪽 생활 다에 더 잘 관여할 수 있도록 했소. 그러므로 여러분은 여느 시민들과의 동거를 위해 각자가 번갈아 내려가서는, 어두운 것들을 보는 데 익숙해져야만 하오"(520b-c)라고 말한다. 앞서 그는 "이 나라를 수립함에 있어서 유념하고 있는 것은 우리의 어느 한 집단이 특히 행복하게 되도록 하는 게 아니라, 시민 전체가 최대한으로 행복해지도록 하는 것이다"(420b)라고 말한 바도 있다. 그리고 그는 "훌륭한 사람들이 정작 통치하려는 마음을 갖게 되려면 그들에겐 어떤 강제나 벌이 가해지지 않으면 안 된다. (…) 스스로 통치하려는 마음을 갖지 않을 경우, 그에 대한 최대의 벌은 자기보다 못한 사람한테 통치를 당하는 것이다. 훌륭한 사람들이 정작 통치를 맡게될 때는, 그런 벌을 두려워해서 맡은 것으로 내겐 보인다"(347c)고 말하기도 한다.

그런데 플라톤이 그려본 좋은 나라는 현실적으로 실현 가능할까? 그는 '좋은 나라의 본paradeigma'을 논의를 통해 만든 것이지(5권 472e), 그것이 그대로 실현될 수 있음을 밝히려 한 것은 아니라고 한다.(472d) 그는 "그 나라는 지상의 그 어디에도 존재하지 않을 것이다"라는 말에 수긍을 한다.(592b) 그래서 그는 "우리가 논의를 통해서 자세히 말한 것들이 완전히 '실제로' 실현되는 걸 보여줘야만 된다고 내게 강요하지는 말라"며, "한 나라가 어떻게 하면 언급된 것들에 가장 가깝게 다스려질 것인지 우리가 알아낼 수만 있다면", 이로써 만족해야 한다는 것이다.(473a-b) 그러니까 플라톤의 이상국가가 현실에 그대로 실현가능한가를 묻는 것은 적절하지 않고, 그보다는 그 국가를 본으로 삼아 어떻게 그것에 최대한 가까운 나라를 만들 것인가에 관심을 기울여야 한다는 것이다.

Ⅰ
철인통치와 법치의 문제

철인통치자는 좋음의 이데아를 봄으로써 최고의 앎을 가진 자로 지식에 의해, 즉 "이 나라 전체와 관련해서 어떤 방식으로 이 나라가 대내적으로 그리고 다른 나라들과 가장 잘 지낼 수 있을 것인지를 결정해줄 그런 지식"에 의해 통치한다.(428d) 철인통치자에 의한 정치체제는 통치자가 한 사람일 때는 왕도정체basileia라 불릴 수 있고, 여럿일 때는 최선자정체 aristokratia라 불릴 수 있는 것이다.(445d) 플라톤은 이 정치체제가 점진적으로 쇠퇴됨에 따라 네 가지 정체가 나오게 된다고 본다. 최선자정체(왕도정체)→명예정체→과두정체→민주정체→참주정체.

더 나아가《국가》에서의 입법의 문제를 살펴보자. 일반적으로《국가》는 법에 의한 통치보다는 통치자의 지혜에 의한 통치가 조명을 받곤 한다. 그리고 일반적으로 통치의 측면에서《국가》와《법률》의 큰 차이는 통치자의 지혜에 의한 통치냐 법치냐의 여부에 있는 것으로 이해된다. 이는 플라톤의 정치철학을 이해하는 주요한 틀이다. 하지만《국가》에 나타난, 이상 국가에서 법은 사실상 별다른 역할을 못한다고 보는 것은 적절하지 않다. 사실 이런 유의 인식은 널리 퍼져 있는 편이지만,《국가》에서도 철인왕의 통치와 관련해 법률은 분명 중요한 기능을 갖고 있어서 결코 소홀히 다뤄져서는 안 될 것으로 보인다.

《국가》에서 법의 중요성을 보여주는 것은 4권과 7권의 두 대목을 비교해보면 단적으로 알 수 있다. 그 두 부분에서는 나라의 수립자이며 입법자의 위치에서 논하고 있는 소크라테스가, 통치자들(수호자들)이 행복하게 삶을 영위할 수 없게 만들고 있다는 반박에 맞서 다음과 같이 말한다.

(1) 우리가 이 나라를 수립함에 있어서 유념하고 있는 것은 우리의 어느 한 집단이 특히 행복하게 되도록 하는 게 아니라, 시민 전체가 최대한으로 행복해지도록 하는 것이다. (4권 420b)

(2) 여보게, 자넨 또 잊었네. 법nomos은 이런 것에, 즉 나라에 있어서 어느 한 부류가 각별하게 잘 지내도록 하는 것에 관심을 갖는 게 아니라, 온 나라 안에 이것이 실현되도록 강구하는 데 관심을 갖는다는 걸 말일세. (7권 519e)

이 두 대목은 같은 성격의 문제 제기에 표현만 다르지 사실상 같은 대답을 하고 있는 것이다. 여기서 주목되는 것은 두 대목에서 시민 전체의 행복이 나라의 목표로 제시되고, 그 목표의 실현이 법의 관심사로 언급되고 있다는 것이다. 이런 점에서 볼 때《국가》에서도 법은 나라의 목표 실현에 큰 기능을 하는 것으로 볼 수 있다.

소크라테스는, 말로써 입법과정을 거쳐 수립된 나라가 "올바르게 수립된 것이라면, 이것은 완벽하게 좋은 나라일 것이다"라고 말하고, "이 나라가 지혜롭고 용기 있으며 절제 있고 또한 정의로울 것이라는 건 아주 분명하다"고 역설한다(427e). 그러니까 그가 제정하려 했던 법들은 지혜, 용기, 절제, 정의라는 덕을 실현하기 위한 것이라 할 수 있다. 그리고 이런 덕들의 실현은 결국 시민들 전체의 행복을 위한 것이다.

《국가》에서는 지혜로운 철인의 통치, 혹은 철인통치자의 지혜에 의한 통치를 크게 부각시키지만 법 제정의 중요성을 간과하지는 않는다. 그러나 지혜에 의한 통치와 법적 통치, 혹은 지혜와 법의 차이가 분명하게 논의되지는 않는다. 이와 관련된 논의는《정치가》에서 이루어진다.

I
바른 정체로서의 왕도정체

플라톤은《정치가》에서 현실의 정체들이 통치자의 수, 강제성이나 자발성, 가난이나 부, 준법과 무법을 기준으로 여섯 가지 정체들 즉, 군왕정체과 참주정체, 귀족정체와 과두정체, 준법적 민주정체와 무법적(불법적) 민주정체 등으로 구분한다.(291d-292a, 302c-303b) 그리고 그는 그런 기준 중 어떤 것에 의해 어떤 정체가 '바른 정체orthē politeia'인지를 판가름 할 수 있는지 묻는다.(292a) 그는 바른 정체의 기준이 소수도 다수도, 자발성도 강제성도, 가난도 부도 아니고 지식이라고 본다.(292c) 그는 준법도 무법도 그 기준이 못 된다고 여긴다. 그러니까 자발적인 이들을 통치하든 마지 못해 하는 이들을 통치하든, 성문법에 따라 통치하든 성문법 없이 통치하든, 부자들이 통치하든 가난한 사람이 통치하든 이에 관계없이, 기술 technē 혹은 지식epistēmē에 의해서 통치하는 이들을(293a), 다시 말해 단지 아는 듯이 보이는 것이 아니라 참으로 알면서 통치하는 자들을 발견할 수 있는 정체가 유일하게 바른 정체라는 것이다.(293c)

더 나아가 플라톤은 기술 혹은 지식에 의해 통치하는 자들과 관련해 다음과 같이 말한다. "나라가 좋게 되도록 그들이 어떤 사람들을 죽이거나 추방해서 나라를 정화하든, 혹은 거류민들을 벌떼처럼 어디론가 내보내서 나라를 더 작게 만들든, 혹은 나라 밖 어디에선가 다른 어떤 사람들을 유입시켜 시민들로 만들어 나라를 확장하든, 지식과 정의로움을 이용하여 나라를 보존하며 더 못한 상태에서 가능한 한 더 나은 상태로 만드는 그런 한에서 그리고 그런 기준들에 따라 오직 이런 정체만이 바른 정체라고 우리는 말해야 한다"는 것이다.(293d-e) 이는 지식에 의해 나라를 더 나은 상태로 만드는 한 시민들에 대한 통치자의 어떤 통치 행위도 용

아주 오래된 질문들

인해야 한다는 것이다. 이런 정치체제는 《국가》에서 제시된 철인통치체제, 즉 최선자정체를 떠올리게 한다.

그런데 《정치가》에서는 지식에 의한 통치에 대해 제기될 수 있는 주요 반론들에 대해 스스로 답변하고 있어서 흥미롭다. 플라톤은 지식에 의해 나라를 더 나은 상태로 만드는 정체를, '자발적인 이들을 통치하든 마지못해 하는 이들을 통치하든', '성문법에 따라 통치하든 성문법 없이 통치하든', 이와 상관없이 바른 정체로 규정한 것과 관련해 두 가지 반론에 답한다. 그 하나는 법률에 구애받지 않고 통치하는 것이 옳은가 하는 것이고, 다른 하나는 법률을 어기며 시민들에게 더 좋은 것을 "자발적으로 받아들이도록 설득하지 않고 강제하는 것이 옳은가" 하는 것이다.

첫째 "법률 없이 통치해야 한다는 말은 수긍하기 몹시 힘들다"(293e)는 반론에 대해, 플라톤은 "최선의 것은 법률nomoi이 아니라 분별phronēsis을 갖춘 왕도적 통치자basilikos anēr가 힘을 갖는 것임"(294a)을 밝힌다. 그가 제시하는 근거는 "법은 모두에게 동시에 가장 좋은 것과 가장 정의로운 것을 엄밀하게 파악해서 가장 좋은 것을 지시할 수 없다"는 것이다. 왜냐하면 "사람들도 다르고 그들의 행위들도 다르며, 인간 세상의 일들 거의 모두가 결코 고정되어 있지 않다는 점에서, 어떤 기술도 어떤 경우에든 모든 것과 관련해서 모든 시간에 걸쳐 절대적인 것을 제시할 수 없기 때문이다."(294a-b) 법이란 그런 것이지만, 마치 고집스럽고 우직한 사람처럼, 아무도 자신의 명령에 어긋나게 행하지 못하게 하고, 새로운 어떤 것이 누군가에게 더 좋은 것으로 드러나더라도 아무도 묻지 못하게 한다고 그는 지적한다.(294b-c)

결국 입법가는 무리의 사람들 모두에게 한꺼번에 명령을 내림으로써, 한 사람 한 사람에게 정확히 적합한 것to prosēkon을 할당할 수는 없고, 많은 사람에게 대개의 경우 적합한 것을 법으로 제정할 뿐이라는 게 플라톤의 생각이다.(294e-295a) 그러니까 한 사람 한 사람에게 '정확히 적합한 것'을 명령할 수 있는 통치가 이뤄지려면 법에 구애받지 않고 지식에 의해 통치하는 것이 필요하다는 뜻이다.

둘째, 지식에 의한 통치체제와 관련한 또 하나의 반론에 대해 살펴보기로 하자. 플라톤은 "만일 누군가가 설득을 하지 않고 더 좋은 것을 강요한다면, 이 강요의 이름이 무엇인지"를 묻는다.(296b) 그리고 기술을 제대로 가진 어떤 의사가 환자를 설득하지 않고서 이전의 치료지침을 어기며 더 좋은 것을 하도록 강요하는 경우를 상정한다. 플라톤은 이런 강요는 건강을 해치고 기술에 어긋난 것으로서 건강을 해치는 잘못이라기보다는 오히려 그 반대라고 본다.(296b) 이와 마찬가지로, 시민들이 성문법들과 조상 전례의 관습을 어기며 더 정의롭고 더 좋고 더 아름다운 것들을 하도록 강요받을 경우, 적어도 그들이 강요하는 이들에 의해 부끄럽고 부정의하며 나쁜 일을 당했다고 말해선 안 된다고 한다.(296d) 오히려 만일 강요하는 이가 어떤 조건을 갖고 있든 그가 이로운 일들symphora을 한다면, 이것이 나라를 위한 바른 나라 경영의 가장 참된 기준이어야 한다는 것이 플라톤의 생각이다(296e). 요컨대 플라톤에 의하면, 분별 있는 통치자들이 하나의 중대한 것을 지키는 한, 즉 지성과 기술에 의해 가장 정의로운 것을 언제나 나라 안에 있는 이들에게 분배해줌으로써 그들을 구제하고 가능한 한 더 못한 상태에서 더 나은 상태로 만들 수 있다면, 그들에게는 잘못이 없다는 것이다.(297a-b)

이처럼 플라톤은 지식(기술)에 의한 통치체제를 유일하게 가장 바른 정체라고 본다. 이 정체는 "최선의 것은 법률이 아니라 지혜를 갖춘 왕도적 통치자가 힘을 갖는 것이다"(294a)라는 원칙에 입각한 것이라면, 차선의 정체는 "누구도 법률보다 더 지혜롭지 않음에 틀림없다"(299c)는 원칙에 입각한 것이다. 이 원칙은 좀더 길게 표현되기도 한다. "나라 안에 있는 사람들 중 누구도 법률을 어기고 어떤 것을 하려 들어서는 안 되며, 그렇게 하려 드는 자는 사형이나 온갖 극형에 처해야 한다"(297e)는 것이다.

더 나아가 그는 지식에 의한 통치체제, 즉 바른 정체를 제쳐두고서, 현실의 여섯 정체체제의 가치 서열을 매긴다. 그는 법에 따른 통치가 법을 어기는 통치보다 좋다고 보고, 또한 법에 따른 통치들 가운데는 일인통치, 소수통치, 다수통치 순으로 좋다고 여긴다. 반면에 법을 어긴 통치들의 경우는 그 역순으로 좋다고 본다.(291d-292a, 302c-303b) 이를 도표로 나타내면 다음과 같다.

	통치자 수	법적 통치	무법 통치
기존의 정체 (현실의 정체)	일인통치	(1) 군왕정체	(6) 참주정체
	소수통치	(2) 귀족정체	(5) 과두정체
	다수통치	(3) 민주정체	(4) 민주정체
바른 정체 (이상적 정체)	왕도정체		

* ( ) 속의 숫자는 기존의 정체들 중 최상에서 최악까지의 서열이다.

플라톤은 법에 따라 통치하는 일인 정체를 군왕정체basilikē라 일컫고, 이것을 '으뜸가고 가장 좋은 정체'로 여긴다. 이는 일곱째 정체인 바른 정체를 제쳐두고 말하는 것이다. 그는 바른 정체를, 마치 신을 인간들에서 따로 떼어내듯, 나머지 여섯 정체에서 따로 떼어낸다.(303b) 그리고 왕도정체를 제외한 현실의 여럿 정체들에 관여하는 사람들 가운데, 지식을 자진 자를 제외한 모든 사람을 정치가들이 아니라 당파적인 인간들, 최대의 사기꾼들, 최대의 소피스트들이라 칭하며 부정적 인식을 드러낸다.(303b-c)

플라톤이 《정치가》에서 정체들을 분류한 것은 《국가》에서의 분류와 비교되곤 한다.《정치가》에서와는 달리《국가》에서는 '최선자 정체'가 점진적으로 쇠퇴함에 따라 명예정체, 과두정체, 민주정체, 참주정체 등으로 된다고 한다. 그러니까 민주정체의 위상에 변화가 보인다.《정치가》에서는 민주정체를 과두정체보다는 더 나은 것으로 보았다는 것이다. 그리고 이 대화편에서는《국가》의 최선자 정체에 상응하는 것으로 볼 수 있는 왕도정체를, 마치 신을 인간들에서 분리하듯이, 현실의 정체들에서 분리한다는 점이 주목된다. 이는 왕도적 정체가 현실에 그대로 실현될 수는 없다는 생각을《국가》보다 더 분명히 들어낸 것으로 보인다.

| 왕도적 통치와 법치의 문제

왕도정체와 관련해서는 자칫 오해를 할 수 있는 점이 있어서, 그 점을 분명히 하는 게 좋을 것 같다. 앞서 살펴보았듯이, 이 정체는 "최선의 것은 법률이 아니라 지혜를 갖춘 왕도적 치자가 힘을 갖는 것이다"(294a)라는 원칙에 입각해 있다. 왜냐하면 입법가는 "한 사람 한 사람에게 정확히 적합한 것을 할당할 수는 없고, 많은 사람에게 대개의 경우 적합한 것을 법으로 제정할 뿐이기 때문이다.(294e-295a) 그러면 왕도정체는 법 없이 통치자의 지식에 의해서만 통치하는 체제인가? 플라톤이 이런 생각을 가졌던 것으로 보는 것은 적절하지 않다.《국가》의 철인통치가 오직 철학자의 지혜에 의해서만 이루어지는 것이 아니고 법치도 병행한 것처럼,《정치가》의 왕도적 치술도 마찬가지다.

　《정치가》에서 플라톤은 지식에 의한 통치가 최선이라고 보지만, 모든 경우에 이런 통치가 가능하다고 보지는 않는다. 적어도 바른 정체에서도 입법은 중요한 일이다. 플라톤은 "법률이 아니라 지혜를 갖춘 왕도적 치자가 힘을 갖는 것"이 최선이라는 언급에 앞서 "어떤 점에서 분명한 것은 입법술이 왕도적 치술에 속한다는 것이다"(294a)라고 말하고 있음을 주목할 필요가 있다. 또한 그는 정치술(왕도적 치술)이 "법률과 나라에서의 모든 일을 보살핀다"(305e)고 말하는가 하면, '법에 따라 교육과 양육을 하는 사람들'의 역할도 중시한다.(308e)

또한 플라톤은 "정녕 법이 가장 바른 것이 아님에도 불구하고, 도대체무엇 때문에 법을 제정할 수밖에 없는 것인가?"를 묻고 그 이유를 설명하고 있는 점도 주목해보아야 한다.(294c-d) 그는 입법의 불가피성을 "누군가가 어떻게 일생을 통해 늘 각자의 곁에 지켜 앉아서 그에게 적합한 것을 정확하게 능히 지시할 수 있게 되겠는가?"하는 물음을 통해 역설하는 것으로 보인다.(295a-b)

그러니까 플라톤은《국가》에서 철인통치자를 내세우면서도 입법의 중요성을 간과하지 않은 것처럼,《정치가》에서도 그 점을 분명히 보여준다. 그는 이 두 대화편에서 기본적으로 법에 의한 통치를 수용하지만, 기존의 법이 더 좋은 것이나 가장 좋은 것을 지시하지 못하는 경우에 한에서 법을 넘어 지시하고 통치하는 것을 용인했음을 볼 수 있다. 이를테면 의사가 해외출장을 가면서 환자들에게 치료 지침을 써주었는데, 계획보다 일찍 돌아와서 보니 환자의 상태가 달라졌다면, 의사로서는 자신이 써준 지침—이것은 법에 비유된 것이다—을 고수하기보다는 그 지침과 다른 처방을 하는 것이 옳다는 것이 그의 생각이기 때문이다.(295b-296a)

플라톤은《국가》에서처럼《정치가》에서 지혜로운 통치자의 통치를 내세우면서도, 한편으로 그런 통치의 의미와 한계를 분명히 보여주고, 다른 한편으로 법의 한계와 불가피성을 밝히고 있는 점에서《국가》보다 진전된 논의를 담고 있다. 그러나《정치가》에서는 지식을 가진 통치자가 법을 어기고 시민들을 설득하지 않더라도 더 좋은 것을 강요한다면, 이는 정당하다는 논리까지 펴고 있다. 다음으로 살펴볼《법률》은 법에 의한 통치를 내세울 뿐 아니라 시민들을 법에 따르게 하는 데도 강요보다는 설득을 중시한다는 점에서 주목된다.

I
인치에서 법치로

《법률》에서 플라톤은 요람에서 무덤까지 세세하게 법 제정을 한다. 그리고 관직의 종류들을 구분하고 선출 방식을 제시하는 등 현실적으로 한 나라를 운영하는 데 필요한 모든 사항을 고려한 듯이 보인다. 물론《국가》에서도 법 제정의 중요성을 인정하긴 했으나, 어디까지나 철인통치자의 지혜나 지식에 의한 통치를 일차적으로 중시한 것으로 볼 수 있다. 이 점은《정치가》에서도 마찬가지로 보인다. 특히 이 대화편에서는 지혜로운 통치자가 자신의 지혜와 법이 불일치할 때 법에 구애를 받지 않고 시민들 각자에게 적합한 것을 지시할 수 있어야 한다는 통치관을 보여준다.

그러나《법률》에서 그는 지혜를 가진 통치자라 하더라도 절대 권력을 가질 경우 언제까지나 공공의 이익을 추구하고 사익을 멀리하리라는 보장이 없다고 본다.(875b) 그리고 혹 신적인 섭리에 의해 지혜롭고 언제나 공공의 이익을 추구할 수 있는 통치자가 출현해 통치를 한다면 최선일 테지만, 그런 통치자는 현실적으로 어디에도 없다는 것이 플라톤의 생각이다.(875d) 그래서 그는 지혜에 의한 통치 대신 법에 의한 통치를 차선책으로 택한다. 법률이 모든 경우를 다 살피지는 못하고 대부분의 경우만을 살필 수 있을 뿐이지만 말이다.(875d)《정치가》에서의 표현을 빌리면, 이제 그는 "최선의 것은 법률이 아니라 지혜를 갖춘 왕도적 치자가 힘을 갖는 것이다"(294a)라는 원칙 대신에 "누구도 법률보다 더 지혜롭지 않음에 틀림없다"(299c)는 원칙을 차선책으로 택하는 셈이다.

하지만 도입부에서 인용했듯이《국가》나《정치가》와 비교되는《법률》의 현실국가론은 "이상국가의 원칙을 유지하면서 그 원칙을 현실의 조건 위에서 구현하고자 하는" 것으로 볼 수 있다. 플라톤은 나라에 적어도 지성이나 지식이 실현되어야 한다는 원칙이나 이념만큼은 변함없이 유지한다. 다만《법률》에서는 현실적인 조건을 고려해서 그 원칙을 법을 통해 실현하고자 하는 것이다.

이 점은 적어도 두 가지 측면에서 분명히 알 수 있다. 그 하나는《법률》에서 법이 '지성의 분배dianomē'로 언급되고 있다는 것이다.(714a) 다른 하나는 입법의 목표 중 하나로 지성(분별)을 내세우고 있다는 것이다. 여기서 지성―이것과 분별, 지식, 지혜 등을 플라톤은 동의어처럼 교체적으로 사용한다―을 법에 반영하여 나라에 지성이 실현되도록 해야 한다는 플라톤의 생각을 읽을 수 있다. 그러니까 그는 철인통치사상에 함축되어 있는 두 측면, 즉 '인치'란 측면과 '지혜의 실현'이란 측면과 관련해서,《법률》에서는 뒤엣것은 유지시키되, 앞엣것은 포기한 것으로 볼 수 있다. 그는 인치에 의해 사익을 추구하고 권력을 남용할 여지를 현실적으로 크게 염려해서, 통치자를 비롯한 나라의 관리들과 관련해 "법이 관리들의 주인이고 관리들은 법의 노예인 나라"(715d)를 지향한다. 곧 그는 '인치'에 의해 지성을 실현하기보다는 '법치'에 의해 지성을 실현하는 쪽을 택한 것이다.

방금 플라톤이 지성의 실현을 입법의 목표로 보았다고 말했는데, 이와 관련해 좀더 살펴보자.《국가》에서와 유사하게 플라톤은《법률》1권에서도 네 가지 덕을 입법의 목표로 제시한다. 그리고 이 대화편에서는《국가》에서 언급된 지혜에 상응하는 지성(분별)을 네 가지 덕들 가운데 서열상 으뜸가는 것으로 보고, 지성이 입법의 궁극적 목표가 되어야 한다고 본다.(631c-d) 더 나아가 3권에서는 입법의 목표로 분별(지성)과 아울러 자유, 우애도 언급한다. 그리고 이 세 가지 목표를 실현할 수 있는 정체체제로 플라톤은 민주정체와 일인정체 사이에 적도適度; to metrion 혹은 중용mesotēs를 유지하는 정치체제, 즉 이른바 혼합정체를 내세운다. 시민들을 완전한 예속 상태로 이끄는 일인 전제정체도, 시민들을 완전한 자유로 몰아간 아테네의 민주정체도 그런 목표를 실현할 수 없다고 보기 때문이다. 혼합정체에 대해서는 다른 지면을 통해서 논하기로 하고, 다만 여기서는 플라톤이 말한 법에 의해 통치가 이루어지는 혼합정체가 권력의 균형과 견제를 고려한 정치체제임을 지적해둔다. 그런데 인치보다 법치를 택한 플라톤에게는 시민들을 어떻게 법에 복종하도록 만드는가 하는 문제가 큰 고심 거리였던 것으로 보인다.

I
강요에서 설득으로

2장 1절에서 살펴보았듯이,《정치가》에서는 시민들이 더 정의롭고 더 좋고 더 아름다운 것들을 하도록 강요받을 경우, 적어도 그들이 강요하는 이들에 의해 부끄럽고 부정의하며 나쁜 일을 당했다고는 말해선 안 된다고 한다.(296d) 오히려 만일 강요하는 이가 어떤 조건을 갖고 있든 그가 이로운 일들을 한다면, 이것이 나라의 바른 경영의 가장 참된 기준이어야 한다는 것이 플라톤의 생각이었다.(296e) 그러나 《법률》에서는 강요가 아니라 설득에 의한 통치가 중시된다.

플라톤은 《법률》에서 요람에서 무덤까지 인간의 삶 전반과 관련해서 법을 제정하고, 이를 통해 나라 안에 분별과 자유와 우정이 있게 되도록 하고자 한다. 그런데 입법의 목표가 아무리 훌륭하더라도 시민들이 법에 자발적으로 복종하고자 하지 않는다면 그 목표는 제대로 실현될 수 없을 것이다. 더구나 자유와 우애를 실현하려는 플라톤으로서는 시민들이 법에 복종하도록 하는 데 강요나 강제보다는 그들의 자발성을 이끌어내는 일이 더없이 중요하다고 보았다. 하지만 법이라는 것은 기본적으로 강제성을 지니는 것이 아닌가?

따라서 플라톤은 어떤 식으로 시민들을 법에 복종하게 할 것인가 하는 문제로 고심했던 것으로 보인다. 플라톤 이전에 이에 대한 답은 강제였지만, 그는 설득의 방식이 적극적으로 활용되어야 한다고 본다. 그의 생각은 전통적인 방식과 달리 법 전체 앞에 그리고 개별 법조문들 앞에 설득과 권고의 성격을 지니는 전문前文 혹은 서곡prooimion을 두어야 한다는 제안에 잘 담겨 있다. 그는 전문의 필요성을 분명히 하기 위해 의사의 비유를 든다. 그는 두 종류의 의사, 즉 자유인 의사와 노예 의사의 진료 방식을 비교하고, 이를 통해 시민들을 어떻게 법에 복종하게 할 것인지를 밝히고자 한다.

《법률》의 등장인물인 아테네인은 먼저 노예 의사들에 대해 언급한다. 노예 의사들은 그들의 주인인 자유인 의사들의 지시를 따르면서 단순히 관찰과 경험에 의해 기술을 획득할 뿐이지 제대로 된 교육을 통해 본질적으로 기술을 획득하지는 못한다는 점을 지적하고(720b), 그들의 진료 방식을 소개한다.

> 노예의사들은 누구도 각 가내노예들의 질병 하나하나에 대해 어떤 설명을 해주지도 않고 들어주지도 않습니다. 그러면서 정확한 지식을 가지기라도 한 듯 참주처럼 자신만만하게 경험에 비추어 판단한 것을 각자에게 처방해주고는 서둘러 앓고 있는 다른 가내 노예에게로 가버립니다.(4권 720c)

반면 자유인 의사는 다음과 같이 진료를 한다고 한다.

그는 질병들을 초기 상태부터 본질적으로 면밀히 살펴보고, 환자 자신뿐 아
니라 그의 친구들과 상담을 해서 질병에 걸린 자들로부터 스스로 뭔가를 배
우는 동시에 할 수 있는 한 환자를 가르치기까지 합니다. 그리고 어떻게든 환
자를 설득할 때까지는 처방을 내리는 법이 없습니다. 설득을 통해 환자가 온
순해져서 의사의 말을 계속 잘 따르도록 만들어놓고서야 환자의 건강을 회복
시키는 일을 완수하려 들겠지요?(4권 720d-e)

그러니까 노예 의사는 제대로 의술을 익히지 못한 자로서, 설득 과정
없이 일방적으로 처방을 내리는 강제적 진료 방식을 취한다는 것이다.
반면에 자유인 의사는 진정으로 의술을 익혔으며 강제 대신 설득을 중시
하는 자로서, 환자 쪽의 이야기를 충분히 듣고 질병의 원인을 밝혀 설명
해주고 환자의 동의를 얻어낸 후에 처방을 한다는 것이다. 여기서 의사
들과 환자의 관계는 입법가와 시민의 관계를 나타내고, 노예의사의 일방
적인 진료 방식은 법조문만을 나열하는 전통적 입법 방식을 비유한 것이
라면, 자유인 의사의 진료방식은 강제적 성격의 법조항 앞에 설득을 위
한 전문을 두는 새로운 입법 방식을 비유한 것이다.

자유인 의사의 설득 방식에 대해서는 추가적인 언급도 있다.(9권 857d-e)
거기서는 자유인 의사가 "철학하는 것에 가깝게 논증들을 이용하여' 환
자를 '치료하는 것이 아니라 거의 교육함"으로써 치료에 동의하도록 한
다고 언급된다. 자유인 의사의 비유는 법의 전문을 어떻게 작성해야 하
는가, 다시 말해 시민들을 어떻게 법에 복종하도록 할 것인가에 대한 본
보기를 보여주는 것이다. 플라톤은 법 조문에 의한 강제보다는 전문을
통해 시민들과 철학적 논의하듯 하며 교육을 시켜 법에 복종하도록 설득

아주 오래된 질문들

해야 한다는 것이다. 그런데 자유인 의사의 설득 모델은《법률》에 나오는 전문들에 그대로 엄격하게 반영되었는가에 대해서는 논란이 있다. 전문들을 보면 플라톤은 오직 논리적인 논증들을 이용한 이성적 설득만 시도하지는 않는다. 그는 설득 대상의 성향에 따라 이성적 설득을 시도하기도 하고, 칭찬과 비난을 이용하거나 종교적, 관습적 믿음들을 이용해 감성적 설득을 시도하기도 한다.

|
플라톤의 정치철학의 의미

《국가》나《정치가》에서는 시민들이 행복을 누리는 좋은 나라를 지혜로운 통치자―철인왕이나 왕도적 치자―의 지혜에 의해 실현하고자 한다. 플라톤이 법의 중요성을 인식하지 못한 것은 아니지만, 어디까지나 지혜로운 통치자의 지혜나 지식에 의한 통치를 일차적으로 중시하고, 또한 때로 법을 넘어서는 통치 행위도 용인한 것으로 볼 수 있다. 그러나 《법률》에서는 법치와 시민의 자발적 복종을 크게 중시한다. 이러한 변화 속에서 주목할 점은, 그가《국가》나《정치가》에서 내세운 '지혜로운 통치자의 통치'란 이념에서 '인치'의 측면은 포기하고, '지혜의 실현'이라는 측면은 최대한 보존하려 했다는 것이다. 요컨대 그는 인치 대신 법치에 의해 나라에 지혜가 구현되게 하고자 했다는 것이다.

　　플라톤의 정치철학은 오늘날에도 여전히 음미해봄직한 측면들을 갖고 있다. 그가《국가》에서 왜 철인왕에 의한 통치와 처자나 자산의 공유와 같은 혁신적인 제안을 했는가도 곱씹어볼 만하지만,《법률》에서 인치보다 법치를 역설하고, 법에 의한 통치를 할 때도 강제보다는 최대한 시민들을 설득하고 권고하는 노력이 필요함을 역설하는 점도 주목할 만하다. 법치는 오늘날 민주국가에서는 상식으로 되어 있는 것이지만, 여전히 인치의 유혹을 물리치지 못하는 통치자들이 생기곤 한다는 점에서 플라톤의 법치론은 오늘날에도 의미 있게 다가온다. 그리고 시민들을 최대한 설득해야 한다는 플라톤의 역설도 통치자가 어떻게 시민들과 소통해야 하는가 하는 문제와 연관해 오늘날 새롭게 주목받고 있다. 최근에 마이클 샌델의 《정의란 무엇인가》가 국내에게 큰 주목을 받았다. 샌델은 통치나 정치체제의 목적이 시민들의 행복, 즉 좋은 삶에 있다고 보는 아리스토텔레스의 견해를 적극적으로 지지하며, 어떤 삶이 좋은 삶인가 하는 문제를 정치철학적 문제로 크게 부각시킨다. 그런데 그런 견해의 원조는 사실 플라톤이라는 점이 아직 널리 알려져 있지 않은 것 같다.

— 한 길 석 —

평등

정치적 평등 혹은
무지배로서의 이소노미아

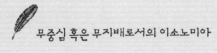

무중심 혹은 무지배로서의 이소노미아

고대 그리스어로 평등을 의미하는 '이소노미아isonomia'는 우리가 알고 있
는 오늘날의 평등과는 다르다. 과거의 평등에 대한 이해를 통해, 평등이
분배의 문제로 축소되지 않게 구현하려는 정치적 상상력이 필요하다. 우
선 민주적 엘리트라 하더라도 엘리트 중심의 통치술에서 벗어나야 한다.
여기서 '지배없는 민주주의'의 가능성을 구체적으로 타진할 수 있다. 그
것은 '이소노미아의 재발견'에서 가능하다. 헤로도토스의《역사》에 묘
사된 이소노미아를 통해, 플라톤이 말하는 공동 보살핌의 통치술의 논리
로부터 생명정치의 의미를 끄집어낼 수 있다. 시민들이 정치적 주체로
깨어나는 것 자체가 이소노미아의 실현이다. 오늘날의 현대 사회 속에서
지배가 아닌 평등의 정치를 통해, 우리는 무력하게 고립된 개인이 아니
라 스스로 결정할 수 있는 시민의 모습에 조금씩 가까워질 수 있다.

I
지배 없는 민주주의

안타깝지만 평등은 동아시아 전통에서는 희박한 정치적 개념이다. 그렇기 때문에 평등에 대해 이야기하려면 아무래도 서양 문명을 낳은 고대 그리스의 전통에 의존할 수밖에 없다. 희랍어로 평등은 흔히 '이소노미아isonomia'로 이해된다. 그러나 이소노미아는 우리들이 이해하고 있는 평등과는 다른 함축적인 개념이다.

우리에게 평등은 대체로 사회경제적 차원에서의 동등성으로 이해된다. 그러다 보니 평등이라는 화두를 제시하면 우선 경제적 성과물의 사회적 분배라는 문제로 관심이 모이게 된다. 하지만 평등의 문제는 경제적 분배의 문제로 환원되지만은 않는다. 물론 경제적 불평등을 시정하는 사회적 제도의 확립이라는 문제가 중요하지 않다는 말은 아니다. 오히려 금권정치화*가 농후해지는 현대자본주의 사회에서 '평등=분배적 차별의 시정'이라는 관점은 더욱 중요하게 부각된다. 하지만 평등을 분배의 문제로 축소시킬 때 그것에 관한 정치적 상상력은 '경제적 구속으로부터의 해방'을 가능하게 하는 '통치 조직'의 건립으로 환원된다. 제2차 세계대전 이후 확산된 사회국가Sozialstaat 모델은 바로 이러한 빈곤한 상상력의 결과물이었다.

사회국가 모델의 핵심 주장을 거칠게 요약하면 '경제의 민주적 통제'가 될 것이다. 그런데 이 주장대로 운영되었던 몇몇 국가들은 놀랍게도 신자유주의적 금권정치의 길을 가고 말았다. 왜 이렇게 되었을까? 적극

---

* 경제력이 있는 소수의 부유한 계층이 지배하는 정치

적 분배의 정치가 왜 신자유주의적 착취의 사회로 귀결된 것일까? 좌파 엘리트들의 배신 때문일까? 중도 노선의 기만성 때문일까? 평등의 재건은 배신자들의 정책을 일소하고 사회국가 모델로 회귀한다면 이루어낼 수 있는 것일까?

오늘의 정치적 난국이 단순히 '좋았던 과거'를 되살리는 '사회국가 강화'로 해소될 수만은 없다. 평등에 대한 사회국가의 고려는 '시민의 평등이란 경제의 민주적 통제 조직을 마련함으로써 이룩될 수 있다'는 수준에 머무는 경우가 많기 때문이다. 이는 평등의 문제를 통치의 영역에 국한하는 것이다. 평등이 '경제적 분배'를 위한 해방의 문제에 머물 때, 평등의 위기에 대한 해소는 '몫의 분배'를 뒷받침하는 지배 권력 강화의 문제로 곧잘 오인된다. 여러 사회국가들은 이러한 통치성의 틀에서 벗어나지 못했다. 통치는 거의 언제나 엘리트의 지배를 낳는다. 민주주의 원칙하에 사회국가의 분배 조직을 운영한 나라들도 예외는 아니다. 지배의 속성을 지닌다는 점에서는 민주적 엘리트도 마찬가지다. '민주적' 통치 엘리트의 맨 얼굴이 드러날 때 아연해질 이유는 없는 것이다.

그렇다면 통치성에서 벗어난, 즉 '지배 없는 민주주의'는 가능할까? 나는 그것이 '이소노미아의 재발견'이라는 작업과 함께 시작될 수 있다고 생각한다. 민주적 통치의 현재를 이소노미아적 전통의 파편을 가지고 구제할 때, 어쩌면 우리는 민주주의가 망각했던 정치성을 획득할 수 있을지도 모른다. 따라서 이 작업은 과거에 대한 회상을 중심으로 이루어진다. 그런 사정으로 인해 전통에 대한 찬양이 불가피하게 되었다. 하지만 회상은 복고주의를 위한 것이 아니다. 여기에 '회상된 과거'는 실재했던 과거라기보다는 과거가 꾸었던 꿈이기 때문이다. 그러니 그것은 돌아가야 할 과거가 아니라 앞으로 건립해야 할 과거다. 그런 의미에서 그것은 '오래된 꿈'이자 '오래된 미래'다.

I

자유롭고 평등한 정치 참여, 이소노미아

앞에서 말한 대로 고대 그리스어 이소노미아의 뜻은 평등이다. 어원적으로 '이소노미아isonomia'는 같음, 평등isotes을 의미하는 접두어 'isos'와 법을 의미하는 'nomos'가 결합되어 만들어진 단어다. 문자 그대로의 뜻을 새긴다면 '법 앞에서의 평등' 혹은 '평등의 법'이 된다. 이렇게 뜻을 새기면, 이소노미아는 모든 인간을 평등하게 대우하라는 법의 명령과 연관되는 개념으로 이해된다. 그러나 아렌트는 이와 다른 해석을 제시한다. 이소노미아 혹은 평등을 '법 앞의 평등'으로 해석하는 것에 반대하는 것이다. 그녀는 이소노미아가 법적 평등이 아니라 정치적 평등 혹은 무지배no-rule로 이해되어야 한다고 주장한다. 이게 무슨 말일까?

우리 근대인들은 인간은 누구나 태어날 때부터 평등하다고 생각한다. 그러나 그리스인들의 사고방식에 의하면 인간은 평등하게 태어나지 않았다. 인간은 본래physei 평등하게 태어나지 않으므로 힘과 지략 등에 있어서 차이가 난다는 것이다. 따라서 남들보다 월등한 능력을 지닌 사람들aristoi은 곧잘 타인을 지배하려 든다. 그리고 이것은 인간의 삶을 지배-피지배의 연관으로 타락시킨다. 프로타고라스는 이러한 타락이 정치적 지혜와 기술을 지니지 못한 까닭에 발생한다고 진단했다.[1] 그는 인간이 정치적 지혜와 기술을 통해 정의diké와 염치aidôs라는 미덕을 키우며 살아가지 않으면 폭력이 난무하는 짐승의 세상에 살게 될 것이라고 생각했다.[2] 그렇다면 프로타고라스에게 정치란 인간다운 삶을 가능하게 하는 활동이다. 이런 사고방식은 당대 그리스인들에게 일반적이었다. 아리스토텔레스가 인간을 '정치적 동물'이라고 규정한 것도 당대인의 일반적 사고를 반영한 것이었다. 그런데 정치는 서로 평등하지 않게 태어난 사람들을 동등한 파트너로 대우하는 평등의 공간이 확보됨으로써 이루어진다. 그것이 폴리스다. 즉 그리스인들은 폴리스 안에서만 인간이 인간다운 행위를 할 수 있고, 폴리스 밖의 인간은 지배-피지배의 연관 속에서 고통을 받으며 인간 이하의 삶을 살게 된다고 여겼다.

아테네를 중심으로 한 세계에서 이소노미아라는 말은 민주주의의 원칙과 연관되어 해석되었다. 기원전 5세기의 문헌들에서 발견되는 이소노미아의 용례들이 그것을 뒷받침한다. 당시 이소노미아라는 용어는 주로 민주정의 이념을 표현하는 단어로 사용되었던 것으로 보인다. 하지만 이소노미아가 원래부터 민주정의 이념을 표현하는 용어는 아니었던 것으로 짐작된다. 이소노미아는 이른바 '데모스demos의 지배'가 이루어지던 민주정이 건립되기 이전에 귀족을 중심으로 한 시민층의 정치권력 행사를 정당화하는 개념으로 이해되었던 것이다. 에렌버그V. Ehrenberg는 이소노미아라는 말이 민주정이 등장하기 이전에도 쓰였던 것으로 보이며, 그 말은 일인 권력자에 의한 자의적 지배와 불평등의 강요에 대항한 귀족들aristoi의 연합 방식과 정신을 형용한 개념이라고 했다.

귀족들은 옛 군주들을 제거하고, 대신에 법에 의한 통치를 내세웠다. 그들의 정치적 표어는 '에우노미아eunomia', 즉 '좋은 법 혹은 좋은 질서'였다. 그것의 내용은 지배권의 독점을 막는 법에 의한 통치의 이념으로서의 이소노미아였다. 그러므로 이소노미아=민주정이라는 단순 동일화는 오류의 여지가 있다. 이소노미아의 개념에는 '평민에게 권력이 있다'는 관념 이상의 무엇이 존재한다. 이 용어에는 한 공동체의 지배적 권력의 소유자가 누구여야 하는지를 선포하는 것 이상의 관념, 즉 공동체 구성원들이 모두 자유롭고 평등하게 정치 참여를 할 수 있어야 한다는 생각에 방점을 두고 있다. 폴리스를 이루며 살던 그리스인들은 정도의 차이는 있을지언정 거의 대부분 정치적 지배권을 일방적으로 행사하는 일은

216   아주 오래된 질문들

억제되어야 한다는 것을 금도로 삼았다. 죽어야만 하는 운명을 거스를 수 없는 인간은 제 운명에 허락되지 않는 전능함을 넘봐서는 안 된다고 보았기 때문이다. 물론 그리스 사회에도 전능한 군주가 지배하던 적이 있었다. 하지만 도리아인의 침입으로 인해 기원전 1100년 미케네 문명이 멸망하면서 절대군주는 물론 그리스인들의 기존 터전까지도 말끔히 소멸되었다. 이후의 역사가 어떻게 전개되었는지는 지금도 알 수 없다. 200~300여 년간 지속되었던 긴 공백기를 암흑시대라고 하는데, 이 기간 동안 그리스인들은 이곳저곳으로 흩어져 서로 다른 전통과 문화를 지닌 사람들끼리 모여 새로운 공동체를 건설하여 살기 시작했던 것으로 짐작된다. 이것이 폴리스의 시작이다.

기원전 8세기 말에 이르자 세습적 왕권 통치는 그리스에서 거의 사라졌다. 이후 그리스에서는 군주의 지배권을 억제하려는 풍토가 지배적이었다. 일부 폴리스에서는 군주제를 채택했지만 폴리스 대부분은 과두정*이나 민주정을 정치체제로 삼았다. 폴리스에서 인간은 평등한 시민으로 존재하며, 다른 시민을 지배하려는 정치권력의 독점은 법이 허용하지 않는다는 이소노미아적 정치 원칙이 일반화되었다. 이것은 과두정에서도 예외는 아니었다. 스파르타처럼 정치권력을 행사할 수 있는 귀족과 그렇지 못한 평민 간의 신분적 차등은 존재하기는 했지만, 귀족들 내에서 지배 권력의 독점을 요구하는 자가 나타날 경우에는 결코 관용을 베풀지 않았다.

---

* 소수의 사람이나 집단이 사회의 정치적·경제적 권력을 독점하고 행사하는 정치체제로, 한 명의 군주나 독재자에 권력이 집중된 독재정치나 다수의 사회 구성원에게 권력이 분산된 민주정치와 구분된다.

I
권력 독점의 욕망을 차단하는 법, 노모스

그리스적 관점에서 보면 평등한 관계가 형성되지 않으면 정치는 이루어질 수 없다. 정치는 힘과 폭력을 내세우는 지배 형식이 아니라고 여겨졌기 때문이다. 하지만 앞서 말한 대로 인간사회는 생득적 능력 차이로 인해 강자의 이익이 우선시되는 폭력 사태에 시달린다. 이러한 현실 앞에서 모두를 평등하게 대우하는 폴리스의 공간이 열릴 수 있을까? 평등의 정치적 공간이 열리기 위해서는 이 장소의 존속을 보증해주고, 정치적 공간(공적 영역)과 그렇지 않은 공간(사적 영역)의 경계를 나누는 방벽이 필요하다. 그리스인들은 이 방벽을 법 즉, 노모스nomos라고 했다.

노모스nomos는 인도게르만 어근 '넴nem'에서 비롯한 말이라고 한다. '넴'은 '숲, 목장의 배당이나 분배'를 뜻한다. '나누다'와 '목양하다'라는 뜻을 지닌 그리스어 '네메인nemein'도 여기서 기원한다. 노모스와 같은 어원을 갖는 말로는 '네메시스nemesis'가 있다. 네메시스는 복수의 여신이기도 하지만 숲과 방목을 담당하는 여신이기도 하다.

노모스라는 말은 울타리라는 이미지와 연관된다. 인간은 대지에 울타리를 두름으로써 인간으로서 거주할 수 있는 터전을 만들어낸다. 자기 집안의 터전을 만들다보면 다른 집안과의 갈등이 발생하는 경우가 많다. 아무래도 고대사회는 땅을 둘러싼 분쟁이 첨예했을 것이다. 이러한 갈등은 평화로운 목양이 가능하도록 경계를 지어 해소했을 것이다. 내 것과 네 것, 사유될 수 있는 것과 공유될 수 있는 것을 갈라 나누는 약속을 맺는 것이다. 이 약속은 신성한 것으로 간주된 듯하다. 네메시스라는 신의 이름이 노모스라는 약속에 흔적을 남기고 있으니 말이다. 신성한 약속으로서 노모스의 이행은 누구에게나 동등하게 요구되는 것이다. 만일 제 힘을 믿고 법의 경계를 함부로 어지럽히는 만용hybris을 부린다면 그것이 누구든 복수nemesis의 응당한 몫을 나누어받아야 했을 것이다. 이처럼 노모스는 경계를 침범하는 부당한 힘의 개입에 대해 징벌의 지배권을 행사함으로써 권력 독점의 욕망을 차단한다. 노모스는 인간의 세계, 즉 폴리스에서는 누구도 지배자가 될 수 없으며, 각자가 상대방을 평등한 존재로 대우하게끔 강제한다. 노모스는 동등성isotes의 문화를 지키는 방벽인 것이다.

그리스인들은 법이 폴리스의 방벽이라고 생각했다. 핀다로스는 법이 폴리스의 안전한 기초라고 읊었다. 이러한 생각은 페리클레스의 전몰자 연설에 잘 드러난다. 그는 법이 정치적 업무가 파괴되는 것을 방지한다고 말했다. 즉 시민이 정치적 업무를 잘 수행할 수 있는 이유는 법이 시민들 간의 평등을 보호해주기 때문이라는 것이다. 그래서 헤라클레이토스는 "시민은 성벽을 위해 싸우듯이 법을 위해 싸워야 한다"[3]고 말했다.

앞서 언급했다시피 인간은 내 것과 네 것, 그리고 사적인 것과 공적인 것을 나누는 경계를 설정해 질서를 창설한다. 슈미트C. Schmitt가 《대지의 노모스》에서 말한 대로 "그것은 창설적이며 역사적인 사건, 단순한 법률의 합법성을 처음으로 의미 있는 것으로 만드는" 제헌적 힘이다. 법적 질서를 창설하는 제헌적 활동을 통해 인간은 정치의 공간을 만들어낸다. 그러므로 폴리스는 법이라는 울타리를 통해 형성된 정치의 공간이다. 정치적 공간은 내 것과 네 것, 사적으로 간주되어야 할 것과 공적으로 취급되어야 할 것의 경계를 분명히 하는 법의 울타리를 통해, 그리고 지배권의 남용을 방어하는 방벽으로서의 법을 통해 확보된다. 법의 울타리가 건재할 때 울타리 안에서 온전한 정치적 행위가 이루어질 수 있다. 정치 공동체의 모든 구성원들은 정치적 권력을 행사함에 있어서 남에게 속한 것을 지배하려 들거나 공적인 것을 사취하려고 권력을 행사해서는 안된다. 그러한 행위는 법의 경계를 넘는 일이다. 법은 지배권의 전횡으로 인해 발생한 권력의 불균형을 시정하여 조화를 회복한다. 자의적 권력이 아닌 법의 지배를 통해 질서와 정의가 유지되는 정치적 평등(이소노미아)의 공간, 즉 폴리스가 창출된다. 이렇게 볼 때, 그리스인들에게 법은 정치의 공간을 건립하기 위해 조성되는 선정치적prepolitical 시설물이다. 그들에게 법의 기능은 정치 영역에서 자유와 평등을 향유할 수 있도록 구성원을 해방시키는 것이다. 이처럼 법적 강제의 정당성은 정치적 평등과 자유를 목적으로 할 때 확보된다.

|
정치적 평등의 공간, 폴리스

폴리스는 그리스적 의미의 정치적 활동이 이루어지던 독특한 공간이었다. 그리스에서 정치란 "자유로운 인간들이 서로에 대한 강요나 강제력 혹은 지배 없이, 서로 평등한 관계 속에서 … 모든 공무를 서로 대화하고 설득하"는 활동이다.[4] 그리스적 정치는 성원 사이의 평등과 말의 자유를 통해 이루어졌다. 법의 보호를 통해 폴리스의 구성원이라면 누구든 동등한 시민으로서 대우받으며, 어떤 말이든 자유롭게 할 수 있었다. 아테네인들에게는 명예훼손이나 중상모략을 처벌하는 법률이 없었다. 덕분에 일상생활에서뿐만 아니라 정치 토론에서조차 기탄없이 말할 수 있었다. 전쟁 중에도 예외는 아니었다. 펠로폰네소스 전쟁이 한창일 때도 아리스토파네스는 장군들, 정치가들, 철학자들과 같은 엘리트들을 조소하고 희롱했다.

이처럼 아테네인들은 말의 자유parrhesia를 누리고 있었다. 그리고 말의 자유는 정치적 공간 내에서의 평등의 권리가 법적으로 보장됨으로써 향유되는 것이었다. 그런 의미에서 정치적 평등의 권리로서의 이소노미아는 "본질적으로 평등하게 말할 권리이며, 그 자체는 이세고리아isēgoria와

아주 오래된 질문들

같다."[5] 말의 자유와 평등을 누리기 위해서는 자신과 동등한 사람과 함께 생활할 수 있어야 한다. 노예는 주인에게 결코 자유롭게 말할 수 없으며, 임금은 신민과 함께 말의 자유를 누릴 수 없다. 임금의 말은 사실상 '말'이 아니라 '지배'와 '강제'로 작용하기 때문이다. 이처럼 이소노미아는 정치적 행위의 공간에 참여하는 구성원이라면 누구라도 말의 자유와 평등을 누릴 수 있다는 이념을 표현한다. 따라서 그것은 정치적 행위의 공간과 정치적 실천이 일상적 수준에서 제공되는 환경 없이는 성립될 수 있는 개념이 아니다.

│
평등의 토대, 유동성의 문화와 자기무장 능력

폴리스는 유동성의 문화를 바탕에 둔다. 유동성의 문화는 평등의식의 발전에 기여한다. 기득권 의식은 터전을 간직하고 있는 사람들에 의해 유지되는 경우가 많다. 그러나 폴리스는 살 곳을 잃고 흩어졌다가 다시 모인 사람들이 세운 공간이었다. 따라서 기존에 인정되던 특권이 상대화되는 경우가 많았다. 참주정과 과두제를 선택한 폴리스도 많았지만 정치적 우두머리의 권력을 절대화하는 문화는 그다지 지배적이지 않았다. 대부분의 그리스인들에게 그것은 폴리스 바깥의 정치공동체, 즉 오리엔트 지역의 문화에 속하는 것으로 간주되었다. 폴리스의 구성원들은 신분적 차등이 존재했어도 지배권의 일방적 독점을 허용하지 않으려는 평등의 정치 문화를 유지했다.

가라타니 고진柄谷行人의 추정으로는 평등의 정치문화를 잘 발달시켰던 폴리스는 본토의 그것보다는 이오니아 지역의 폴리스였다고 한다. 바다 건너편으로 진출해 도시국가를 세운 이들은 씨족사회의 혈연적 규제로부터 벗어나 자립적 개인으로서 공동체에 협력하는 문화를 간직했다는 것이다. 고진에 따르면, 이오니아인들은 혈연 공동체의 일원이 아니라 자립적 개인으로서의 정체성을 내세웠기 때문에, 개인의 자립성을 제한하는 공동체의 압력이 거세지면 폴리스의 보호를 거절하고 미개척지로 나가 새로운 폴리스를 건설했다고 한다. 이른바 '절이 싫으면 중이 떠나는' 이오니아의 유동성의 문화는 특권층의 일방적 지배에 저항하는 원천으로 작동하면서 이소노미아의 정치 문화를 강화했다는 것이다.

평등적 정치문화의 물질적 근거는 자기무장 능력에서 찾을 수 있다. 폴리스의 시민들은 모두 무장 능력을 보유했다. 오리엔트 지역의 국가들에서는 왕과 그 주변의 관료 집단이 무력을 독점했지만, 폴리스들에서는 관직에 있는 사람들만이 아니라 일반 평민들도 무장 능력을 소유할 수 있었다. 무장 능력을 보유한 평민들은 여차하면 통치 엘리트들의 전횡에 맞설수 있었다. 이런 이유로 엘리트들은 통치 권력을 함부로 휘두를 수 없었다.

|

이소노미아와 민주주의

전제군주의 일방적 지배를 허용하지 않는 귀족들이 건립한 정치공동체로서 폴리스와 함께 등장한 이소노미아의 문제의식은 훗날 평범한 인민들에 의해 전유되어 민주적 이념을 표현하는 용어가 되었다. 이소노미아가 민주적 이념을 표현하는 것으로 가장 잘 알려진 사례는 헤로도토스 Herodotos의 《역사》다. 헤로도토스는 참주에 대한 반란이 성공한 이후 벌어진, 일곱 명의 페르시아 귀족들의 정치적 논쟁을 소개한다.[6] 귀족 대표자들은 참주가 사라진 나라에서 채택되어야 하는 정치 체제에 대해 논쟁을 주고받는다. 이 가운데 오타네스라는 귀족은 다수의 의견에 의해 국정이

좌우되는 민주제를 주장한다. 그는 '이소노미아'라는 용어를 쓰면서 추첨에 의한 공직 선출과 여론에 의한 정책 결정이 이루어지는 민주정을 주장했다. 반면에 메가비조스는 귀족정을, 다리우스는 일인 군주의 지배가 온당하다고 말한다. 결국 의견을 제시하지 않은 네 명이 다리우스의 주장에 동의함으로써, 귀족정은 물론 평등의 체제를 실현하려 했던 오타네스의 견해도 물리치게 되었다. 논쟁에서 패한 오타네스는 군주제에 반대하지 않는 대신 "자손 대대로 누구의 지배도 받지 않겠다"면서 국외자의 입장에 선다. 이 사건은 기원전 522년에 발생했는데, 오타네스 가문은 80여 년이 흐른 헤로도토스의 시대에서도 여전히 자유 독립의 상태를 견지하면서 왕의 지배를 받지 않았다고 한다.

헤로도토스에게서 이소노미아는 사실상 민주정과 동일한 것으로 묘사되고 있다. 이것은 그가 아테네 민주주의가 정착되었던 시대에 살았기 때문으로 보인다. 아테네 민주정에서 평민들은 귀족들과 동등한 정치적 권력을 지닌 이들로 대우받았다. 그런 의미에서 이소노미아는 민주 체제 하에서의 정치적 평등을 의미했다. 그것은 지배자와 피지배자 간의 구분을 두고자 하는 통치 관계를 부정한다. 그런 의미에서 이소노미아는 무지배no-rule를 의미한다고 할 수 있다. 폴리스의 시민이라면 누구도 지배당하거나 지배할 수 없다는 무지배의 이념은 정치 행위에 참여할 수 있는 시민 자격citizenship을 어느 계층까지 허용할 것인가의 문제와 연관된다. 이소노미아라는 무지배의 이념은 정치적 참여를 동등하게 보장하는 급진적 조치를 통해 성취되었다. 아테네는 이것을 민주정의 건립을 위해 단행한 솔론*, 클레이스테네스 그리고 에피알테스의 개혁으로 이루어냈다.

---

* Solon; 시인이자 장군, 뛰어난 정치가. 기원전 600년 무렵에 활동한 솔론은 고대 그리스의 7현인 가운데 한 사람으로 꼽혔다. 후대에 이르러서는 7현인이 누군가에 대해 수많은 의견이 나와 20여 명이 거론될 정도였지만, 솔론은 탈레스, 피타코스, 비아스와 함께 변하지 않고 포함된 네 사람 가운데 하나였다.

I
아테네의 개혁: 무지배의 체제로서의 민주정

폴리스는 일인 군주제적 문명이 붕괴한 이후 기원전 800년경 그리스 각
지에 등장했다. 폴리스의 성립 이후 그리스 본토의 인구는 급격히 늘어
나기 시작했다. 한정된 농지로는 많은 인구를 부양하기 어려웠다. 몇 조
가리 땅뙈기나 부쳐 먹고 살던 자영농들은 흉년이면 빚을 내어 연명하는
신세가 되었다. 빈부 차는 격심해졌다. 가난을 못 이긴 자유 시민들 중에
는 노예가 되는 길을 선택하는 이도 많았다. 결국 기원전 8세기 무렵, 그
리스는 크게 두 계급으로 쪼개졌다. 한쪽은 많은 땅과 정치적 지배력을
가진 이었고, 다른 쪽은 아무런 정치권력도 없었던 평민이었다. 평민들
은 땅과 재산도 부족했지만 무엇보다도 정치적 행위를 할 수 없어서 귀
족의 전횡에 속수무책으로 당했다. 자영농과 장인 대부분의 삶은 노예와
다르지 않았다. 항상 굶주림에 시달렸고, 늘 귀족들에게 빚을 지며 살았
다. 상인들은 사정이 조금 나았다. 그들은 바다로 나가 해상 무역을 하면
서 새로운 폴리스를 건설했다. 이오니아를 비롯한 해외의 폴리스들은 그
러한 노력의 결과물들이었다. 이오니아의 폴리스들은 지배 권력의 전횡
에서 벗어난 자유로운 분위기 속에서 우수한 문화를 발전시켰다.

세월이 흐를수록 두 계급 간의 갈등은 커져만 갔다. 급기야는 공동체
자체가 해체될 지경에 이르렀다. 아테네도 예외는 아니었다. 아테네는
이러한 위기를 솔론의 개혁으로 해소했다. 기원전 594년의 일이었다. 솔
론은 빚에 몰려 자유 신분을 잃은 이들의 부채를 탕감해주고 그들을 다시
자유인으로 풀어줬다. 또한 자기 몸을 담보로 빚을 내지 못하도록 만드
는 법을 제정했다. 이로 인해 부와 권력을 지닌 이들은 많은 타격을 입고
불만을 품게 되었다. 솔론은 귀족과 평민의 두 계급으로 나뉘었던 종래

의 제도를 없앴다. 그리고 아테네 사람들을 재산에 따라 네 계급으로 나눠 각 계급에 따라 다른 종류의 권리와 의무를 부과했다. 재산이 있는 사람들은 공직에 참여할 수 있었고, 그렇지 못한 사람들은 공직에 참여할 수 없었다. 다만 민회에 참여해 지배권의 전횡을 견제할 수 있었다. 그리고 재판의 배심원으로 활약할 수 있게 했다. 그 결과 귀족 계급의 지배력과 신분적 우월성은 점차 약화되었다.

솔론의 개혁이 곧 민주주의를 의미하는 것은 아니었다. 그러나 그의 개혁으로 인해 아테네에는 정치의 새로운 원칙이 자리 잡게 되었다. 그 것은 평등 혹은 무지배로서의 이소노미아였다. 솔론의 개혁은 선천적으로 정해진 신분으로는 그 누구도 지배하거나 지배당할 수는 없다는 것, 그리고 다른 처지의 구성원들이 서로를 견제할 수 있는 권력을 분점하면서 지배권을 독차지할 수 없다는 이념을 제도화하기 위한 노력이었다. 사람들은 이런 이념 속에서 운영되는 정치체제를 훌륭한 질서의 체제eunomia라고 일컬었다. 그것은 특정 계층의 일방적 지배를 억제하고, 다양한 처지의 구성원들을 정치에 참여하도록 함으로써 공동체의 조화를 유지하는 체제였다. 그런 점에서 솔론의 개혁은 지배권의 전횡과 권력의 독점을 불허하는 이소노미아(무지배)의 정신을 내포한다고 할 수 있다.

하지만 솔론의 개혁은 시민들의 반발과 참주의 등장과 더불어 유야무야되었다. 아테네는 어렵게 얻은 기회를 잃어버리고 수십 년에 걸쳐 일인지배의 시기로 뒷걸음치는 신세가 되고 말았다. 그러나 참주의 암살과 더불어 다시 한 번 기회가 찾아왔다. 클레이스테네스는 개혁의 기회를 놓치지 않았다. 그는 이소노미아의 정신을 민주주의 제도 속에서 구현하는 업적을 남겼다.

클레이스테네스의 개혁은 기원전 504년경에 이루어졌다. 그는 본래 귀족 가문인 알크마이온의 지도자였다. 알크마이온 집안은 다른 귀족 집안들과 정치적으로 대립하고 있었다. 그는 참주 정치 이후 부상한 데모스 계층의 정치적 잠재력에 주목했다. 그리고 자신의 정치적 기반을 귀족이 아니라 데모스$_{dêmos}$*에 두기로 했다. 일반적으로 귀족 세력은 혈연적 유대를 기초로 정치적 지배권을 유지하고 있었다. 그는 귀족 세력의 정치적 토대를 허물어뜨림으로써 대립 세력을 제어하기로 결심했다. 우선 그는 기존 촌락을 소규모 행정 지구인 데메$_{deme}$로 정비해 촌락인들 스스로 행정 지도자를 뽑아 마을일을 담당하도록 했다. 이것은 귀족에 의해 이루어지던 통치 시스템을 무력화시킨 조치였다. 또한 혈연 중심의 기존 부족제를 폐지하고 새로 열 개의 부족으로 편성했다. 각 부족은 내륙민, 해안민, 도시 근교민의 서로 다른 지역 사람들로 묶어 귀족 가문을 중심으로 한 혈연적 담합을 억제했다. 클레이테네스는 또한 모든 정치적 사안들을 심의해 민회에 보낼 안건을 선정하던 평의회$_{boule}$의 구성원을 500인으로 늘리고, 추첨을 통해 그들을 뽑도록 했다. 그는 평의원들이 선거로 선출되면 재산과 권력 그리고 명망을 지닌 이들에게 의원직이 독점될지도 모른다고 생각했다. 선거는 부자나 유명인들이 많이 나올테고, 그들이 거듭 선출되면 권력 세습이 자리 잡게 될 것이기 때문이다.

무지배의 이념을 관철시키기 위한 클레이스테네스의 노력은 도편추방제$_{ostrakismos}$의 도입으로까지 전개되었다. 도편추방제는 참주가 될 것 같은 인물의 이름을 도자기 조각$_{ostrakon}$에 적어 다수표를 얻은 사람을 10년간 국외 추방하는 제도였다. 이 제도는 페르시아 전쟁의 영웅 테미스토클레스마저 추방하게 만들었다. 이것은 배은망덕에다가 어리석기 그지없는 제도라고 보일 수도 있다. 그러나 아테네 민주주의가 참주의 자의적 지배에서 간신히 해방되면서 탄생했다는 점을 고려한다면 도편추

---

* (고대 그리스의) 시민: 민중, 대중

방제의 비타협적 적용은 이해할 만한 일이다. 그들은 솔론의 시대에 어렵게 초석을 놓았던 정치적 평등의 문화가 참주의 개인적 야망으로 인해 뿌리째 흔들렸던 경험을 했기 때문에, 시민 모두 다시는 몸서리치게 공포스러운 참주의 등장을 바라지 않았다. 도편추방제는 지배-피지배의 관계로 되돌아갈 수 없다는 이소노미아(무지배)의 사회적 신념을 급진적으로 제도화한 결과물이라고 하겠다.

비록 클레이스테네스의 개혁 덕분에 평민의 정치적 권력이 신장된 것은 사실이었지만 평민은 여전히 사법권이 없었으며 최고 정부 수반인 아르콘*도 될 수 없었다. 기원전 462~461년 에피알테스는 500인회와 민회ecclesia가 사법권을 갖는 법안을 민회에 제출해 승인받도록 했다. 이에 따르면 시민들은 매일 배심원들을 추첨으로 뽑아 재판에 참여할 수 있었다. 사법권을 지니고 있었던 아레오파고스areopagos는 살인, 방화, 상해, 신성모독과 같은 중범죄만 심판하는 법원으로 제한되었다. 이처럼 아테네는 무지배의 이념을 민주적 개혁을 통해 구현했다.

|

통치 혹은 정치의 외주화

아렌트가 이소노미아를 '법 앞의 평등'이 아니라 정치적 평등 혹은 무지배의 이념으로 조명한 까닭은 근대적 삶이 정치적 시민으로서의 활동을 억제하는 관료 통치의 방향으로 전개되었다는 문제의식 때문이다. 관료 지배는 일인 통치자의 자의성이 존재하지 않는다는 점에서 지배의 강제성을 잘 드러내지 않는다. 일반적으로 관료 지배는 국가 공동체의 지속

---

* 고대 그리스의 폴리스에서 행정을 책임지던 최고위 관리들

을 목표로 한다. 이를 위해서 국민의 생명을 효율적으로 관리하는 정책의 개발과 운영 기술에 힘을 쏟는다. 이것을 통치술이라 부를 수 있다. 근대 이후 전개된 관료지배국가는 통치술의 합리화를 추구했다. 근대적 통치술은 지배의 자의성이 으레 동반하던 폭력적 통제를 합리적 관리로 분식했다.

근대의 관료지배체제에서는 국가를 집단적 생존공동체로 상정한다. 따라서 관료적 정부는 국가의 존속을 위해 생존공동체의 구성원들인 국민의 생명과 안전을 보호하는 것을 중요한 과제로 설정한다. 이러한 발상은 근대부터가 아니라 이미 고대에서 시작된 것이기는 하다. 플라톤은 《정치가》에서 살아 있는 것들의 양육과 보살핌을 위해 권력을 행사하는 것을 이상적 통치술로 보았다.[7] 그는 통치술을 집단양육koinotrophikē을 위한 보살핌의 기술로 규정하면서 왕도적 통치술he basilikē을 좋은 나라를 위해 국민을 보살피는 지혜로 해석했다. 근대 이후 전개된 관료통치술은 바로 이러한 생명정치적 관점이 합리화된 형식이라 할 수 있다.

결과만 놓고 보자면, 좋은 국가 공동체를 건설하기 위해 통치의 지식을 활용하는 것은 바람직하다고 할 수도 있다. 그러나 생명정치는 이소노미아, 즉 정치적 평등과 무지배의 이념을 부정한다. 생명정치 혹은 관료 통치는 통치 기술의 지식을 독점하는 집단이나 조직을 상정하고 그들의 지식에 의한 통치를 정당한 것으로 간주하기 때문이다. 여기서는 통치 지식을 갖고 있는 자가 지배자이며, 그것을 갖지 못한 자는 정치적 권력을 지니지 못한 피지배자의 신분으로 규정된다. 지배자의 의도가 아무리 선하다 할지라도 정치 영역에서 피지배자의 자발적 의지와 의견을 허용하지 않는다면 그것은 기껏해야 후견적paternal 지배 양식을 벗어날 수 없다.

제2차 세계대전 이후 재건에 성공한 서방 국가들은 대체로 생명정치적 통치술을 중심으로 공동체를 운영했다. 생명과 안전을 위한 합리적 통치술의 활용은 자유주의와 사민주의를 가리지 않았다. 자유주의는 시장의 자유질서를 위해 통치술을 펼쳤으며, 사회국가들은 복지를 위한 통치를 전개했다. 물론 사회국가는 경제적 성과의 사회적 재분배를 주도함으로써 차별을 제거하고 평등의 문화를 확산시켰다. 경제적 통제권을 휘두르며 지배자로 군림하려는 시도는 복지국가의 재분배 정책으로 훌륭하게 억제되었다. 시민들은 경제적 평등을 누리며 살 수 있었다. 하지만 그것은 경제적 구속으로부터의 해방에 그친 것이었다. 사회국가는 재분배적 통치술을 전개함으로써 시민의 경제적 자립을 가능하게 했지만 정치권력의 주체로 살아가지는 못하게 막았다.

경제적 자립은 정치적 평등의 향유를 위한 필요조건이다. 공동체의 업무에 시민이 참여하려면 경제적 구속에서 자유로워야 하기 때문이다. 그러나 사회국가의 시민들이 정치적 평등을 만끽하며 살아가는 데에는 한계가 있었다. 시민들은 복지정책을 펼치는 합리적 통치기구 덕에 성장과 풍요를 지속적으로 누릴 수 있었으나 자유롭고 평등한 시민으로서 자신을 확인하기가 어렵게 되었다. 보살핌의 조치가 시민들에 의해 이루어진다기보다는 통치 엘리트들에 의해 주어지고 있기 때문이다. 시민의 정책적 제안이 존재하기는 하지만 오늘날 시민 활동가들의 자발적인 정치 행위는 오직 정당을 중심으로 하는 대의민주 체제의 필터를 통해 승인된 요구만 정치적 권력으로 행사될 수 있게 되었다. 민주주의 국가에서는 분명히 모든 국민을 정치권력의 주체로 못 박고 있다. 그러나 이 빛나는 원칙은 헌법적 추상성의 차원에 갇혀 있다. 주권은 국민에게 있으나 주권의 정치적 실현은 정당 정치 엘리트의 수중에 있기 때문이다. 정치적 실천에 있어서 현실은 대체로 '정치의 외주화'에 멈춰져 있다. 이것은 대의민주제의 이름으로 정당화되고 있다. 오늘날 대의민주제는 정치적 주체로서의 시민적 삶을 장려하기보다는 시민을 '합리적 통치기구'의 지지자로 머무르게 하는 데에 기여하고 있다. 이처럼 정치가 시민들의 정치적 자기의지 형성의 과정이 아니라 통치 기구의 행정적 작용으로 간주될 때, 평등은 정치적 행위를 상시적으로 수행하는 공적 시민의 평등이 아니라 질서 정연한 체제의 행정적 시혜를 수용하는 사적 개인의 평등으로 축소된다.

|

정치적 평등의 공동체를 위하여

고대 그리스의 정치는 구성원 간의 정치적 평등과 지배 관계의 배제를 목표로 했다는 점에서 탁월했다. 그러나 우리는 그리스의 어두운 모습도 알고 있다. 이소노미아의 이념을 민주정을 통해 급진적으로 관철하고자 했던 아테네마저도 폴리스의 외부자인 노예, 이방인, 여성들에게는 그것을 적용하지 않았던 것이다. 그렇다면 지금까지의 논의는 허울 좋은 치장에 불과한 것이었을까? 실증적 역사에 대해 눈 감은 편향일 뿐이었을까? 그렇지 않다. 나는 '그리스 정치의 암흑'을 부정하지 않는다. 오히려 이러한 암흑은 '정의'의 관점에서 더욱더 신랄하게 조명되어야 한다고 생각한다. 다만 이 글에서는 그러한 작업을 억제하고 있을 뿐이다. 왜일까? 이 글의 문제의식은 과거의 역사에 파묻혀 있던 '진보의 꿈'을 새롭게 발굴해 구성하려 했던 기존 이론가들의 작업의 연장선상에 있기 때문이다(벤야민과 아렌트는 현대의 위기에 대응하고자 과거의 역사에 내재된 진보의 꿈을 발굴하는 사유 작업을 전개했다).

아테네를 중심으로 했던 그리스 정치사의 거대한 지층에는 위대함과 비천함이 뒤범벅되어 있다. 아렌트는 어지러운 역사의 토층에서 희미하게 빛나는 위대한 진보의 파편을 골라내어 근대적 삶의 위기를 성찰하게 하는 범례로 삼았다. 실증주의적 엄밀성의 사관은 역사의 이러한 재구성적 결정화crystallization를 왜곡으로 몰아세울 것이다. 그러나 역사를 과거의 시간에 현존하던 것으로 간주하는 것이 아니라 오늘과 내일의 시간대와 끊임없이 만나며 병존하는 것으로 여긴다면, '이상적으로 허구화된 역사'라는 비판은 경솔한 것이라 할 수 있다. 아렌트는 과거를 실증적 자료로서가 아니라 위대한 이야기로 재조명했다. 위대한 이야기로서의 역사는 찬양을 위해서가 아니라 오늘의 삶을 성찰하기 위해 요구된다. 그런 의미에서 우리의 시도는 역사의 파편에 대한 되새김질nachdenken이었다.

그리스라는 지역에서 명멸했던 평등의 빛은 사실 특정 지역민들의 업적이라기보다는 인간다운 삶의 공동체를 형성하려는 인간적 열망의 표현이었다. 근대를 살고 있는 우리들은 이것을 좀 더 보편적인 지평 속에서 되살릴 수 있었다. 근대인은 평등이 특정 계층이나 공동체 구성원들뿐만 아니라 모든 인류에게 보편적으로 적용되어야 하는 이념이라는 것을 알고 있을뿐더러 그것을 근대적 삶의 제도적 기초로 삼고 있기 때문이다. 이것은 우리나라도 예외가 아니다. 이처럼 우리는 고대인들을 계승하고 있는 동시에 그들을 뛰어넘고 있다. 하지만 우리들은 지난 몇 년 동안 정치적 주체로서 실천할 수 있는 공간과 그렇게 활동했던 인류의 기억을 상실해가고 있었다. 우리 각자는 평등한 개인이지만 평등한 개인들의 시민적 연합은 선거 기간에만 잠시 확인할 수 있을 뿐 일상적 삶 속에서는 경험하기 힘들다. 눈앞에 펼쳐진 것은 민주주의 역사의 폐허였고, 자유와 평등의 영광은 기억의 찌꺼기로 전락했다. 그런데 기억의 힘은 의외로 강건했다. 사람들은 상상을 초월하는 충격적 사건의 여파를 기회로 삼아 정치적 자각을 이루어냈기 때문이다.

이제 시민들은 정치적 주체로 다시 깨어나고 있다. 국가적 기념물의 장소는 어느새 '지배의 정치'를 일소하고 '평등의 정치'를 창조하는 공간으로 바뀌었다. 시민들은 그곳에서 자의적 지배의 시대로 돌아갈 수 없음을 엄숙히 선언했다. 이제 남은 것은 어렵사리 되찾은 정치적 평등의 공간을 더욱 넓히는 일이다. 우리가 살고 생활하는 마을, 학교, 회사, 시장, 교회에서 시민으로서 연합하며 살아가는 삶의 경험을 하나하나씩 늘려나가야 한다. 그 과정 속에서 우리는 무력하게 고립된 개인이 아니라 스스로 결정할 수 있는 시민의 모습에 조금씩 가까워질 수 있을 것이다. 이러한 정치적 경험이 지배권과 이권을 선점하기 위한 경쟁으로 뒷걸음치게 해서는 안 된다. 정치적 경험의 공간이 자유롭고 평등한 존재로 서로에게 나타나는 즐거움을 느낄 수 있는 곳으로, 그리고 세계의 문제를 스스로 결정하는 행복을 얻을 수 있는 곳으로 변화하도록 한 걸음씩 나아가야 한다. 누구도 지배할 수 없고 지배되어서는 안 된다는 이소노미아적 이념의 내용을 나의 생활공간에서 채워 나가는 실천. 그것이 우리의 남겨진 몫이고 '오래된 미래'를 사는 길이다.

— 김
성
우 —

변증법

플라톤 변증법의 현대 정치철학적 의미

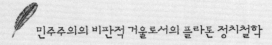

민주주의의 비판적 거울로서의 플라톤 정치철학

인간이 가진 포악함의 극치를 보여준 제2차 세계대전에서 6백만 명 이
상의 유대인을 학살한 독일의 히틀러가 어떻게 독일 바이마르 공화민주
제의 합법적 선거를 통해 당선되었을까? 끔찍했던 국정농단의 당사자
인 한국의 박근혜가 어떻게 대통령이 될 수 있었을까? 가짜 뉴스를 퍼뜨
리고 인종차별적이고 성추행에 가까운 막말을 한 미국의 트럼프 대통령
은 또 어떻게 선거로 뽑혔는가? 이러한 질문은 결국 민주정치체제(폴리
테이아)가 제대로 작동하지 못한 데서 온 것이다. 그 이유는 무엇인가? 민
주정체에 근본적인 결함이 있기 때문인가? 아니면 민주정체가 다른 외
적인 요인들 때문에 제대로 작동하지 못하는 것인가? 이렇게 모순가득
한 질문으로 정치철학의 변증법은 시작된다. 이 모순을 풀기 위해 "포괄
적으로 보는 사람ho synoptikos"의 관점을 통해서 헤겔의 변증법으로 아도르
노의 부정 변증법과 포퍼의 반증 논리를 비판하면서 플라톤의 정치철학
을 분석한다. 그 해답의 실마리를 어렴풋이 현대 정치철학자 한나 아렌
트와 가라타니 고진에서 찾아본다.

Ⅰ
플라톤은 왜 민주주의를 비판했나?

비극적인 제2차 세계대전을 일으키고 6백만 명 이상의 유대인을 끔찍하게 학살한 독일의 히틀러는 독일 바이마르 공화국의 민주제 안에서 합법적인 선거 절차를 통해 당선되었다. 헌법과 법률을 위반해서 탄핵된 한국의 박근혜 전 대통령이나 가짜 뉴스를 퍼트리고 인종차별적이고 성추행에 가까운 막말을 한 미국의 트럼프 대통령도 역시 민주적인 선거로 뽑혔다. 왜 이렇게 민주정치체제(줄임말 정체, 그리스어로 폴리테이아)가 이렇게 제대로 작동하지 못하는가? 민주정체에 근본적인 결함이 있기 때문인가? 아니면 민주정체가 다른 외적인 요인들로 인해 제대로 작동하지 못하는 것인가?

만약 외적인 요인들로 인해 작동하지 못한다면 어떤 해결책이 가능한가? 외적인 요인들을 제거한다면 민주정체는 제대로 작동할 것이다. 그러면 굳이 다른 대안 정체를 고민할 필요가 없다. 그러나 민주정체의 근본적인 결함을 인정한다면 민주정체의 문제점을 극복할 새로운 정체를 고안해야 한다. 플라톤의《국가》는 민주정체의 결점을 파헤치고 철인왕(유교에서는 성인聖人으로 불린다)이 통치하는 이상적인 모델인 '아름다운 나라(칼리폴리스)'를 제시한다.

클라우스 헬트의《지중해 철학기행》에 따르면 "귀족 집안 출신이면서 영향력 있는 아테나이(아테네)의 정치가들과 친척인 플라톤은, 이 대화편(《고르기아스》)에서 기원전 5세기 아테나이의 모든 정치적 거물들에 대해 포괄적인 비판을 가하는데, 여기에는 탁월한 페리클레스 역시 예외가 아니다. 플라톤은 이 비판을 통해 아마도《고르기아스》에 바로 뒤이어 쓴 자신의 대표작《폴리테이아》를 준비한 것으로 보인다. 이 작품의 제목은 대체로《국가》로 번역된다. '폴리테이아'라는 개념은 그리스의 도시 공동체인 '폴리스'의 질서 내지 체제를 의미한다. 플라톤은 펠로폰네소스 전쟁 이래 자신의 조국에서 행해지는 부패한 체제, 즉 민주정체에 맞서는 이상적인 폴리스 체제를 그려 보인다. 이 저서에서 플라톤은 완전한 정치체제란 지상 어디에도 없다고 말한다. 그럼에도 그는 이 유토피아적 질서를 규범으로 삼아, 현실적인 정치 상황을 개선하는 데 전력을 다하는 일이 가능하고 의미 있다고 본다. 시라쿠사이(시라쿠사, 남부 이탈리아와 시칠리아에서 가장 강력한 도시국가)가 플라톤에게 이런 기회를 제공하는데, 이 도시국가는 그리스 세계의 주요 국가로 성장해 있었기 때문이다."

《국가》의 번역자 박종현에 의하면 "고대의 헬라스인(그리스인)들이 생각한 나라는 '폴리스polis(근대의 국민 국가와 다른 고대의 도시국가)'였다. 플라톤이 두 살이었을 때(기원전 425년)의 아테네의 인구는 시민 11만 6천 명, 거류민 2만 1천 명, 노예 8만 명, 도합 21만 7천 명 정도였던 것으로 추정되고 있다. 아테네에 역병이 돌기 전 페리클레스가 생존하고 있었을 당시(기원전 431년)의 전성기에는 이보다 약 10만 명 정도가 많았던 것으로 추정되고 있다."

플라톤(기원전 428년생 또는 427년생)의 조국인 아테네야말로 페리클레스 시대(그가 기원전 443년부터 집권하여 429년 죽음으로 마감된 황금기)의 민주주의로 유명한 나라가 아닌가? 하지만 아테네가 스파르타와의 기나긴 펠로폰네소스 전쟁(기원전 431-404년)에 진 이후에, 민주 세력과 참주(독재자) 세력이 번갈아 정권을 잡게 되는 등 아테네의 정국은 극심한 혼란에 빠진다. 이런 와중에 스파르타가 대리로 내세운 30인 참주 정권은 전제적인 공포 정치를 시행하며 많은 시민들을 죽이고 추방한다. 그 대신에 들어선 민주 정권도 플라톤의 스승인 소크라테스를 기소해 사형에 처한다.

이를 목격한 플라톤은 참주정체 못지않게 민주정체의 근본적인 문제점을 인식하게 된다.

플라톤의 《국가》에 따르면 민주정체는 대개 가난한 사람들이 폭력으로 수립하거나, 아니면 적대 세력이 겁을 먹고 망명함으로써 이루어진다. 민주정체는 자유eleutheria와 표현의 자유parrhēsia가 있다. 이는 '멋대로 하는 자유exousia'로 바뀌기도 한다. 또한 민주정체는 무정부의anarchos 상태이며 모든 시민에게 똑같이 평등isotēs을 배분해주는 정체다. (미하엘 보르트의 《철학자 플라톤》에 따르면 역사적으로 아테네의 민주주의는 대의제 민주주의가 아닌 직접 민주주의였으며, 삼권분립도 존재하지 않았고 통제 시스템도 갖추질 못했으며, 원칙적으로 여성과 노예는 정치적 의사결정 과정에서 배제되어 있었다.)

그런데 참주tyrannos(독재자)가 지배하는 참주정체tyrannis는 돈벌이 이외에는 전혀 관심이 없어 오로지 부ploutos에 대한 무한한 탐욕aplēstia을 부리다 멸망하고 만다. 마찬가지로 민주정체도 자유에 대한 무한한 탐욕이 방종과 무질서anarchia를 낳아 몰락의 원인이 된다. 이런 나라에서 발생하는 극단적인 대중의 자유는 노예들이 시민들 못지않게 자유로운 상태다. 또한 여성과 남성의 관계도 동일한 권리isonomia와 자유에 의해 맺게 된다. 즉, 주인과 노예 및 남성과 여성 사이에 지배와 피지배의 관계가 사라진다.

이런 경우의 문제점은 한마디로 모든 사람이 어떤 형태의 복종 요구에도 참지 못하게 되어 마침내 시민들이 법률을 아랑곳하지 않고 어떤 지배자도 받아드리려 하지 않게 된다. 이러한 '멋대로 하는 자유'인 지나친 자유는 도리어 지나친 예속으로 역전된다. 그래서 민주정체로부터 참주정체가 싹트게 된다. 플라톤의 《국가》에 의하면 "그렇다면 참주정체는 아마도 민주정체 이외의 다른 어떤 정체에서도 조성되어 나오지 않을 것이라고, 즉 극단적인 자유에서 가장 심하고 야만스런 예속이 조성되어 나올 것이라고 나는 생각하네."

I
한나 아렌트는 민주주의를 어떻게 이해했나

플라톤과 달리, 유대인계 독일 여류 철학자인 한나 아렌트는 《혁명론》에서 아테네에서 민주정체dēmokratia가 아닌 다른 정체의 가능성을 본다. 그녀에게 고대 그리스의 고유한 폴리스는 다수의 지배를 뜻하는 민주정체가 아니라 무정부나 무지배를 의미하는 무치無治, no-rule로서의 이소노미아isonomia이다.

《혁명론》에 따르면 "정치 현상으로서의 자유는 그리스 도시국가polis의 흥기와 동시대적인 것이었다. 헤로도토스 이후로 그것은 다음과 같은 정치 조직의 형태로 이해되었다. 거기서 시민들은 지배자와 피지배인의 구분 없이 무치無治, no-rule의 조건 아래에서 함께 살아간다. 이러한 무치(무지배)의 개념이 이소노미아isonomia라는 말로 표현되었다." 이소노미아란 어원적으로는 평등한 규범을 뜻한다. 결론적으로 보면 무지배로서의 이소노미아는 평등한 자유를 바탕으로 한다.

아렌트에 의하면 고대 그리스인들이 열거했던 여러 정부 형태들 중에서 이소노미아의 지배적인 특징은 지배의 부재다. 예를 들어 군주정체는 일인 지배를 뜻하고 과두정체는 소수인의 지배를 뜻하며 심지어 민주정체도 다수의 지배, 즉 많은 사람의 지배를 의미한다. 원래 민주정체, 즉 민주주의라는 말은 이소노미아를 반대한 사람들에 의해 악의적으로 주조되었다. 그들이 말한 바에 따르면 '무치'란 실제로 단지 또 다른 종류의 지배권을 뜻하며, 최악의 정부 형태인 데모스(대중)에 의한 지배(민주정체)인 것이다. 이런 식으로 '민주주의는 원래 부정적이고 비난적인 의미로 주조된 것이다.'

뒤이어 아렌트는 민주주의라는 부정적인 언어로부터 이소노미아의 긍정적인 의미를 복권하려고 시도한다. 평등한 자유를 의미하는 이소노미아의 전통에서 평등과 자유는 원래 동일하다. 그러나 프랑스의 정치학자인 토크빌Tocqueville의 통찰에 따라 근대적인 시각에서 보면 평등이 자유에 대한 위험으로 간주되고 심지어 오늘날에는 자유주의적 자유와 사회주의적 평등이 서로 대립하는 것처럼 보인다. 일례로 현대 자유민주주의에서 자유는 불평등하다. 대기업 소유자와 비정규직의 자유가 동일하지 않다는 뜻이다. 이러한 불평등을 시정하기 위한 평등적 시도는 복지국가나 사회주의로 이해된다. 그런데 아렌트는 이런 현대적인 평등과 자유의 대립을 뛰어넘어 이소노미아를 평등한 자유로 본 것이다.

아렌트가 보기에 본래 이소노미아는 법의 범위 안에서의 평등이다. 따라서 이소노미아는 조건(기회)의 평등이 아닌 것이다. 고대 그리스에서 기회 평등은 모든 정치 활동을 위한 조건이었다. 하지만 정치적 영역 자체가 재산과 노예를 소유한 사람들에게만 열려 있는 점이 문제가 있었다. 비록 여성과 노예를 배제한 불평등한 시스템이었지만 시민들의 공동체적 결사체를 형성하는 사람들의 중심 물음은 평등이었다. 이 점에 착안해 아렌트는 이소노미아가 모든 시민의 평등을 보장하는 것으로 간주한다. 그런데 모든 사람이 동등하게 태어나거나 창조되었기 때문에 이런 평등이 보장되는 것이 아니었다. 반대로 모든 사람은 자연적으로는 동등하지 않기 때문에 인위적인 제도인 폴리스(도시국가)를 필요로 한다.

아렌트에 따르면 이런 관점에서 보면 폴리스는 자신의 노모스nomos(규범이나 법률) 덕분에 사람들을 평등하게 만든 것이다. 평등은 이처럼 특수하게 정치적인 영역에서만 존재하게 된다. 자연적으로 모든 사람이 서로 차이를 갖고 있기 때문이다. 이소노미아의 폴리스 안에서 사람들은 서로를 사인私人으로서 아닌 공적인 시민(폴리스의 일원)으로서 대한다. 아이러니하게도 고대에서는 자연적으로 차이가 있는 사람들이 정치적인 제도

안에서 평등하게 된다고 본 것이다. 이러한 평등의 고대적인 개념과 오늘날의 평등 개념은 대단히 대조적이다. 오늘날의 평등 개념은 루소의 말대로 모든 사람이 동등하게 태어나고 창조되었지만 사회적이고 정치적인 제도, 즉 인위적인 제도에 의해 불평등하게 되었다는 식으로 이해된다. 이런 점에서 그리스 폴리스의 평등은 인간의 자연적인 속성이 아니라 폴리스의 속성이다. 한마디로 이소노미아는 폴리스에서 실현된다. 이소노미아의 관점에서 보면 인간은 출생이 아닌 시민권 덕분에 평등을 얻게 된 것이다. 평등과 마찬가지로 자유도 인간에 내재한 성질이 아닌 것으로 이해된다. 다시 말해서 자유와 평등은 퓌시스(자연)적인 것이 아니다. 다시 말해서 자연적으로 주어진 것이나 저절로 생겨난 것이 아니다. 이소노미아는 노모스(인위적인 규범)적인 산물이다. 자세히 말하면 노모스적인 것은 관습적이고 인위적인 것이다. 그러므로 평등한 자유로서의 이소노미아는 인간 노력의 산물이자 인위적인 세계의 성질을 지닌다.

아렌트가 이런 관점에 주목해 그리스 세계에서 동료와 함께하는 것이 아니라면 어떤 인간도 자유로울 수 없다고 단정한다. 따라서 우정을 나눌 평등한 동료가 없는 참주도, 독재자도, 가부장도 자유롭지 않은 것이다. 심지어 그들이 완전히 해방된 상태이고 타인에 의해 강제되지 않는다고 해도 말이다. 이런 이유로 헤로도토스는 자유와 무치無治를 같게 봤다. 아렌트가 보기에 이것의 요점은 동료가 없이 타인을 지배하기만 하면 지배자 자신도 자유롭지 않다는 것이다. 구체적으로 살펴보면 지배자가 타인에 대한 지배권을 가짐에 따라 자신의 동료들로부터 멀어진다. 그도 동료들과의 교제 안에서만 자유로울 수 있으니 말이다. 다른 말로 하자면, 그는 그 결과로 이소노미아로서의 정치 공간 자체를 파괴한 것이다. 이런 일방적인 지배 체제 아래에서는 더 이상 지배자 자신에게나 자신이 지배하는 자들에게도 자유가 없게 된다.

아렌트는 그리스 정치사상에서 자유와 평등의 상호연관성을 대단히 강조하는 이유를 다음과 같이 말한다. "자유는 인간의 모든 활동이 아닌 어떤 활동에서만 드러나는 것으로 이해되었기 때문이다. 즉 이러한 활동들은 타인들이 이것들을 보고, 판단하고, 기억할 때만 나타나며 현실적인 것이 될 수 있었기 때문이다. 자유로운 인간의 삶은 타인들의 현존을 필요로 한다. 그러므로 자유 자체는 사람들이 함께 모일 수 있는 공간을 필요로 한다. 즉 아고라, 즉 시장, 또는 폴리스(council‐state≠히피와 도피자인 '아름다운 영혼'들의 코뮌, 탈공적公的이어서 탈정치적인 공간), 즉 고유한 의미의 정치 공간을 필요로 한다." 평등한 자유로서의 이소노미아가 그리스 폴리스의 민주정체의 본질이다.

|
이소노미아의 원류로서의 이오니아 철학

최근에 유명한 일본인 철학자인 가라타니 고진의 《철학의 기원》은 고대 그리스에서 철학과 민주주의의 기원을 탐구한 책이다. 그는 새로운 무정부주의의 형태인 어소시에이셔니즘associationism의 모델로 고대 그리스 이오니아 지방의 자연철학과 정치체제를 제시하고 있다. 그에 의하면 그리스적인 민주주의의 특징으로 꼽는 거의 모든 것은 (아렌트가 제시한 것처럼 그리스 본토가 아니라) 이오니아에서 시작된 것이다. 누구나 습득할 수 있는 표음문자(알파벳)의 발명, 그리스인의 공통 문화인 호메로스의 작품, 관료적인 결정이 아닌 개인들의 결정에 맡긴 경제제도, 코스모폴리탄적인 계약 공동체, 수학적 논증의 발견, 혈연에 기초를 둔 협소한 노모스nomos, 仁義를 비판하는 보편적인 자연철학의 발생 등이 그것이다.

그 대표적인 사례는 현대 과학의 기초가 된 원자론을 창시한 데모크리토스의 자연철학과 정치사상이다. 데모크리토스는 지역주의나 민족주의를 배격하며 세계 전체가 하나의 폴리스라는 코스모폴리탄주의(세계시민주의)를 주장하며, 또한 중요한 국가의 일은 만인의 의견 일치로 결정되어야 함을 명확히 밝히고, 예속보다는 자유를 위해 군주정체의 부유함보다는 민주정체의 가난을 선호한다고 선언한다. 이렇게 보면 이소노미아의 정치란 혈연이나 지역 중심의 인위적인 노모스가 아닌 보편적인 자연이라는 척도로 세계시민적인 평등과 모든 이의 참여와 자유를 보장하는 민주정체인 것이다. 헤시오도스가 보여준 것처럼 이오니아에는 특별히 한가한 사람들, 즉 사제나 귀족이 없었기에 탈레스와 같은 철학자도 기술자에서 정치가까지 다양한 활동을 하는 자치(평의회 국가, council-state)적인 실천적 삶이 중요시된다. 그래서 점성술과 초월적인 신 관념이 부정된다.

고대 그리스의 이오니아 지역의 민주정체 논의를 이해하려면 플라톤의 정치체제(국가)의 분류부터 고찰해야 한다. 플라톤은 《정치가》에서 기존의 정체체제를 여섯 가지로 분류한다. 일인 지배, 소수 지배, 다수 지배에 따라 군주정체monarchia, 과두정체oligarchia, 민주정체dēmokratia로 나뉜다. 군주제는 법을 준수하는 왕도정체basileia와 법을 무시하는 참주정체tyrannis(전체주의)로 나뉜다. 과두제는 법치적인 귀족정체aristokratia와 무법적인 금권정체plutokratia(돈의 지배)로 구분된다. 민주정체는 법질서가 유지되는 민주정체와 무법천지의 민주정체(우민정치, 포퓰리즘)로 갈라진다.

이오니아의 폴리스들과 달리 그리스 본토의 폴리스들은 맹약공동체로 기존의 씨족신을 대신해 새로운 올림피아드 신을 받들게 되지만, 사회구조는 여전히 씨족사회의 연장일 뿐이다. 예를 들어 민주주의로 유명한 아테네도 여전히 혈연을 중시해서 외국인을 절대로 국민으로 인정하지 않고 차별했다. 반면에 이오니아의 폴리스는 기존의 씨족공동체를 떠나온 개인들의 새로운 맹약이므로 그 기본 정신이 코스모폴리탄적이다. 따라서 탈레스를 시작으로 한 밀레토스(이오니아의 대표적인 폴리스)의 자연 철학은 신흥 제국인 페르시아의 침략의 위협과 폴리스 내부적으로 빈부의 차가 커지고 지배와 피지배의 관계가 생겨나 이소노미아가 붕괴되어 일어난 위기에 대한 응답이다. 이오니아의 자연철학은 신 없이 세계를 설명하려고 시도하여 씨족적 공동체의 한계에서 벗어나며, 자연이라는 보편적인 기준에 따라 계급사회에 바탕을 둔 기존의 노모스를 비판하며 지배와 피지배 관계가 없는 정치체제인, 이소노미아를 재건하려는 정치 철학이기도 하다. 그러나 이오니아 지역의 폴리스들은 불행히도 페르시 아라는 거대 제국에 병합되어 그 자치성을 상실하고 그 특유의 이소노미 아의 정치도 사라졌다.

그리스 폴리스 민주주의의 진정한 이름은 이소노미아로서의 평등한 자유다. 이오니아의 자연철학 이래로 그리스 철학은 이소노미아적인 폴 리스의 위기와 붕괴를 극복하려는 시도로 간주될 수 있다. 플라톤의 철 학도 이러한 과제 해결의 일환으로 규정될 수 있다. 다시 말해서 황금기 를 구가하던 민주정체가 붕괴된 본질적 결함을 밝히고 이상적인 모델을 제시하려고 한 것이다. '민주정체의 근본적인 결함은 사나운 세력이 민 중 선동자들dēmagōgoi을 동원해 다수의 민중을 조정하고 생각이 다른 사람 들을 배제해 독재 권력(참주정체)을 조성할 가능성이 높다는 데 있다.' 현 대적으로 보면 독재자나 극우 세력이 포퓰리즘(대중조작주의 또는 대중영합 주의)에 호소하여 민주정체의 메커니즘을 활용하고 정권을 장악해 독재 를 행한다는 뜻이다. 한마디로 민주정체의 자유 상태가 여론 조작에 의 해 거꾸로 참주정체의 노예 상태로 변질된다는 것이 문제의 핵심이다. 여론 조작이 가능한 이유는 진리alētheia를 경험하지 못한 사람들이 대다수 를 이루기 때문이다. 비유하자면 어두운 동굴 안에 있는 죄수들이 중요한 많은 사안에 관해 불건전한 의견doxa만을 갖고 있기 때문이다. 따라서 민주정체는 의견의 정치학에 다름 아니다. 이런 의견 정치학을 진리의 정치학으로 바꾸려면 변증법이 필요하다.

|
왜 플라톤 변증법인가

변증법辯證法(그리스어로 dialektikē)은 소크라테스식의 대화술을 의미할 때는 변증술로 불리기도 하고, 칸트 식의 가상假象의 논리학을 의미할 경우에는 변증론으로 불리기도 하고, 헤겔과 마르크스에는 변증법으로 번역된다. 이런 점을 고려하여 통상적으로 소크라테스 대화술을 구사하는 플라톤의 경우에 변증술로 번역된다. 하지만 이 글에서는 의미의 차이를 강조해서 변증술, 변증론, 변증법으로 상세하게 구분하는 대신에 변증법으로 통일해서 사용할 것이다.

그리스 철학사 연구의 대가인 독일의 젤러E. Zeller에 따르면 플라톤 철학 방법의 지배적인 특징은 변증법적 방법에 의한 인식의 탐구다. "감각적 지각은 어떤 지식(에피스테메)도 제공하지 않고, 단지 의견(독사)만을 주는 것으로, 또한 그것은 존재계로 침투해갈 수 없고 단지 현상에 머문다. 수학은 변증법적인 사고에 가치 있는 기초를 제공한다. 플라톤은 점차적으로 사유의 법칙을 주조해 나갔는데, 이것이 아리스토텔레스 논리학에의 길을 마련하였다."[1]

플라톤의 《국가》에 따르면 변증법은 감성이 아닌 이성의 능력에 속한다. 지성에 의해 파악되는 앎의 종류는 이성(로고스) 자체가 변증법적인 논변의 힘으로써 파악하는 것이다. 변증법적 이성은 전제(히포테시스)들을 원리로 간주하지 않고 문자 그대로 '밑에(히포) 놓은 것(테시스)'으로 생각한다. 이러한 전제들을 발판이나 출발점으로 삼아 '무전제의 것'을 포함한 '모든 것의 원리(제일 근거)'로 나아간다. 이 과정이 변증법적인 상승 운동이다. 역으로 변증법적인 하강운동은 이 원리를 바탕으로 감각적이지 않고 순전히 이성적으로 결론으로 내려간다. 이런 이유로 헤겔은 플라톤 변증법을 개념 운동으로 본다.

플라톤 변증법은 전제들을 하나하나 폐기하고 원리로 나아가 확실한 인식을 얻는다. "변증법적 탐구 방법만이 이런 식으로, 즉 가정(히포테시스)들을 [하나하나] 폐기하고서, 확실성을 확보하기 위해 원리(아르케) 자체로 나아가네. 또한 이것만이 정말 낯선 고장의 수렁에 파묻힌 혼의 눈을, 우리가 자세히 언급했던 학술(테크네)들을 협조자들 및 동조자들로 이용하여, 조용히 이끌어 위로 인도하네. 이것들을 우리는 습관 탓으로 종종 '인식들(에피스테메)'로 일컬었지만, 다른 이름이 필요하네. 의견(독사)보다는 더 명료하지만 인식보다는 한결 불분명한 그런 이름이 말일세. 이를 우리가 앞에서 '추론적 사고(디아노이아)'로 규정했던 것 같지만, 그러나 내가 생각하기엔 이름을 갖고 다툴 일이 아닌 것 같으니."[2]

플라톤에 따르면 의견은 생성(게네시스)에 관련된 것이지만, '지성에 의한 앎'인 인식은 '본질(존재, 우시아)'에 관련된 것이다. 어떤 것의 본질(존재, 우시아)에 대한 논리적인 설명을 하는 자가 '변증법가dialektikos'다. 변증법에 능하지 못한 사람들이 '좋음(선)'의 어떤 모습을 포착한다면, 그는 '인식'이 아닌 '의견'만을 지니게 된다.

헤겔은 《대논리학》에서 플라톤과 변증법의 관계에 대해 다음과 같이 말한다. "변증법이란 최근에 나타난 형이상학적 추세에 있어서 뿐만 아니라, 도대체 고대와 근세를 망라한 통속철학에 의해서도 가장 심한 오해를 받아 온 오랜 학문 중의 하나다. 디오게네스 라에르티우스Diogenes Laertius가 플라톤에 대해 언급하면서, 마치 탈레스가 자연철학의 창시자이며, 또한 소크라테스가 도덕철학의 창시자이었듯이, 플라톤은 철학에 속하는 제3의 학문이라고 할 변증법의 창시자라고 했다. 결국 이점에서 플라톤이 고대인들 사이에서 그가 이룩한 가장 위대한 업적에 대해 칭송을 받게 된 것이 사실이지만, 그러나 이제는 오히려 남달리 그에 관해 입버릇처럼 얘기해왔던 사람들에 의해서 그것이 거의 등한시되고 마는 실정에 이르렀다. 흔히 사람들은 변증법을 마치 주관적 재능에 바탕을 둔 하나의 기술일 뿐, 결코 개념의 객관성에 속하는 것은 아니라고 여겨왔다."

  헤겔은 개념의 변증법을 플라톤의 가장 위대한 업적이라고 본 것이다. 플라톤은 일체의 감각을 사용하지 않고 이성(로고스)을 통해서 '어떤 것 자체(어떤 것의 본질이나 이데아)'를 향해 출발하여 끝까지 '좋은 것 자체(선의 이데아)'를 지성 자체로 파악하려고 노력한다. "비유하자면 이때 동굴을 벗어난 죄수는 '보이는 세계'의 끝에 도달한다. 플라톤은 이러한 여정을 변증법이라고 부른다. 변증법이야말로 미래의 정치 지도자를 교육하는 학문들 중에서 최고의 교과인 것이다." 변증법에 능한 사람인 변증법가는 이러한 교과들 사이의 친근성 및 존재to on의 본성에 관한 '포괄적인 봄(시놉시스)'을 갖춰야 한다. 헤겔은 플라톤적인 '포괄적으로 본다는 것'을 "진리는 곧 전체"라고 해석한다. 이것이 바로 변증법적인 총체성이다. 이러한 총체성을 타자를 자기 것으로 포식하는 동일화의 횡포로 간주해 아도르노는 플라톤과 헤겔의 변증법을 긍정변증법이라고 비판한다.

  아도르노의 《부정변증법》에 따르면 같음(동일성)을 지향하는 변증법적 긍정은 모든 같지 않은 것들을 동일하게 만드는 폭력 행위이며 자신이 지워버린 모순을 다시 생산하게 된다. 이처럼 자신과 같지 않은 것은 어떤 것도 축출해버리는 것은 설사 스스로를 화해라고 오해할지라도 그 화해를 이미 버린 것이다. '과연 플라톤의 변증법은 이와 같이 폭력적인 제국주의적 논리이자 전체주의의 기획에 불과한 것인가?'

I
변증법적 총체성은 전체주의적 기획인가[3]

헤겔은《정신현상학》에서 "진리는 곧 전체"라고 제시하며 변증법적인 총체성의 개념을 존재론적 원자론에 기초를 두고 있는 전통적인 형이상학의 실체존재론과 근대의 경험주의, 그리고 선험적 형식주의(경험주의의 변형태 중 하나)를 비판하는 토대로 삼고 있다. 그러나 히틀러의 아우슈비츠 대학살과 스탈린의 강제수용소를 경험한 이후 보수적인 학자 진영이나 진보적인 학자 진영이 이 개념을 집중 공격의 대상으로 삼았고, 이 개념과 아울러 변증법 자체의 학문성과 실천성까지 모두 의심하고 심지어 폐기하는 데로 나아갔다. 이로써 변증법적 총체성이라는 개념은 정치적 전체주의라는 현실적 정치체제와 필연적 연관성을 지닌 것처럼 이해되어 왔다. 이러한 경향을 아도르노는 "전체는 진리가 아니다"라는 한 문장으로 요약하여 표현한다.

변증법적 총체성은 정치적으로 보수적이며 개인주의에 기초를 두고 있는 실증주의나 분석철학과 같은 경험·형식적 합리성의 철학(대표자로는 포퍼, 그의 반증주의는 전형적인 과학주의임)과 소비에트 공식 이데올로기를 비판하며 정치적으로 새로운 진보를 제시하기를 열망하는 서구마르크스주의(대표자로는 아도르노)나 포스트모던주의(대표자로는 리요타르) 양쪽에서 공격을 받는다.

새로운 좌파적 실험으로서의 포스트모더니즘의 대표 주자인 리요타르는 변증법의 '총체성' 개념과 거대 담론을 비판하며 차이의 활성화를 통한 작은 담론을 대안으로 보여준다. 그는 자신의 〈질문에 대한 답변: 포스트모던이란 무엇인가〉에서 다음과 같이 선언한다. "우리는 전체와 하나에 대한 동경[변증법적인 총체성], 개념과 감성의 화해에 대한 동경,

명료하고 의사소통가능한 경험에 대한 동경을 실현하기 위해 지나친 대가를 치렀다. … 그리하여 서술할 수 없는 것을 증언하고, 충돌하는 차이를 활성화하고 그 이름의 명예를 구원하라." 이 글에서 변증법적인 총체성은 다양성을 배제하고 차이를 억압하는 부정적인 역할을 하고 있다고 비판받는다.

한편 정치적 보수주의자인 포퍼K. popper는 자유주의 기초가 되는 개인주의라는 정치철학적 관점과 자신의 과학적 탐구의 방법인 "시행착오"의 방법을 기초로 해서 변증법적 총체성을, 그 총체성의 역사적 발전적 과정의 필연성을 일종의 예언자의 망령으로 규정한다. 포퍼는 변증법적 총체성을, 역사적으로 전개된 과정 전체를 필연적으로 규정하는 일종의 '역사법칙주의'라고 비판한다. 그에 따르면 역사법칙주의는 과거, 현재, 미래 모두를 하나의 역사발전법칙으로 설명하고, 특히 미래를 이 법칙에 따라서 예측할 수 있다고 주장한다. 포퍼는 변증법적 역사 진행 과정의 총체를 점성술의 예언 차원으로 격하시키면서 동시에 변증법 자체도 '전前과학적이자 전前논리적인 사유방식'으로 규정한다. 그는 변증법을 "어떤 발전 또는 어떤 역사적 과정이 어떤 전형적인 방식으로 일어난다고 주장하는" 변증법적 3박자 이론으로 정의한다. 이 전형성이 바로 역사 예측을 가능하게 하는 결정론을 포함하는 것으로 규정한다.

결정론의 형태가 헤겔에서는 개념적 필연성으로, 마르크스에서는 경제적 필연성으로 나타난다. 포퍼는 필연성에 기반을 둔 변증법이 철학의 발전뿐만 아니라 정치이론의 발전에서도 불행한 역할을 담당했다고 주장한다. 그는 역사에는 그 진행 과정을 필연적으로 지배하는 법칙이 존재하지 않는다고 본다. 역사에는 의미나 목적이 존재하지 않는다. 포퍼에 의하면 "미래는 우리들에게 달려 있으며 우리들은 어떤 역사적 필연성에도 의존하지 않는다." 따라서 이러한 역사적 필연성에 기초한, 전체

과정으로서의 변증법적 총체성은 예언적 환상에 불과하고 이로부터 인류의 자유를 구속하는 정치적 전체주의로 귀결된다는 것이다.

하지만 '포퍼가 열린 사회의 논리로 규정하는 자유주의의 실제 역사가 도리어 전체주의를 보여준다. 자유주의는 원자적 개인주의 더 나아가 소유 개인주의로서, 소유한 자의 자유와 소유하지 못한 자의 종속으로 귀결되며, 이 종속을 지속적으로 유지하고 강화하기 위해 억압적 권위주의로 귀결된다.' 이러한 소수만이 자유로운 자유주의적 국가의 권위주의로부터 해방되고 만인이 자유로운 이성국가나 코뮌주의를 건설하려는 철학적 입장들이 등장하게 된다. 다시 말해서 비억압적 총체성을 기획하는 정치적 오르가논organon으로서 헤겔과 마르크스의 변증법이 역사적으로 출현하게 된다.

|

변증법이 정치적 전체주의의 기원으로 오해받는 역사적 이유[4]

이처럼 정치적 전체주의의 기원이 자유주의임에도 불구하고 변증법적 총체성이 전체주의의 기원으로 오해받는 이유는 무엇인가? 스탈린 소련의 수용소(굴락)와 중국의 인권 탄압이라는 역사적인 불행한 경험 때문이다. 하지만 스탈린 소련은 동구 몰락에서 보듯이 근본적으로 변증법과 사회주의의 원래 이념에서 변질된 근대 도구 이성과 계몽 기획의 어두운 얼굴에서 기인한 것이다. 주목을 받지는 못했지만, 동구의 몰락은 서구 복지국가의 위기와 동시에 진행된 것이다. 이는 자유주의에 타협적인 태도를 취하는 복지국가와 적대적인 태도를 취하는 구소련 모두 근대성과 자유주의의 핵심인 도구적 합리성을 탈피하지 못했기 때문이다. 그렇다면 동구의 몰락은 근대성의 위기의 표현이며 그 근대성의 헤게모니적 지배권을 지닌 자유주의의 몰락(월러스틴의 테제)이다. 자유주의가 이러한 몰락에 직면하여 공세를 편 것이 바로 신자유주의다.

자유주의의 과학적 논리인 실증주의는 이러한 근대성의 어두운 얼굴을 무시하고 근대성을 일방적으로 찬양하지만, 변증법은 근대성의 성과와 한계를 동시에 본다. 변증법이 이 중에서 하나만을 주장한다면 이는 계몽을 찬성 아니면 반대하라는 '계몽의 협박'에 말려드는 것이다. 소련과 중국의 지배적 변증법은 근대의 성과만을 지나치게 미화한 비非변증법적인 사유의 결과물이다. 이렇게 생각한다면, 스탈린주의는 비변증법적 요소, 더구나 자유주의적인 도구적 합리성, 즉 계몽의 변증법으로부터 기원한 것으로 볼 수 있다. 근대성 일반과 그의 대표적 형태인 자유주의 철학이 변증법보다 훨씬 더 이 이데올로기적 괴물의 탄생에 책임이 있다. 따라서 동구의 몰락은 '역사의 종말'이 아니라 역사 진행의 한 계기일 뿐이다.

근대성 일반과 그 핵심으로서의 자유주의가 위기에 봉착한 지금, 변증법적 사고의 폐기가 아닌 복권이 필요하다. 이러한 복권으로 인해 역사성에 기반을 둔 개념적 '노동'과 공시적인 것과 통시적인 것의 전체를 포착하려는 '총체성'을 향한 사유의 노동이 작동하게 된다. 이를 통해 근대성의 성과와 한계가 잘 드러날 것이다. 변증법적 총체성은 다양한 목소리를 억압하고 표현된 것에 순종하고 분쟁들을 일방적으로 종식시키는 논리적 전체주의도 아니며 더 나아가 모든 사람들을 하나의 당이나 지도자에게 권위주의적으로 복종시키고 억압하는 정치적 전체주의는 더더욱 아니다.

'변증법적 총체성은 파편화되고 복잡한 현대 사회의 전체의 모습을 그려보려는 진리에 대한 용기 있는 자의 학문적 시도다.' 반대로 총체성이라는 내적 연관성을 지니지 못한 채 자유주의자들처럼 고립되고 분열된 단위들의 상호소통을 외치는 것은 민주주의로 가는 길이 아니다. 이와는 다르게 변증법은 서로 내적으로 연관된 전체라는 관점에서 서로 분열되고 갈등하는 전체 인류 공동체의 다양한 목소리를 그 생생한 대립적인 총체로 표현하고자 한다. 이로써 변증법은 현대 사회에서 사람들의 소외된 목소리를 활성화하며 다양한 목소리를 갈등 속에서 조화하는 자유와 해방의 논리이자 정치의 오르가논이 된다. 다시 말해서 변증법이야말로 아렌트가 주창한 이소노미아의 오르가논, 현대적으로 말하면 진정한 민주주의와 공화주의의 오르가논이 된다.

변증법은 초역사적 추상적 공간이 아닌 현재의 역사적 조건을, 원자화된 그림이 아니라 내적 연관성이라는 총체성의 관점에서 서술하는 것으로부터 시작한다. 변증법은 미래를 예언하는 사이비 과학이 아니라 현재의 역사적 조건을 성찰하고 그 현실에서 무르익은 이념적 차원을 드러내는, '서술'과 '비판'의 기능을 하는 '황혼 무렵에 날아오르는 올빼미'다. 플라톤의 말처럼 "'포괄적으로 보는 사람ho synoptikos'은 '변증법가dialektikos'이지만, 그러지 못하는 사람은 그런 이가 아니기 때문이네."[5]

— 서
유
석 —

연대

'연대' 개념의 역사와 현대적 의미

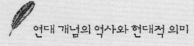 연대 개념의 역사와 현대적 의미

시민권, 분배정의, 사회복지 등의 구체적 상황에 따라 연대의 의미는 달라진다. 상황에 맞는 연대를 실현하기 위해서는 플라톤이 말하는 이소노미아 개념이 필요하다. 플라톤 통치술 개념의 하나인 이소노미아 개념은 연대 개념과 어떻게 연관되어 있을까. 플라톤 당대의 이소노미아 개념과 현대적 의미의 연대 개념이 직접 연관되지는 않지만, 서로 간에 철학적 시사성이 있기 때문에 그 연관성은 나름대로 중요한 의미를 가질 수 있다. 그러한 연관성 속에서 우리사회 민주 발전을 가로막는 정치적 무관심, 무임승차, 계급배반 투표, 박정희 신드롬 같은 구체적 사회병리 현상들을 치료해나갈 수 있다. 때문에 치료제로서 주민자치운동이나 지역 중심의 공동체운동의 실현은 중요하다.

I
연대란 무엇인가

'연대'가 유행이다. 정당은 물론이고 시민운동, 진보운동, 노동운동, 풀뿌리운동에 이르기까지, 사회 변화를 도모하는 모든 운동이 '연대'를 표방하고 있다. 일상적으로 '연대'는 "집단 구성원의 단결(심), 공동 목표나 공동 이해관계의 구현 노력, 구성원 상호 간의 우애와 헌신, 상호책무, 약자에 대한 배려, 공동의 적敵이나 억압 구조 앞에서의 협조, 이상적 공동체의 원리" 등의 의미로 매우 다양하게 사용된다. 연대를 표방하는 단체나 운동의 지향이 서로 다른 만큼, 이들 각각이 '연대'를 통해 의미하는 내용이나 초점도 다르다.

이런 점에서 보면, '연대'는 매우 느슨한 개념이고 비학문적 개념이다. 혹자는 이런 애매함 때문에 '연대의 본질이 무엇이냐'에 집착하는 것은 현실을 바라보는 관점을 흐리게 하므로 오히려 다른 구체적 개념(시민권, 분배정의, 사회복지 등)으로 시선을 돌려야 한다고 주장한다. 한 사례로서 플라톤 통치술 개념의 하나인 '이소노미아' 개념을 도입해 이소노미아 개념이 어떻게 연대 개념과 연관되는지를 짧게나마 서술하려 한다. 플라톤 당대의 이소노미아 개념과 현대적 의미의 연대 개념이 직접 연관되지는 않지만, 그 서로 간에 철학적 시사성이 있기 때문에 그 연관성은 나름대로 중요한 의미를 가질 수 있다.

플라톤에서 2천 년을 뛰어넘은 마르크스에서도 오늘날의 연대 개념을 직접 찾기란 어렵다. 마르크스주의도 '연대' 개념을 전면에 내세우기를 꺼려했다. 연대는 아나키스트들의 구호였고 서구 마르크스주의와 68혁명의 구호였으며 반反소련운동인 폴란드 노동운동Solidarity의 구호였기 때문이다. 68혁명 이후 환경운동과 소수자 운동에서 '연대' 운동이 부각될 때도, 마르크스주의자들은 불편해했다. '프롤레타리아 계급'과 '혁명'에 힘을 모아야 할 때, 제 계층의 연대, 소수자 연대, 복지 연대 등은 운동의 관점을 흐리게 하고 모순을 무마해 혁명을 지연시키는 허위의식이라고 폄하했다. 하지만 '연대'의 개념과 운동이 정치적으로 중요한 의미를 갖게 된 데에는 마르크스주의도 크게 기여했다. 다름 아닌 19세기 노동운동과 사회주의 운동에서 '노동자 연대' 운동이 등장했기 때문이다. 표현만 달리했을 뿐(예: '사회주의적 국제주의', '만국 노동자의 단결', '형제애', '동지애', "개인은 전체를 위하여, 전체는 개인을 위하여"), 공산주의 운동의 방법과 목표에는 '연대'의 맥락이 깊이 스며들어 있다.

중요한 점은 19세기 이래로 '연대'가 거의 모든 사회운동의 슬로건으로 사용되었다는 사실이다. 그리고 이러한 사실은 비록 그 내용이 서로 차이가 있더라도 이들이 '연대의 위기'를 심각히 받아들였다는 증거다. 오늘날에도 사회 통합의 '위기', 노동 연대(노동 운동)의 '위기', 복지 연대의 '위기'는 정치철학과 사회운동의 핵심 문제다. 이런 점에서 '연대'는 혹자가 주장하듯 정치적 수사修辭에 불과한 무의미한 개념은 아니다. 다만 '연대' 논의가 그 다의성 때문에 거의 모든 사회 문제와 연결되고 또 그렇기 때문에 잘못하면 초점이 흐려질 가능성이 있을 뿐이다.

I

'연대' 개념의 역사

'연대solidarité'라는 말과 사상이 역사에 의미 있게 등장한 것은 프랑스 혁명기다. 물론 그 전에 로마 채권법에서 가족이나 공동체의 '연대 채무'라는 의미로 'obligatio in solidum'이란 말이 사용되었고 그것이 말의 어원

아주 오래된 질문들

이 되었지만, 'solidarité'란 말이 현대적 의미로 접근하기 시작한 것은 프랑스 혁명 이후다. 프랑스 혁명기에 '연대'는 자유liberté, 평등égalité과 함께 혁명의 이념으로 제시된 '형제애fraternité'의 유사 개념으로 사용되었다. 그 후 시간이 흐르면서 이 개념은 개인과 공동체의 상호책무라는 채권법의 맥락을 넘어서서 도덕과 사회, 정치의 분야로 확대 적용되기에 이른다.

한편 지역공동체 혹은 시민 연대의 가능성은 플라톤의 이소노미아 개념에서 찾을 수 있다. 플라톤 당대의 이소노미아 개념은 아테네 민주정의 기반이었지만 오늘날의 지역공동체 개념에 그대로 적용하기에는 다소 무리가 있을 수 있다. 그럼에도 불구하고 이런 이소노미아 개념이 다른 어떤 개념 이상으로 무중심의 공동체를 이루기 위한 철학적 기초가 된다고 판단한다. 아테네 당시의 민주정의 형태는 오늘날의 거대한 중앙집중형 거버넌스 체제와 다르다. 정치적 평등을 실현하려 한 이념적 도구로서 이소노미아의 정신은 오늘날의 소규모 연대를 가능하게 하는 실질적 철학이 될 수 있다. 국가 구성원 모두에게 적용되는 강하고 일률적인 지배 방식인 중앙집중형 거버넌스와 다르게 이소노미아 기반 운영 방식은 무지배, 배려, 평등 정신을 기초로 한다. 이 점에서 이소노미아 기반 평등사회는 비록 이상적이기는 하지만 오늘날의 공동체운동을 비롯한 연대를 요구하는 지역운동과 시민운동에 더 적절하다. 이소노미아의 의미 안에는 소시민이나 지역인과 같은 일반 평상인에게도 그들 만큼의 권리가 있음을 가정하기 때문이다.

근대적 의미에서 '연대' 개념이 사회학 용어로 자리 잡은 것은 19세기다. 여기에는 콩트A. Comte와 뒤르켐E. Durkheim의 공로가 크다. 그리고 이 개념이 정치적 의미를 가지면서 오늘날 통용되는 의미로 자리 잡은 것은 19세기 중엽 이후의 노동운동과 사회주의 운동 덕이다. 우선 콩트는 '연대'를 '노동 분업'을 통한 사회적 결합, 결집, 통합의 의미로 사용했다. 뒤르켐은 이를 받아들이지만 좀 더 확장해 연대(사회적 결집social cohesion)를 두 종류로 나눈다. 유명한 '기계적 연대(구성원들 사이의 유사성에 기초한 연대-가령, 직인 조합원 사이의 연대)'와 '유기적 연대(분업 사회에서의 상호의존)'가 그것이다. 그에 따르면, 분업의 확대와 함께 개별성 역시 확대되고 사회적 결집은 점차 구성원들 사이의 유사성보다는 차이를 통해서 실현되었다는 것이다. 퇴니에스F. Tönnies가 '공동사회Gemeinschaft'에서 '이익사회Gesellschaft'로의 이행을 논하면서 공동체적 '유대'의 해체 과정을 탐구한 것도 이 시기다. 콩트, 뒤르켐, 퇴니에스에서 시작되어 현대기능주의 사회학으로 이어지는 이런 논의는 결국 "한 사회에서 사람들을 결집시키고 그럼으로써 사회를 안정시키는 요인은 무엇인가"에 대한 논의로서, 오늘날 연대를 거론하는 하나의 중요한 맥락을 형성하게 된다. 여기서 '연대'는 사회 안정과 결집에 기여하는 '도구적 가치instrumental value'를 갖는 개념이다.

한편 19세기 중반 사회주의와 조직적 노동운동이 싹트면서부터 정치적 의미의 연대 개념이 등장한다. 프랑스의 경우 블랑L. Blanc과 프루동P. J. Proudhon이 대표적이며, 특히 1848혁명기에 '연대'의 슬로건이 강하게 제창된다. 급기야 1864년 국제노동자연합International Working Men's Association은 강령규약에 '노동자의 연대' 즉 "일국 내 노동자의 연대, 여러 나라 노동자들의 형제적 단결"을 중요한 내용으로 담게 된다. 마르크스도 인터내셔널 헤이그 총회에서 파리코뮌을 언급하면서 다음과 같이 말한다. "시민들이여, 인터내셔널의 근본 원칙을 생각해보자. 연대! 삶을 지탱해주는 이 원칙을 우리가 만국의 모든 노동자 가운데서 확실한 기초 위에 세운다면 우리가 숨겨온 위대한 최후의 목표에 도달하게 될 것이다."

사회주의자들이 '연대(노동자 연대)'에 큰 의미를 부여한 까닭은 그것이 자본의 착취에 맞서는 무기였기 때문이다. 사민주의자들에게는 파업의 효과를 위해서 노동자의 연대가 필요했고, 혁명적 사회주의자들에게는 자본주의 타파를 위해 노동자 일반의 연대가 필요했다. 하지만 사회주의자들에게 연대는 단지 투쟁의 수단으로 그치는 것이 아니었다. 연대(연대적 삶)는 동시에 미래 이상사회의 구성 원리이기도 했다. 당시 사회주의자들 가운데 많은 이가 공산주의 사회를 '연대적' 사회로 규정했다. 라살레F. Lassale는 공산주의 사회를 "연대적 사회"로 묘사했고, 리프크네히트K. Liebknecht 역시 연대를 "최상의 문화적, 도덕적 개념"으로 설명했다. 공산주의는 곧 연대가 구현된 사회라는 것이다. 당시 사회주의자들은 '형제애' 개념 역시 이런 맥락에서 혼용했다.

이상사회 구성 원리의 관점에서 보면 연대는 도구적 가치를 넘어서서 일종의 '본원적 가치intrinsic value'를 갖는 개념이 된다. 오늘날 일부 공동체주의자들 역시 '연대'를 이상적인 공동체적 삶의 원리로 간주한다. 이상적 공동체의 구성원이 된다는 것은 그 공동체의 다른 구성원들과 연대의 관계 내지 형제애의 관계를 맺는 것을 의미하기 때문이다.

20세기, 68혁명을 전후해 등장한 다양한 사회운동(신사회 운동new social movements)에서의 연대 역시 19세기 노동운동과 마찬가지로 공동의 목표(억압 구조의 타파)를 이루기 위한 운동 구성원들 사이의 정서적 결합과 상호 협력을 의미했다. 사회주의 연대와 신사회운동의 연대는, 양상의 차이(자본주의 타파냐 억압 구조의 타파냐)는 있지만 연대 투쟁의 과정에 분명한 적敵이 있었고 연대 투쟁을 통해 이루려 한 목표(인간 해방)가 보편적인 것이었다는 점에서 공통적이다. 이 점에서 이들의 연대는 기본적으로 '열린inclusive' 연대였다. 예를 들어 집단의 공통 이해에서 출발하는 연대 가운데 많은 경우는 '닫힌exclusive' 연대다. 각종 이해 집단의 연대가 그렇고 동창회와 같은 사적 모임에서의 연대가 그렇다. 독일의 나치도 연대를 슬로건으로 사용했다.

20세기에 '연대'의 원리는 사회보장정책을 정당화하는 원리로도 자리 잡는다. 복지국가의 사회보장정책은 과거에 이루어지던 빈민에 대한 구제정책과는 질적으로 다르다. 구제에서는 혜택의 제공자와 수혜자가 위계적으로 구별되며, 구제는 사회적 차별의 철폐를 지향하지 않는다. 반면 20세기에 '연대주의' 혹은 '사회적 연대'의 구현으로 지칭되는 사회복지정책은 제도화된 상호부조다. 제도화된 상호부조의 특징은 수혜자가 시혜자에게 도움을 청하는 것이 아니라 국가와 법에 호소해 혜택을 받는다. 특히 1950년대에 등장한 사회권social right 개념에 따르면 이 혜택은 국가나 사회가 베푸는 시혜가 아니라 시민의 당연한 권리로 간주되기에 이른다.

물론 사회보장정책은 두 가지 얼굴을 하고 있다. 한편으로 사회보장정책은 체제의 안정을 위해 지배자 편에서 도입되곤 했다. 독일의 사회보장이 비스마르크O. von Bismarck에 의해 최초로 제도화된 것만 보아도 쉽게 알 수 있다. 일찍이 아리스토텔레스 역시 사회의 안정을 위해서는 대중이 지나치게 가난해지는 것을 막아야 하고, 이것이 결국 부자에게도 이익이 된다고 언급했다. 하지만 다른 한편으로 사회보장은 인권을 확보하는 투쟁을 통해 획득된 측면이 있다. 20세기에 사민주의자들의 사회권 투쟁이 대표적이다. "대중을 상대하는 정치인은 그들의 지나친 빈곤만큼은 막아야 한다. 그러지 않으면 민주주의가 위험에 처한다. 일정 수준의 복지를 유지시켜야 하는데, 이것은 응당 부유한 계급에게도 이득이 되기 때문이다… "[1] 비스마르크나 아리스토텔레스가 사회적 부조의 필요성을 제기한 것은 연대 개념에 내포된 사람들 사이의 도덕적 의무와는 거리가 먼 개념이다. 엘리트의 입장에서 사회안정을 위한 불가피한 방편으로 도입하자는 논리다.

'연대' 개념의 세 맥락: 사회 통합, 노동 연대, 복지

'연대' 개념의 역사를 통해 우리는 연대의 몇 가지 맥락을 추적해볼 수 있다. '사회 통합으로서의 연대', '해방을 향한 투쟁으로서의 연대'(노동자 연대), 그리고 '복지국가 연대'가 그것이다. 오늘날 거론되는 '연대의 위기'도 다름 아닌 이 세 맥락에서 거론되고 있다. 이 세 맥락에 주목해 연대는 오늘날 어떤 상황에 처해 있는지, 그리고 오늘날 '연대'와 관련된 대표적 쟁점들은 무엇인지 살펴보자.

사회 통합으로서의 연대

연대는 사회를 결속하는 시멘트 역할을 한다. 콩트와 뒤르켐의 '연대' 용법이 그것이다. 그런데 뒤르켐이 "역사적 법칙"이라고 언명한 '기계적 연대'에서 '유기적 연대'(분업의 상호 연관)로의 발전이 과연 연대의 점진적 발전 과정인가에 대해서는 이론이 있다. 이 반론에 따르면 역사 과정은 오히려 연대의 점진적 몰락 내지는 탈脫연대의 과정이었다. 일찍이 퇴니에스는 근대화 과정을 공동 사회에서 이익 사회로의 전환 과정으로 보고 전자를 '실질적' 공존, '살아 있는 유기체', '참된' 공존으로 명명하고 후자를 '형식적' 공존, '기계적 결합', '덧없는 공존'이라 명명했다. 이는 연대가 상실된 이익 사회의 부정적 면모를 드러내기 위함이었다.

오늘날에도 공동체주의자들이 근대화modernization를 곧 탈연대의 과정으로 본다. 근대화 과정은 다름 아닌 '개인주의', '시장독재', '도구적 국가관(국가를 개인들의 목표달성을 위한 수단으로 보는 관점)'이 만연해온 과정이라는 것이다. 응당 공동체주의자들의 잠재적 목표는 사회적 연대의 재활성화에 있다. '사회를 결집시키는 것은 무엇인가' 하는 '사실적(서술적)'

탐구의 한계를 넘어 '바람직한 사회 상태인 사회적 결집의 증진을 위해 무엇을 해야 하는가'라는 '정치실천적' 차원의 문제제기라 할 수 있다.

하지만 공동체주의자들의 논의에도 결함이 있다. 많은 경우 이들은 자유주의와 공동체주의를 놓고 이데올로기적 우열을 가리자는 식으로 논의를 전개했다. 하지만 퇴니에스의 '이익사회', 뒤르켐의 '유기적 연대'는 이데올로기적 선택의 문제가 아니다. 뒤르켐이 "역사법칙"이라고 지적했듯이, 이익사회나 유기적 연대는 사회 발전의 필연적 결과로 등장한 것이고 객관적 사회 구조 변동의 산물이다. 그리고 뒤르켐의 논의를 자세히 들여다보면 그가 말하는 유기적 연대는 단순히 분업(분업 내 상호의존)만을 의미하는 것이 아니라 '자율적 개인들'의 '연대'에 대한 생각을 내포한다. 뒤르켐은 자유주의자들과 공동체주의자들이 상호대립적으로 옹호한 '개인의 자율성'과 '집단의 연대' 사이에 모순이 있다고 보지 않았던 것이다.

노동자 연대

노동자 연대와 관련하여 엥겔스F. Engels는 노동자들이 동일한 계급적 위치에 있고 따라서 동일한 계급적 이해관계를 가질 것이므로 자연스럽게 연대가 이루어진다고 보았다. 이런 설명은 사적유물론에 입각한 마르크스, 엥겔스의 전형적 설명 방식이다. 하지만 계급 위치가 같고 이해관계가 같다는 것만으로 연대 행동이 설명되지는 않는다. 또 이해관계의 동일성을 근거로 연대 행동에 대한 도덕적 정당화를 할 수 있는 것도 아니다. 노동자들이 동일한 처지(착취)에 놓여 있고 또 억압 구조를 타파하는 것이 '정당한' 것이라고 스스로 인식하고 있어도 연대(예, 파업 참가)를 좌절시키는 많은 요인과 기제가 있다. "무임승차free riding" 내지 "수인의 딜레마prisoner's dilemma" 상황이 초래되기 십상이고, 이해관계가 같아도 자원과 기회가 부족할 경우 연대보다는 오히려 내부 갈등이 초래되곤 한다. 오늘날과 같은 "고용 없는 성장" 시대에는 그 가능성이 더 커진다.

한마디로 '연대'는 '무임승차'의 반대 개념이다. 오늘날 사회운동과 변혁을 가로막는 대표적 장애물 중 하나는 사회에 만연된 바로 이 무임승차 심리와 행태다. 그렇다면 만연된 무임승차를 이겨내는 일, 즉 연대의 문화를 확산시키는 일은 매우 중요한 사회적 과제가 된다.

공통의 이해관계에서 연대가 야기된다는 논리에 반대하는 철학적 전통이 있다. 이들은 대부분 연대를 도덕적 개념 내지 보편적 의무로 간주하고 그 근거를 '인간 본성'에 호소하여 찾는다. 셸러M. Scheler는 상호성, 즉 연대적 본성이 인간 일반에 내재한다고 보았다. 그의 논리에 따르면 연대는 언제나 내부로부터 나오고 이기주의는 언제나 외부로부터 온다. 이처럼 진정한 인간 본성에 호소하여 설명하는 방식은 칸트도 마찬가지다. 그의 보편주의 윤리에서 따르면 "타자의 인격에 대한 존중"이라는 보편적 윤리는 인간 일반에 내재하는 이성으로부터 도출된다. 크로포트킨 P. Kropotkin을 포함한 대부분의 아나키스트도 상호 관계를 인간 일반의 본성으로 간주했다. 그런데 이런 형이상학적, 인간학적 입장은 정당화도 어렵지만 무엇보다 현실의 갈등을 설명하는 데 큰 도움이 안 된다.

"핵심적 자아" 따위는 없다고 보는 로티R. Rorty는 이런 전통 철학의 입장, 즉 '인간성 자체와 동일시되는 연대성의 존재'를 거부한다. 로티는 오히려 현실 속에 있는 구체적 집단의 '우리' 의식이 연대감의 근원이라고 본다. 그에 따르면, 연대는 공통된 인간 본성에 대한 신념을 요구하지 않는다. 오히려 연대는 "전통적 차이(인종, 민족, 종교 등의 차이)를 중요시 하지 않는 능력", 오히려 구체적 현실에서 경험되는 "타자의 고통과 굴욕에 대한 감수성"이라는 게 로티의 주장이다.

(이제 남은 문제는) 가능한 한 '우리'의 감각을 확장하는 노력이다…. 우리는 주변화된 사람들, 즉 우리가 여전히 본능적으로 '우리'라기보다는 '그들'로 생각하는 사람들을 관심 있게 지켜보아야 한다. 우리는 그들과의 유사성에 주목해야 한다…. 현재보다 더 넓은 연대성의 의미를 '창조'해나가야 한다.[2]

한편, 노동자 연대의 전통이 여성을 배제해온 사실에도 주목해야 한다. 촐R. Zoll의 역사적 고찰에 따르면 일찍이 형제애를 제창한 프랑스 혁명기부터 여성은 연대의 대상에서 제외되곤 했다.

복지국가에서의 연대

복지국가는 물질적으로 궁핍한 개인과 집단을 위해 국가가 나서서 재분배를 도모하는 국가 형태다. 공적인 사회보장도 마찬가지다. 그리고 이를 정당화하는 근거가 연대의 원리다. 복지국가에서의 부조support는 상대적 부자로부터 상대적 빈곤자로의 부조뿐 아니라 젊은 세대 혹은 차세대로부터 노년세대 혹은 구세대로의 부조, 그리고 리스크(예: 질병, 장애, 실업)와 교육 등에 대한 상호보장 등 여러 형태로 이루어진다. 복지국가의 특징은 앞서 지적했듯이, 이 부조support가 제도화되어 있다는 데 있다. 이제 부조의 수혜자는 동료 구성원에게 부조를 요청하는 게 아니라 국가와 법에 부조를 요구하고, 부조의 공여자 역시 법에 의해 그 공여가 의무화된다.

사회권social rights도 그 권리의 요구가 다른 구성원에게 향하는 것이 아니라 사회 혹은 국가를 향한다는 점에서 비슷하다. '사회권'은 가난과 곤궁이 개인의 잘못이나 '운명' 때문이 아니라 잘못된 사회 구조 때문이라는 18세가 말 이래의 사회정치적 인식과 투쟁의 산물이다.

복지국가와 사회보장에 구현되는 연대는 한 집단 내에서 구성원들 사이에 직접 이루어지는 연대 내지 형제애와는 몇 가지 점에서 차이가 있다. 상대적으로 작은 집단 내에서 이루어지는 부조는 부조 제공자와 수혜자 사이에 심리적 불평등을 야기할 수 있다. 또 수혜자가 제공자에게 정치적으로 반대 의사를 표하기도 어렵다. 한편 복지국가는 상호부조를 국가가 제도로 확립함으로써 이런 부작용을 막을 수 있다. 이 점은 사회권에서도 마찬가지다. 사회권은 사회구성원이 요구할 수 있는 당연한 권리이기 때문에 자선charity을 구하는 것과는 질적으로 다르다. 한편 복지국가에서는 비대한 관료제의 병폐, 빈곤병 등이 야기될 수 있다. 오늘날 '기본소득basic income'이 대안으로 거론되는 배경이다. 복지정책과 관련한 또 하나의 쟁점은 이주(노동)자, 불법체류자 등에게까지 복지가 확대되어야 하는가를 둘러싼 논란이다.

복지국가나 사회권과 관련해 '연대'보다는 '정의'의 맥락에서 논의하는 것이 바람직하다는 주장이 있다. '연대'는 특정 집단, 공동의 운명이나 공통의 이해관계를 가진 (상대적으로 작은) 집단구성원 사이의 관계인 반면, 복지국가와 사회권은 사회구성원 전체에 해당하는 것이기 때문이다. 바이에르트K. Bayertz가 그런 입장이고 롤즈J. Rawls 역시 마찬가지다. 특히 복지국가를 정당화하는 롤즈의 입론, 특히 '차등의 원칙principle of difference(약자 우선 배려 원칙)'은 연대감이나 형제애로부터 도출된 것이 아니다. 롤즈에 따르면, 정의의 제1원칙과 제2원칙은 '상호무관심한' 원초적 입장의 사람들이 '냉정한 이익 계산'을 통해 합의하는 것이기 때문이다.

| 연대와 시민권

룩스S. Lukes는 오늘날의 연대의 위기에 대한 해결책으로 시민권citizenship 개넘을 제시한다.[3] 그의 주장은, 일찍이 마샬T. H. Marshall이 제시한 시민권 개념(특히 사회적 연대권)을, 그동안 마르크스주의자들이 외면해온 주변인(비정규직, 비숙련자, 실업자, 장애인, 홈리스 등)과 소수자(이주노동자, 불법체류자 등)에게까지 확대하는 데 초점이 있다.

영국의 사회학자인 마샬은 1950년《시민권과 사회계층》에서 시민권의 전개 과정을 18세기 민권civil rights, 19세기 참정권political rights에 이어 20세기의 사회권social rights으로의 발전 과정으로 설명하면서 특히 사회권(일명, '사회복지권', '연대권')을 중시했다. 이는 어느 정도의 생활 수준과 경제적 안정을 보장받을 권리를 말한다. 그는 사회권이 중요한 이유로 만일 사회권이 확보되지 않으면 민권과 참정권이 허울뿐인 권리로 전락한다는 점을 들었다. 물론 마샬은 마르크스주의와 페미니즘으로부터 공격을 받았다. 여성을 고려하지 않았고 생산 수단에 대한 통제 권리로까지 나아가지 못했다는 비판이었다. 하지만 당시 영국 노동당 전성기에 그가 제창한 사회권은 인권과 시민권 운동의 역사에서 의미 있는 사건이었다.

룩스는 복지국가가 지난 수십 년 동안 위기를 겪고 있지만 그럼에도 복지국가의 연대 정신은 지켜져야 함을 강력히 주장한다. 특히 신자유주의가 확산되고 시장지상주의가 만연하는 오늘날 복지국가의 연대 원리에 대한 방어는 더욱 절실하다는 것이다. 실질적인 민권, 정치권, 사회권은 자유 행사를 위한 본질적 조건이다. 오늘날은 과거보다도 생산과 고용 체계에서 배제된 더 많은 유형의 사람들이 있고 그 수도 빠른 속도로 늘어나고 있다. 이는 연대 상실의 징표이기도 하지만 동시에 연대의 확산이 절실히 요구되는 배경이기도 하다. 룩스는 시민권이 이주노동자와 불법체류자에게도 온당하게 주어져야 하고 더 나아가 이들에게 '문화적 권리'까지 주어야 함을 역설한다. 사회권에 '문화권cultural rights'이 추가되어야 한다는 것이다.

I
연대와 인정

룩스가 지적하듯이, 배제된 사람들, 소수자, 이민자에게 온당한 시민권을 부여하는 문제, 더 나아가 문화적 권리까지 부여해야 한다는 주장은 지난 20세기 정치철학에서 관심 대상이 아니었다. 오히려 20세기 정치철학의 중심 주제는 분배정의redistributive justice 문제였다. 다시 말해 유럽의 마르크스주의와 사민주의, 미국의 롤즈 모두 재분배 문제에 골몰했던 것이다. 그런데 20세기 후반, 사회적 배제자/소수자 문제, 인종/문화 간 갈등, 다문화사회의 문제가 전면에 부각되면서 새로운 문제가 정치철학의 중심에 등장한다. 다름 아닌 '정체성의 정치학', 즉 '인정recognition'의 문제다. 재분배의 문제가 해결돼서 인정의 문제가 등장한 것은 아니었다. 하지만 진보(정치)운동에 대한 실망, 그리고 새로운 도덕적 감수성의 성숙 등이 배경이 되고, 테일러Ch. Taylor, 호네트A. Honneth 등의 인정론이 주목을 받으면서 이제 '인정'이 핵심 과제 아니냐를 둘러싼 논의가 진행된 것이다.

정의와 인정은 쉽게 조화될 수 없는 두 범주다. 실제로 '(분배) 정의'를 옹호하는 사람들은 '인정'의 주장을 허위 의식이라고 비판하고, '인정'을 옹호하는 사람들은 정의론(재분배론)을 시대에 뒤떨어진 유물론이요, 사회 속에 존재하는 다양한 부정의에 대한 외면이라고 비판해왔다. 계급 해방을 목표로 하는 정치와 문화다원주의 사이의 갈등인 셈이다. 정의와 인정은 상호 모순되는 철학적 맥락도 각기 가지고 있다. 전자는 칸트적morality 전통에 서 있으며 기본적으로 옳음the right(보편적 규범)의 문제에 해당하는 반면, 후자는 헤겔의 인륜성Sittlichkeit의 맥락에 서 있으며 좋음the good과 맥을 같이 하기 때문이다. 여기서 말하는 '좋음'은 특정 공동체가 추구하는 가치와 이상으로서 보편화가 불가능하다.

하지만 분명한 것은 현대의 사회 문제 해결을 위해서는 정의(재분배)와 인정 모두가 필요하다는 점이다. 프레이저N. Fraser는 바로 이런 문제 의식 아래 양자를 모두 수용하는 포괄적 정의 개념을 제창한다.[4] 그의 전략은 인정 개념의 변경과 정의 개념의 확장이다. 그가 제시하는 확장된 정의 개념에는 기존 논의의 인정 요구와 정의 요구가 상호 모순 없이 모두 포괄된다. 그는 무엇보다도 인정을 '정체성의 인정'으로 볼 것이 아니라 '참여의 평등'으로 보자고 제안한다. 그에 따르면, 기존의 인정론은 '정체성의 정치학identity model of recognition'이고, 새롭게 제안되는 인정론은 '지위 모델status model of recognition'이다. 정체성 모델에 따르면 인정은 집단의 (문화적) 정체성을 인정하는 데 초점이 있다. 하지만 지위 모델은 소수자 집단의 구성원들에게 사회적 상호 작용의 온전한 참여자full partnership 지위를 부여하는 데 초점이 있다.

프레이저에 따르면, 인정의 정체성 모델은 심각한 문제들을 안고 있다. 첫째 사회 구조보다 심리 구조에 주목함으로써 사회 변혁의 논리가 아닌 사회 적응의 논리로 전락할 위험이 있다. 둘째, '집단' 정체성을 강조함으로써 그 내부 개개인의 정체성을 무시할 수 있다. 셋째, 문화를 고정된 것으로 실체화할 위험 즉 분리주의의 위험이 있다. 다섯째, 집단 내 갈등의 동학을 간과할 위험이 있다. 마지막으로, 집단 내 지배 집단을 옹호하는 결과를 야기할 수 있다. 특히 이 마지막 점은 공동체주의자들, 아시아적 가치론자들에게도 상존하는 위험이다. 반면 인정의 지위모델은 이런 위험들을 극복할 수 있고, 더 나아가 재분배론과 조화될 수 있는 장점(확대된 정의 개념 아래 재분배의 주장과 인정의 주장이 동시에 이루어질 수 있다는 장점)이 있다는 것이 프레이저 주장의 핵심이다. 결국 그녀의 제안은 오늘날 소수자 문제는 그들에게 사회참여의 동등한 지위를 부여하는 데에서 출발해야 한다는 것이다.

여기서 2천 년전 플라톤으로 다시 돌아가보자. 플라톤 당시의 시민 개념과 현대사회의 시민 개념은 그것이 지시하는 실질적 내용에서 다소간 차이가 있지만 그럼에도 불구하고 플라톤《정치가》에서 말하는 의도는 오늘 한국사회에도 적용될 수 있다고 본다. 플라톤의《정치가》는 시민들에 대한 공동체적 양육과 보살핌을 이상적 통치 덕목으로 보았다.(261c-d) 플라톤이 말하는 양육koinotrophikē의 통치술은 이 글에서 말하려는 공동체 철학에 해당한다. 나아가 보살핌의 기술은 철인왕이 시민들에게 일방적으로 베푸는 통치술에 국한되는 것이 아니라 구성원 상호간의 배려심이라고 보는 것이다. 관료중심 하향통치술이 아닌 구성원 상호중심 자기통치술이 바로 연대의 철학적 기초라고 보는 것이다. 과연 이런 상호중심 기반 자기통치의 이소노미아가 가연 한국사회의 연대에 적용될 수 있는지는 여전히 실험 상태일 것이다. 그러나 이소노미아의 철학적 정신은 지역공동체와 시민운동의 정착을 위한 중요한 지표가 될 수 있다. 그 가능성을 사례 중심으로 타진해본다.

I
연대와 대안공동체(주민 자치) 운동

이 글은 연대 개념의 새로운 정의를 제안하는 데 목적이 있지 않다. 다만 사례 삼아 우리 사회에 확산되고 있는 "작지만 의미 있는" 연대운동, 즉 대안공동체운동, 주민자치운동이 이 시대에 필요한 유의미한 연대운동임을 제시해보고자 한다. 대안공동체운동은 한국 민주주의의 위기와 관련해서 특별한 의미를 갖는다. 한국 상황에서 이런 대안공동체운동이 플라톤이 말한 무중심과 공동배려 그리고 평등에 기반한 이소노미아 정신과 어떻게 연관되는지는 독자의 판단에 맡길 수밖에 없다.

Ⅰ
민주주의 위기의 세 국면

한국사회 민주주의의 위기는 크게 세 가지 점에서 지적될 수 있다. 첫째 신자유주의가 초래하는 사회경제적 민주주의의 후퇴다. '형식적 민주주의' 역시 위협받고 있지만, 더 심각한 것은 초국적 금융 자본이 주도하는 시장만능의 신자유주의 질곡이 사회적 양극화(비정규직 양산과 중산층 붕괴)와 공공 영역의 축소(교육/의료/복지의 축소)를 심화시킴으로써 비롯된 '질적 민주주의(사회경제적 민주주의)'의 후퇴다. 예를 들어 신자유주의 세계화가 초래하는 이 문제는 전통적 의미의 노동 착취와 연관된다. 세계적이며 동시에 한국적인 주요 문제로는 이 밖에도 생태계 파괴의 문제, 가부장적 지배 구조의 문제, 남북 문제 등을 들 수 있다.

두 번째로 민주주의의 위기는 변혁 운동 내부에서도 찾아진다. 자본주의 내지 신자유주의를 넘어서는 대안운동이 제자리를 못 잡고 있는 것이다. 현재 진보개혁 진영(정치권과 운동권)은 변혁의 청사진과 대안 정책을 내지 못하고 분열만을 일삼고 있다. 그 결과 국민적 지지 획득에 실패하고 있는 것은 당연한 일이다.

세 번째로, 개혁의 좌초와 전망 부재 속에서 국민의 의식이 왜곡되고 있다. 생존 경쟁에서 이겨야만 한다는 의식이 상식화되었고, 신분 상승의 유일한 통로로 교육과 부동산에 대한 왜곡된 관심이 광범위하게 확산되고 있으며, 계급 이해와 반대되는 근시안적 투표 행위, 종교적 근본주의, 심지어 '박정희 신드롬' 같은 사회병리 현상이 만연하고 있다. 복지국가에로의 길이든, 사회주의에로의 길이든 민주주의의 도정에 가장 중요한 것은 '연대'의 운동과 문화다. 그런데 우리사회에 연대의 문화와는 정반대되는 '무임승차' 심리가 만연하고 급기야 국민의 각종 정치 행위에까지 반영되고 있는 것은 민주주의 발전을 근본에서 흔드는 심각한 문제가 아닐 수 없다. 결국 한국사회에서 현 단계 민주주의 운동의 최대 과제는 이런 난제(객관적 위기, 운동의 위기, 주체적 위기)를 어떻게 극복할 것인가의 문제에 다름 아니다. 이런 상황에서 진보와 개혁진영의 정치적 연대 모색은 의미 있는 일이다. 하지만 현재로서는 그 전망이 불투명하다. 정파 간 목전 이해 때문에 보수와 신자유주의에 맞서는 대연합에로의 실질적 합의가 쉽지 않은 것이다.

┃
새로운 연대운동으로서의 주민자치운동

이런 위기 상황에서, 최근 일고 있는 "작지만 의미 있는" 사회적 연대 운동의 맹아들에 주목하고자 한다. 다양한 형태로 진행되는 지역의 대안공동체 운동, 주민자치운동(시민자치운동)이 현 단계 한국사회의 민주주의 운동에서 매우 중요한 위상을 갖는다는 생각이다. 첫째로 이런 운동은 그 속성상 시장에의 편입을 거부하는 반反자본, 반反신자유주의의 잠재력을 가지고 있다. 두 번째로 주민자치운동은 일상 속에 민주주의를 구현하는 생활민주주의 운동으로서 그 역량의 축적은 장기적으로 사회 변혁의 무기가 된다. 그리고 무한히 지연되고 있는 변혁과 변혁 이후의 이상적 삶('연대' 사회)을 현 단계에서 예비적으로 구현하는 운동이기도 하다. 세 번째로 사회적 연대운동으로서의 주민자치운동은 가장 소중한 시민교육의 장소로서 현 단계 사회 발전의 걸림돌인 무임승차 심리, 그리고 박정희 신드롬 같은 사회병리가 참여와 실천을 통해 극복되는 장場이기도 하다.

　　이런 대안운동의 양상을 주민 자치의 예를 들어 살펴보자. 논의 전개를 위해 이호가 〈주민자치 – 주민자치운동의 현황과 과제〉라는 글에서 행한 주민자치 유형 분류와 문제점/대안 분석을 따라가보자.[5] 그에 따르면, 주민자치를 지향하는 지역사회운동의 활동 방식은 크게 두 가지다. 하나는 지역주민을 대변하는 활동 방식이고 다른 하나는 주민들을 직접 조직해 그들이 활동의 주체로 나서도록 하는 주민 주체형 전략이다. "전자의 대표적인 활동은 지역 사회에서 행정이나 의회의 각종 비리와 주민들의 이해에 반하는 잘못된 정책 등을 들춰내 이를 지역사회에 여론화시키고 압력을 행사함으로써 그러한 문제들을 하나씩 해결해가는 방식이다. 그리고 주민들의 입장을 대변하는 후보를 선거에 출마시켜 이들을 통해 지역 사회의 각종 의사 결정을 주민들의 입장에서 수행하려는 방식도 이에 해당한다, 반면 후자의 활동 방식은 매우 다양하지만… 크게 세 가지로… 나눌 수 있다."

①주민들의 생활권에 피해를 입히는 사안에 대해 주민들이 조직을 구성하여 압력을 행사하고 이를 관철시키는 활동 방식(쓰레기소각장 반대투쟁, 철거반대투쟁 등).

②주민들에게 일상적으로 혜택을 줄 수 있는 프로그램을 운영하면서 주민들을 조직하여 이들이 지역 사회의 여러 활동에 참여토록 하는 방식(시민학교, 녹색가게, 주민도서실, 공부방 등).

③주민들이 자발적으로 지역의 제반 생활 환경 등을 개선하는 방식(다양한 마을 만들기 사례).

이호가 지적하듯이, 이 유형들은 각각 나름의 문제점을 안고 있다. ①의 경우 "주민들을 결집하는 사안이 즉자적이고 한시적"이어서 그 사안이 해소되고 나면 주민들의 지속적 참여나 영향력은 사라지기 쉽다.

②의 경우 혜택을 제공하는 쪽과 혜택을 받는 쪽이 명확히 갈라지곤 한다. 따라서 혜택을 만들어 내는 주도적 입장이 주민 스스로에게서 생기지 않으면 주민자치로서 한계를 갖는다. ③은 "주민들의 자발성과 자치의 원형"에 해당하는 운동이고 주민자치의 실질적 훈련장도 된다. 하지만 이 유형의 운동은 '우리'만을 위한 폐쇄적 공동체운동이 될 위험성을 안고 있다.[6]

그런데 이호의 이어지는 분석에 따르면, 우리사회에 다양한 형태의 주민자치운동이 확산되면서 이런 한계를 극복하는 긍정적 사례들이 속속 등장하고 있다. 우선 ① 유형의 경우 즉자적이고 한시적인 활동을 넘어서는 사례들이 있다. 예를 들면, 산본 쓰레기소각장 건설반대운동이 '군포환경자치시민회', '수리산 자연학교'의 건설로 이어져 지속적인 주민자치운동으로 발전한 경우가 그것이다. ② 유형의 경우도 혜택 제공자와 수혜자의 이분법적 구도가 조금씩 없어지는 사례들이 생겨나고 있다. 성인 한글학교 졸업생이 교사로 다시 자원봉사 하는 사례, 녹색가게에 처음부터 주민 자원봉사자가 참여하는 사례 등이 그것이다. ③의 경우도 소규모 주민공동체가 폐쇄성을 극복하고 지역사회로 개방되는 사례들이 나타나고 있다. 마포 성미산으로 대표되는 도시와 농촌의 다양한 공동체운동, 생협운동, 공동육아운동, 대안학교운동, 친환경급식운동, 지역 차원의 대안경제운동 등이 그것이다. 주민들이 실질적인 활동의 주체가 되고 그럼으로써 조직된 주민의 정치적 영향력이 커지는 것은 물론, '우리'만을 위한 공동체운동이 아니라 이를 넘어서서 '나'와 '우리'의 이해관계를 공공의 이해와 일치시키는 방향으로 나아가는 운동 사례들이다.

이처럼 바람직한 방향으로 나아가는 주민자치운동은 '시민'자치운동의 성격을 갖는다. "자족적이거나 폐쇄적인 모임이 아니라 자신들의 욕구와 지역사회의 욕구를, 지역의 욕구만이 아니라 전체의 욕구를 고려하려고 노력할 때 '사회운동'으로서의 주민자치운동 즉 '시민운동'이 (된다)."[7] 그렇다면 연대운동으로서의 이런 주민(시민)자치운동, 지역의 대안공동체운동이 현 단계 한국사회에서 갖는 구체적 의미는 과연 무엇인가.

I
주민자치운동의 의미와 과제

지역공동체의 주민자치운동은 민주주의를 일상의 삶 속에서 그리고 나와 이웃의 삶 속에서 스스로 구현하는 운동이다. 대리인에 의한 간접민주주의로는 민주주의의 이상을 구현할 수 없다. 간접민주주의가 일정한 역할을 하더라도 온전한 민주주의는 나머지 빈 공백을 메울 때 가능하다. 큰 틀의 민주적 제도와 형식을 구비하는 것은 민주주의의 필요조건일 뿐이다. 주민의 삶의 현장인 주거 공동체, 일터, 학교, 그리고 기초단체의 행정 집행 과정에서 민주주의가 구현되어야 하고 삶의 제 분야인 여성, 아동, 노인, 장애인, 이주노동자, 교육, 먹거리, 교통, 환경 등 일상의 구석구석에서 주민의 직접 참여에 의한 자치가 이루어져야 민주주의는 완성된다.

두 번째로 지역공동체의 주민자치운동은 '작지만 의미 있는 연대적 삶'의 구현 운동이라는 점에서 의미가 있다. 연대적 삶은 모든 변혁 운동이 지향하는 이상적 삶이다. 하지만 변혁의 대大기획은 무한히 지연되고 있다. 이런 시대에 그람시가 말하는 '기동전war of maneuver'의 적기가 오기만을 기다리는 일은 무책임한 일이다. 그 사이에 신자유주의 세계화, 필요가 아닌 이윤을 위한 생산, 환경 파괴, '성장 아니면 죽음grow or die'의 시

274   아주 오래된 질문들

장만능주의, 대기업과 초국적 금융 자본의 횡포는 무한 질주하고 읍면동의 작은 지역까지 단일 시장으로 통합하고 있다. 지역공동체의 주민 자치운동은 이런 흐름을 거역하는 반反자본의 연대공동체적 가능성을 내포하고 있다. 시장에 휘둘리지 않고 이윤과 경쟁이 아닌 이웃 배려와 협동의 친환경적 연대의 삶을, "작지만 의미 있는" 형태로 구현하는 운동인 것이다. 거대 담론과 중앙 권력에만 매몰되어 있는 진보 운동도 지역의 정치, 특히 지역공동체의 주민 자치운동에 눈을 돌려야 할 때다.

지역공동체의 주민자치운동은 변혁의 동력으로서도 의미를 지닌다. 현재와 간은 전 세계적 장기 보수화의 국면에서는 '진지전war of position'의 전략, 그것도 다각화된 진지전이 필요한 때다. 작은 자치공동체들이 무수히 등장하고 이들의 영향력과 네트워크가 형성될 즈음이면 사회 변혁은 보다 쉽게 앞당겨질 수 있기 때문이다.

현재 우리사회 민주 발전을 가로막고 있는 중요한 걸림돌의 하나는 만연된 정치적 무관심, 그리고 무임승차, 계급배반 투표, 박정희 신드롬 같은 사회병리 현상이다. 여론 조사를 보면 국민 대다수가 보편적 복지구현이라는 진보정당의 강령에 동의하면서도 이를 위한 세금 인상에는 반대한다. 수구 세력과 보수 언론이 조작한 강력한 경제 지도자로서의 박정희 이미지에 청년·학생을 포함한 절대다수의 국민이 혹하고 있다. 강남 교육과 강남 부동산의 피해자이면서도 투표시에는 특권 경쟁 교육, 부동산 투기의 가능성을 암시하는 보수당에 표를 몰아준다. 이런 이율배반의 심리는 정치가 국민의 문제를 해결해주지 못하고 특히 진보와 민주개혁 세력이 희망을 주지 못하는 데에서 비롯된 것이다. 또 우리의 교육이 민주시민을 길러내는 중요한 역할을 오래전부터 방기한 결과이기도 하다.

무중심과 평등 그리고 공동 배려의 정신을 담은 이소노미아 개념과 한국의 연대 정신이 직접 비교될 수 있는 것은 물론 아니다. 이 글은 그 둘

사이의 가능한 연관성을 만들어보는 철학적 낚시밥을 드리우는 시험적 도전에 지나지 않을 것이다. 그럼에도 불구하고 2,500년이 지난 한국 현대사회에서도 여전히 이소노미아의 정신은 지역공동체의 주민자치운동에 연관되어, 시민 스스로 무임승차심리를 극복하게 하고 박정희 신드롬을 극복하도록 하는 민주주의의 최상의 학교요, 교육의 장으로서 될 수도 있다는 의미도 갖는다. 주민자치운동은 중앙의 정치가 해결하지 못하는 문제를 주민 스스로 해결하는 운동이다. 또 주민자치운동은 처음에 주민의 이익구현운동으로 시작하더라도 많은 사례에서 보듯이 내부의 소통과 숙고, 실천과 참여를 거치면서 공공성을 획득하고 나아가 '시민' 운동으로 발전한다. 한마디로 시민자치운동이야말로 시민의식 성숙의 장(場)인 것이다. 지역공동체의 주민자치운동이 시민자치운동으로 그리고 공동체들의 연대운동으로 발전하기를 기대해 본다. 주민자치를 포함한 사회적 연대운동이 이런 과제를 구현하기 위해서는 무엇보다도 '열린' 연대운동이 되어야 한다. 집단에 국한된 연대는 이기주의에 불과하다. 노동운동도 공동체운동도 이 한계를 넘어서지 못하면 우리에게 희망이 없다.

이
정
호

정치

플라톤과 정치철학

플라톤 철학이 현대 정치철학에서 갖는 의미

플라톤과 현대의 만남은 무엇보다도 정치철학 영역에서 크게 이루어졌다. 특히 플라톤의 철학은 1930년대 말부터 40년대까지 당시의 나치즘 · 파시즘의 등장으로 야기된 정치철학적 체제 논쟁과 관련되면서 정치철학자는 물론 고전학자, 역사학자 등 다방면의 학자들 사이에서 철학적 논쟁사의 한 페이지로 기록될 정도로 뜨거운 주제가 되었다. 그 논쟁의 전개와 성과는 이후 밤브르흐R. Bambrough 등 여러 학자들에 의해 정리, 평가된 바 있다. 그러나 플라톤 철학은 지금도 인간지성에 대한 새롭고도 풍부한 자극과 도전으로 살아 있는 데다가, 현대의 정치사회적 정황 또한 급격한 변화 발전 과정을 통해 새로운 도전과 과제에 직면해 있다. 플라톤과 관련한 정치철학적 논쟁이 단순한 재론의 차원을 넘어 오늘날에도 여전히 정치철학적 탐문으로서 의의를 갖는 까닭이다. 이 글은 이러한 논쟁들의 기본 구도와 성격을 개괄적으로 살펴보고 플라톤 철학이 현대 정치철학에서 갖는 의미를 긍정적인 측면에 주안점을 두어 음미한다.

I
플라톤의 정치화: 묄렌도르프와 게오르그 학파

플라톤과 현대의 본격적인 만남은 앞서 언급했듯이 30년대 이후 파시즘, 나치즘의 등장과 관련한 정치철학적 논쟁들이 큰 계기가 되었지만 그에 앞서 플라톤 철학이 정치철학으로 새롭게 이해되고 해석되는 조짐들은 이미 1910년대부터 태동하고 있었다. 사실 플라톤 철학은 19세기 이전만 해도 주로 형이상학적 주제 영역에 머물러 있었고 그의 정치철학적 구상은 쇼리P. Shorey의 말처럼 "역사소설" 정도로 치부되고 있었다. 그러나 1910년 이후 유럽문화의 동요와 정치적 난맥상은 정치적·문화적 혼돈기를 살았던 플라톤을 현대로 불러내 플라톤의 정치 개혁 프로그램을 새롭게 재조명하는 계기를 마련해주었다. 1919년 빌라모비츠 묄렌도르프U. von Wilamowitz-Moellendorff의 《플라톤》은 그 대표적인 저술의 하나다. 그는 때마침 그동안 위서로 의심받다가 진본으로 판정된 플라톤의 《일곱번째 편지》를 토대로 플라톤이 시종일관 정치에 관심을 가지고 있었으며 실제로 시라쿠사에서 직접 정치 개혁을 주도하기도 했다는 사실에 주목하여, 플라톤 철학의 중심 주제를 정치철학으로 부상시키는 데 결정적인 기여를 했다. "제3인문주의"를 표방한 프리드랜더P. Friedländer와 예거O. H. Jäger 또한 그 영향을 받은 대표적인 고전학자들이다.

그런데 이들이 지성주의, 합리주의 내지 신칸트주의적 관점에서 시대적 현실과 연관시켜가며 플라톤의 정치철학에 대한 관심을 새롭게 불러일으켰다면 이들과는 전혀 다른 입장에서 오히려 그들의 입장을 신랄하게 비판하면서 플라톤 철학을 당대 최상의 정치철학적 대안으로 극단화한 사상가들이 있었다. 그들은 오늘날 거의 거론조차 되고 있지 않지만 당시에는 권력가 게오르그S. Georg 주변의 매우 명망 있는 철학자들로서 이른바 게오르그 학파라는 이름으로 당대 사상계에 큰 영향력을 행사하고 있었다. 그 학파에 속한 대표적인 사람들을 소개하면 프리드만H. Friedemann, 살린E. Salin, 싱거K. Singer, 힐데브란트K. Hildebrandt, 란즈베르크P. L. Landsberg 등을 들 수 있다. 그들의 출발점은 분석적, 형식적, 실증적, 추상적 정신에 저항하여 삶의 구체적 통일성, 전체성을 회복하는 것이었다. 이를 위해 그들은 현실과의 격렬한 대결을 몸으로 체현하고 사람들의 삶을 그 근본에서 전환시키는 지도자, 예언자로서 플라톤에 주목했다. 그들은 니체의 초인과 플라톤의 결합을 추구했던 까닭에 주의주의적·낭만주의적인 색채를 강하게 띠고 있었다. 특히 대표적인 이론가 프리드만에 따르면 플라톤은 초시간적 타당성을 가지는 삶의 형태를 확립한 사람으로서 해체되어가는 삶에 기준을 부여하는 "새로운 정신의 나라"의 창시자이다. 이 나라의 근간을 이루는 것은 이데아이고 에로스는 이데아와 인간을 이어주는 힘이다. 이데아는 에로스를 통해서 구체적 생에 형태를 부여한다. 이러한 형태부여는 일종의 종교적 육화Inkarnation에 가깝다. 이러한 육화의 인도자가 "영원의 담지자"로서의 최상의 영혼을 지닌 플라톤이다. 따라서 프리드만은 이 진정한 생의 인도자에 대한 사람들의 종교적 숭배로부터 진정한 "공동체"가 태어난다고 주장한다. 그러므로 이 공동체의 기본적 특징은 진정한 삶으로 인도하는 지도자에 대한 복종이다. 이 공동체는 한 개의 유기체이며, 그 사회적 기능이 어느 것이든 공동체에의 참여를 통해 세계의 근간을 구성하고 교육을 통해 완전한 삶을 부분적으로 현실화할 수 있다. 그리하여 인간은 "중심의 불길"로부터 멀어지는 일이 없이 마치 한 집과 같은 공동체의 구성원으로서 우주를 포함한 통일적 원리의 일익을 담당하게 된다.

그들은 무엇보다도 신칸트학파의 플라톤 해석, 특히 신화와 직관을 배제한 나토르프P. Natorp의 오성적·개념중심적 플라톤 상을 신랄하게 비판한다. 합리주의, 지성주의에 치우친 슈텐젤J. Stenzel과 예거의 해석은 물론 그들에 앞서 플라톤을 정치철학적으로 바라본 빌라모비츠의 해석 또한 철저히 배제된다. 빌라모비츠는 플라톤 철학이 지닌 정치철학적 중대성에 주의를 환기시켜주었지만, 플라톤 역시 철학자의 한 사람일 뿐이며 플라톤의《국가》또한 하나의 획기적인 아테네 정치 개혁 프로그램 이상으로 여기지는 않았다. 그러나 게오르그 학파에 있어서《국가》는 그 자체가 초역사적 타당성이 주어진 지고지상의 현실 개혁 프로그램이었고 플라톤은 당대 독일 사회가 직면한 혼돈에 빛을 던져주는 규범(이데아)의 완벽한 체현자였던 것이다. 급기야 이러한 게오르그 학파의 플라톤 해석은 히틀러의 등장과 어우러지면서 나치즘을 뒷받침하는 지배적인 이론이자 국가주의를 견고하게 뒷받침하는 철학 이론으로서 점차 지대한 영향력을 갖게 되었다. 이후 그들의 이론은 30~40년대 플라톤과 관련한 정치철학적인 논쟁에서 플라톤의 정치철학을 대변하는 일차적인 전거이자 마치 플라톤의 모든 것을 담고 있는 원형적 사유로 고착화되면서 당시는 물론 오늘날에 이르기까지 플라톤을 공격하는 사람들에게 너무도 유용한 빌미가, 그러나 옹호론자들에게는 너무도 치명적인 걸림돌이 되었다. 사실 지난 수세기동안 플라톤의 이상국가는 유토피아나 환상, 혹은 소설에 불과한 것으로서 학술적 탐구 대상이나 비판의 대상에 거의 포함되지 않았다. 그러나 빌라모비츠 묄렌도르프에 의해 플라톤 철학이 의미 있는 정치철학적 성찰로 부각된 이후 급기야 게오르그 학파에 이르러선 철학사를 관통하는 초시간적 보편적 지고지선의 사상으로까지 극단화되었고, 그에 따라 플라톤의 정치철학은 제2차 세계대전 이후 특히 자유주의의 이념에 대해 역사상 가장 가치 없는, 심각한 타격을 가하는 가장 위험하고 불순한 반민주주의 사상으로 확고하게 자리 잡게 되었다.

특히 나치즘의 폐해를 온몸으로 체험한 사상가들 이를테면 포퍼나 아렌트 등에게 플라톤 하면 떠오르는 것은 그야말로 뼛속 깊이 게오르그 학파의 플라톤이었던 것이다. 이렇게 보면 플라톤과 현대의 만남은 비록 20세기 초 정치상황과 연관되면서 상당 부분 플라톤에 대한 정치철학적 곡해와 편견으로부터 촉발되었기는 하지만 다른 한편으로는 플라톤 철학을 매개로 공박론자와 옹호론자에게 모두 아주 치열한 정치철학적 논쟁으로 비화되면서 결과적으로는 매우 발전적이고도 생산적인 정치철학적 성과를 잉태한 것도 사실이다. 그러면 이제 30~40년대 이후 플라톤을 둘러싼 정치철학적 논쟁들의 개요를 한번 살펴보도록 하자.

I
플라톤과 정치철학 논쟁: 근거와 정당성

무엇보다도 플라톤 정치 철학을 둘러싼 가장 큰 논쟁점은 오늘날 정치철학적 위상 속에서 과연 플라톤 철학이 민주주의 이념에 대해 적대적인가 아닌가에 관한 문제일 것이다. 그런데 이와 관련한 공박론자들(W. Fite, A. Winspear, R. Crossman, B. Russell, A. Toynbee, B. Farrington, G. Grote, T. Gomperz, E. Zeller, K. Popper. H. Arendt 등)과 옹호론자들(B. Jowett, L. Nettleship, A. Taylor, F. Cornford, R. Levinson, J. Wild, G. Field, E. Unger, H. Meyerhoff 등) 간의 논쟁과정을 들여다보면 놀라울 정도로 하나의 플라톤이 여러 가지 모습으로, 그리고 정반대의 모습으로까지 제시되고 있을 뿐 아니라, 그러한 제시의 기본 동기 및 입장에 따라 논쟁의 접근 방식 또한 매우 다각적임을 알 수 있다.

양측 학자들의 경향과 입장의 기본 성격을 크게 나누어보면, 공박론자의 대부분은 소재상으로는 플라톤을 문제 삼고 있으나 이미 그들은 현

아주 오래된 질문들

대 정치철학의 한 입장을 배경으로 가지면서, 자신들의 입장을 부각시키기 위한 논의의 방편으로 플라톤을 끌어 들이고 있다. 그러한 까닭에 그들은 전체적으로 자신들의 기본 입장을 내세우는 데는 어느 정도 성공하고 있으나, 플라톤의 정치 이론의 사상적 내부 연관성 및 역사적·동기적 측면에는 크게 주의를 기울이지 않는다. 그들은 오늘날의 정치철학적 관점에서 자신들의 입장을 정당화시킬 수 있는 유리한 문맥만을 인용하거나, 특정 부분에 인위적인 초점을 맞추어 수사학적으로 과장함으로써, 플라톤의 철학을 정당하게 평가하는 데 편파적인 경향을 가지고 있다. 이에 비해 옹호론자들은 대체로 이러한 공박론에 후속적으로 대응하는 논의를 통해 자신들의 입장을 출발시키고 있는데다가, 그들 대부분이 고전학 분야의 학자들인 까닭에, 자신들의 전문적인 식견을 총동원해 일단 공박론자들이 범하고 있는 전거상의 편파적 곡해를 상당 부분 바로 잡는 역할을 하고 있다. 그러나 그들 역시 은연중 그들 나름의 유리한 문맥에 기초해 오히려 역공적인 태도로 플라톤의 정치철학을 오늘날의 정치철학적 문제 해결에 있어서도 여전히 빛을 던져주는 것으로서 지나치게 미화하면서, 그들의 전문 영역을 넘어 대부분의 공박론자들이 수행하고 있는 현대 정치철학적 논쟁에 가담하려는 경향이 있다.

이러한 대별되고도 공통적인 경향을 토대로 본 주제와 관련하여 이들이 부딪치고 있는 논의 영역을 다시 나누어보면 대체로 다음의 두 국면으로 구분할 수 있다. 첫째는《국가》에서 전개되는 이상국가의 구체적 사회조직 및 정치적 방안들에 대한 논쟁 영역으로서 플라톤의 방안과 그것의 역사적, 정치철학적 배경 및 전제들에 대한 객관적 이해 여부가 관건이 되는 국면이며, 둘째는《국가》의 구체적 제안들이 기초하는 플라톤의 정치철학적 전제 자체가 현대민주주의 이념과의 상관관계 속에서 과연 어떠한 정치철학적 의미를 갖고 있는가에 대한 논쟁 국면이다. 따라서 플라톤을 둘러싸고 전개되어온 정치철학적 논쟁을 균형 있게 이해하고 평가하기 위해서는, 우선 논쟁의 첫째 국면과 관련해서 논쟁 참여자 양측이 끌어들이고 있는 플라톤의 이론들이 과연 텍스트상의 전거적 정당성을 균형 있게 확보하고 있는지를 평가해야 한다. 논쟁의 둘째 국면과 관련해서는 플라톤의 정치철학적 구상내지 제안들을 기초하는 플라톤의 정치철학적 통찰이 현대적 관점에서도 과연 의미 있게 받아들여질 수 있는지 평가해야 한다.

우선 첫째 국면과 관련해서 공박론자들로부터 제기되어온 주된 비판을 간추려보면 다음과 같다. 무엇보다도 플라톤이 제시하는 사회관계 원리는 개인적 자기실현의 계기가 전혀 고려되지 않은 채, 집단적 안정과 통합만을 목표로 한 스파르타적 이상에 기초하고 있다.(K. Popper) 즉, 플라톤의 이상국가는 붕괴되어가는 도시국가를 스파르타와 같은 사회로 되돌려보려는 절망적 시도이자 그것의 논리적 극단으로서 나타난 것이다.(A. Toynbee) 더욱이 이상국가는 전쟁을 기술적이고도 가장 효율적으로 수행하기 위한 구도를 반영한 것이다.(W. Fite) 또한, 플라톤의 이상국가는 자신이 이익에만 관심 있는 소수지배자 계급에 의한 특권적 계급사회 즉 귀족주의적 정치체제로서, 반인도적 계급 착취를 정당화시키고 있을 뿐만 아니라 노예제도를 옹호하고 있으며, 동시에 그의 이상국가에서는 허위선전, 검열, 폐쇄적인 세뇌교육 및 출신성분에 대한 차별 등 현대가 체험한 피폐된 전체주의적 방안들이 정치적 정당성을 갖고 채택되고 있다.(R. Crossmann) 더욱이 플라톤은 자기가 생각하는 정치체제를 실현하기 위해 실제로 귀족 및 폭군의 자제들을 제자로 삼아 과두정의 신념을 전수하는 데 전념했다. 그리고 이오니아 과학과의 연계 속에서 신장하고 있었던 진보적 민주주의가 플라톤의 쇼비니스트적인 도시국가관에 의해 저해되었다.(B. Farrington) 그리고 플라톤의 이상국가에서는 시인과 예술가의 자유로운 활동이 폄하되고 억압당했다. 플라톤이 제안한 정치철학적 구상들과 관련한 공박론자들의 비판 사례는 이외에도 많이 열거될 수 있으나, 기본적으로 공박론자들의 의도는 플라톤의 정치적 방안들이 인간 삶을 고양시키는 것이기는 커녕 종국적으로 공동체 전체를 피폐하게 만드는 반민주주의적 전체주의적 방안이라는 데에 공박의 초점이 맞추어져 있다.

　이와 같은 공박론자들의 주장에 대해 옹호론자들은 어떤 반박을 펼쳤을까? 그 내용을 간략히 살펴보면 다음과 같다. 우선 플라톤의 반민주정적인 성격은 공박론자들이 이미 피폐한 역사적 체험을 기초로 근대민주정의 신념을 제기하듯이, 플라톤의 주장 역시 페리클레스의 아테네 제국주의가 그리스 공동체를 구성했던 폴리스 전체의 평화적 공존을 붕괴시켰다는 피폐한 정치 체험을 기초로 제기된 것이다. 플라톤이 체험한 정치적 절망이 갖는 역사적 계기에 대한 고려 없이, 자신들이 체험한 정치적 절망을 기준으로 플라톤의 정치철학적 구상을 정치적 피폐상의 일반적인 근거로 생각하는 것은 고대 그리스의 정치적 현실과 현대의 정치적 현실을 혼동하는 것이다. 더욱이 플라톤이 《국가》 8권에서 비판한 민주정이 곧바로 실제의 아테네 민주정이라고 보기 힘들다. 왜냐하면 8권에서 나타난 민주정하에서는 언론과 고소, 비방의 자유, 남녀평등, 무정부주의 등이 허용되나 페리클레스 당대의 아테네 민주정은 그와 같은 것을 용인하지 않았다.(J. Wild) 특히 플라톤이 스파르타의 이상을 옹호했다는 것도 터무니없는 곡해에 불과하다. 《법률》에 나타나는 플라톤의 교육 방안은 명백히 스파르타의 교육 정책을 비난하고 있고 메가네시아 식민지에 대해서도 플라톤은 스파르타와 같은 폐해가 없는 체제로 자리 잡게 되기를 희망하고 있다.(R. Levinson) 《국가》에서는 물론이고, 페리클레스의 연설을 풍자하는 것으로 평가되고 있는 《메넥세노스》의 연설을 통해서도 플라톤은 그리스 사회 전체의 평화로운 공존을 위협하는 페리클레스적인 패권주의를 맹렬하게 비판하고 있고, 전쟁은 오로지 안전과 자유의 확보를 위한 방어책이며, 정치권력의 임무와 목적 또한 특권의 증대나 다른 나라의 정복이 아니라, 오직 공동체의 안전과 시민의 행복을 최선으로 담보하는 덕arete의 구현에 있음을 분명하게 밝히고 있다.

　플라톤의 정치 실험을 굳이 얘기한다면 그것은 아테네가 아니라 시라쿠사였으며 제자들의 출신 성분이 귀족들의 자제라는 것 또한 역사적 증거가 박약한 것일 뿐더러, 30인 체제 말부터 플라톤이 죽을 때까지 공박론자들이 플라톤의 정치 참여 기반으로서 지적한 과두정 세력이란 존재하지 않았다.(G. Field) 오히려 플라톤은 30인 참주정 시기와 초기 민주정을 비교하면서 차라리 민주정이 황금기라고도 언급하고 있으며, 그의 이상국가에는 포퍼가 천민이라고 부른 장인의 자식조차 수호자가 될 수 있는 길이 열려 있었고, 수호자의 선발에도 오직 능력과 소질만이 고려되고 있었으며 놀랍게도 당시 아테네의 견고한 남성중심주의에도 아랑곳하지 않고 여성 또한 수호자가 될 수 있었다. 물론 노예제를 비판하지는 않았지만 노예제는 플라톤뿐만 아니라 고대세계 어디에서나 당연한 보편적 제도로 여겨지고 있었고, 아테네 민주정 또한 노예제 폐지를 위한 어떠한 움직임도 없었으며 오히려 광산 노예사역을 통한 자원 산출에 매우 만족하고 있었다.(G. Field) 게다가 아테네 민주정이 사회경제적 기반으로서 노예제에 의존하고 있었던 것에 반해, 플라톤의 이상국가에서는 노예제를 시사하는 국면은 발견되지 않을 뿐더러 오히려 노예제 도입의 원인은 금권정의 형성 과정에서 수반되는 적대적 계급감정과 폭력에 기인하는 것으로 파악하고 있다. 또한 이상국가 내에서는 흔히 말하는 사회경제적 기반으로서의 상공인 계층은 노예가 아닌 이상국가를 유지하는 당당한 분업상의 한 계층 즉 생산자 계층으로 자리를 잡았다. 그리고 허위선전과 기만에 대한 비판에 대해서도 그 허위선전의 결과적 이익이 허위선전의 주체에게 의도되고 또 돌아오는 것이 아님을 고려한다면 오늘날 경쟁사회의 이기적 기만과 동일하게 비판될 수 없다. 아테네 민주정이 과학 발전과 관련되었다는 증거 또한 희박하다.

플라톤의 이상국가의 이념은 분업적 사회기능의 공존적 극대화를 위한 상이한 개별자적 본성들의 조화로운 관계를 목표로 하고 있으며, 따라서 그가 제시하는 구체적 방안 역시 그러한 관계 구축을 통한 상이한 개별자적 본성이 그 상이한 욕구에 따라 최선으로 실현될 수 있도록 하는 제도적 구조로서의 성격을 갖는다. 또한 이상국가에서의 분업적 기능에 기초한 지배계급은 철저히 반특권적이며 모든 기능 분업적 계층은 그 본성의 실현을 욕구하되, 자신에게 적합한 노동을 통해 그 본성을 달성하며 그 노동의 산물을 온전하게 소유한다는 측면에서 모두 자립적이고 나아가 그러한 자립성을 통해 건강한 공동체에 함께 참여하고 있다는 측면에서 상호의존적이고 통합적이다. 그리고 플라톤의 예술가 비판은 미술을 예로 들어 실물과 그것의 모사물 사이의 등급과 관련해 진실을 드러내는 과정에서 모방이 갖는 한계에 대한 비판일 뿐, 예술이 갖는 고유한 속성 전반에 대한 비판이 아니다. 시인에 대한 비판 역시 감성적 욕구를 자극하는 것에 대한 비판으로 기본적으로 모두 고도의 이성적 냉철함이 요구되는 통치자 교육의 일환이었음을 염두에 두어야 한다. 그 교육 프로그램에 시가와 음악 교육과정이 필수과목으로 포함되어 있다는 것도 잊지 말아야 한다. 그리고 플라톤의 정치철학에 대한 비판이 지나치게 《국가》의 구상들에 치중되어 있다. 플라톤의 정치철학에 대한 균형 있는 평가는 법률과 제도에 기초한 그의 현실적 구상들이 구체적으로 실려 있는 그의 말년의 저작 《법률》이 함께 고려되지 않으면 안 된다. 요컨대 첫째 국면과 관련한 위와 같은 논쟁에 있어 옹호론자들의 기본 입장은 "플라톤의 구체적 방안들이 갖는 역사적 측면 내지 철학적 전제와의 연계성에 대한 고려 없이 그의 방안이 갖는 정치철학적 의미를 텍스트에 대한 아전인수식 해석을 통해 일방적으로 비난하는 것은 부당하다"는 것이다.

I

플라톤과 정치철학 논쟁: 의미와 지향

그러나 문제는 이제 논쟁이 갖는 둘째 국면 즉 플라톤의 정치철학과 오늘날의 정치철학적 문제의식 일반과 관련해 전개된 논쟁국면이다. 이 둘째 국면은 오늘날의 관점에서 플라톤에 대해 적의를 드러낸 사람들로부터 야기된 것이어서 이 논쟁의 계기에는 대체로 현대 정치철학의 주류 입장으로서 자유주의적, 개인주의적 성향이 깊숙이 매개되어 있다. 우선 둘째 국면과 관련한 공박론자들의 중심적 주장을 간추려보면 다음과 같다.

플라톤은 도덕 내지 실천적인 정치철학 지식을 과학적, 수학적 지식과 유사한 것으로 이해해 존재에 대한 지식을 갖게 됨으로써 당위를 판정할 수 있다는 정치철학에 있어 전통적인 합리주의의 입장을 견지하고 있으나, 그것은 존재와 당위의 근원적인 차이를 간과한 것이다. 즉, 어떠한 정치적 결론도 그 자체가 도덕적, 정치적이 아닌 전제들로부터 도출될 수 없을 뿐만 아니라 존재의 총화가 당위를 의미할 수 없다. 그러므로 현재는 물론 미래까지 하나의 원리로 설명하려는 역사주의적 시도는 설사 내적 정합성을 갖추고 있다 하더라도 그자체로 이미 증명할 수 없는 형이상학적 주장에 불과하며, 오히려 그것은 예측할 수 없는 우연으로 가득 찬 우리의 도덕적·정치적 현실을 독단적으로 재단해 문제에 대한 다양하고 합리적인 접근을 방해할 수 있다.(R. Bambrough) 더욱이 "공동생활을 지배하는 진리 내지 일정한 행동규범이 독립적으로 존재하고, 인간은 그것을 알 수 있으며, 본질적으로 그 앎을 행동의 보편적 당위원리로 받아들여 실천할 수 있는 능력을 갖추고 있다"는 플라톤의 생각은 자연법적 신념일 뿐 자연법칙과 법률적 의미에서의 법칙 개념을 혼동하는 것이다. 인간의 행위양식은 사회관계의 변화에 따라 변화하는 것이며 대체로 보편적으로 받아들여질 수 있다고 여기는 것조차 국부적인 경험의 반복적 인식에 기초한 개연적인 것일 뿐이다. 자연적 지식은 물론, 정치적 지식을 비롯한 모든 지식은 특정의 선택적 국면을 매개로 성립되는 것이므로 필연적으로 부분적 파악에 머물러 있기 마련이며, 그에 따라 그 자체가 존재 및 가치 전체를 관통해 있는 보편성을 가질 수 없다.(B. Russell) 그리고 플라톤에게서 자주 발견되는 일반기술로부터 선악을 구별하는 기술의 유추는 잘못된 것이다. 지배기술로 비유된 항해술도 목적 선정과 관련된 기술이 아닌 이동기술일 뿐이다. 플라톤이 제시하는 보편적 지식에 입각한 지배원리는 독단적이고 전체론적인 원리에 기초한 것으로서 다양하고도 구체적인 사회적 문제를 해결하는 데 방해가 될 뿐이며, 오히려 지배계급의 이익을 합리화하는 경직된 도그마로 전락되어 인간의 다원적인 삶의 관계를 억압하고 왜곡시킨다. 또한 플라톤을 비롯한 헤겔, 마르크스 등 역사주의자들은 인간의 삶과 역사가 하나의 원리에 의해 하나의 목적을 향해간다고 주장하는 폐쇄적인 결정론 내지 목적론 사상가들이다.(K. Popper) 그리고 플라톤은 정치의 영역에 형이상학을 끌어들여 다원성이라는 인간조건에서만 가능한 정치적 범주들 즉 의견, 자유 그리고 권력과 같은 개념들을 탈정치화했다.(H. Arendt)

이러한 공박에 대해 플라톤의 옹호론자들은 아래와 같이 반박한다. 그러한 견해들은 오늘날 그들 자신의 정치적 입장을 정당화하고 부각시키려는 시도에서 비롯된 플라톤 정치철학에 대한 피상적인 오해일 뿐이다. 도덕과 정치 영역에서 보편적으로 받아들일 수 있는 지침이 존재한다는, 다시 말해 선악시비에 대한 객관적이고 신뢰할 만한 판별 기준이 존재한다는 신념 위에 이른바 전체론적인 주장이 서 있는 것이라면, 플라톤은 분명 전체론자다. 그러나 그러한 기준에서 보면 동양의 유가, 헤겔주의, 마르크스주의, 로마 가톨릭, 캘빈의 제네바 이념 역시 전체론적 사상이다. 이들은 비록 전체론이라는 같은 이름으로 불리어도 각기 그들의 절대적 가치의 본질에 대한 세계관적 규정은 상이하며 그에 기초해 그들이 추구하는 가치 및 행복의 개념 또한 현격한 차이를 갖는다. 따라서 파시즘 · 나치즘 등 특정 전체론적 주장이 표방하는 구체적 방안의 폐해가 적나라하게 지적되고 비판될 수 있다 해도 여타의 전체론적 주장이 내세우는 각각의 교의의 가치 및 본질까지 그것에 의해 부정될 수 있는 것은 아니다. 더욱이 일정한 세계관에 기초해 공유된 목적과 본성적 욕구의 실현을 통해 협동적 삶을 구축하려는 공동체적 사회관계로의 꿈은 이상적 사회관계에로의 진보적인 해방 의식을 고취하는 세계관 철학으로서 지속적인 호소력을 지닌다.(H. Meyerhoff) 특히 사회적 모순과 갈등이 심화된 국면에선 오히려 그것은 사회구성원들의 사회적 통합욕구를 객관화시키고 인간 생활의 질서화를 위한 토대가 된다. 협동과 우애, 평등과 정의를 담보하는 공동체적 삶의 원리에 대한 확신과 희망이 없는 삶은 단지 생존을 위한 즉물적 삶일 뿐, 보다 선하고 가치 있는 세상을 꿈꾸는 인간의 진보적이고도 창조적인 욕구에 부응하는 것이 아니다. 게다가 플라톤의 정치철학은 뒤에 고찰하겠지만 본성론적 형이상학을 통해 오히려 인간의 사회적 욕망과 견해들의 다양성과 그것들 상호간의 공존과 조화를 확고하게 뒷받침한다. 또한 플라톤의 철학은 아리스토텔레스의 목적론은 물론 헤겔과 마르크스의 결정론적 사상과도 거리가 멀다. 플라톤에게 삶과 역사의 과정은 수많은 실패의 가능성이 도사리고 있는 열린 변화 과정으로서 어떠한 운명론도 끼어들 자리가 없다. 물론 선과 정의의 방향은 제시되어 있지만 그 도달의 가능성은 영혼의 정화를 통한 분투 어린 자율적 의지와 노력 여부에 달려 있으며 삶에서건 역사에서건 어떠한 것도 미리 결정된 것은 없다. 플라톤의 철학은 해체와 무질서에 저항하는 끊임없는 노력과 실천적 연마가 수반되지 않으면 다다르기 힘든 지적 긴장의 체계인 것이다. 비결정론적 실천철학으로서 플라톤 철학이 교육철학의 고전적 토대로서 평가되는 까닭도 그곳에 있다.(박홍규)

그리고 플라톤의 이상국가에도 현대민주주의에 못지않게 특권과 착취, 강제와 폭력에 대한 금지 방안이 주의 깊게 포함되어 있으며 오히려 지나칠 정도로 강화되어 있다. 이상국가에서 지배기술은 철저히 지배 대상 즉 폴리스 시민의 이익을 위한 기술로서 규정되고 있으며 그에 따라 권력 또한 특권이 아닌 공적 의무로서 부과될 뿐이다. 사유재산권 또한 생산자 계층에게 주어져 있고 오히려 통치자 계층에게는 박탈되어 있다. 분명 플라톤에게서 대중을 낮게 평가하는 구절이 여러 곳 발견되기는 하지만 그것은 기능 분업상 통치의 적합성의 차원에서 제기된 것이지, 대중 각각의 고유한 본성적 욕구 또는 역할을 무시하는 것이 아니다. 게다가 공박론자들의 플라톤의 민주정 비판은 매우 단선적이고 자의적이다. 플라톤의 정치체제 비판은 민주정뿐만 아니라 귀족정, 과두적 금권정, 폭압적 참주정에 두루 걸쳐 있다. 플라톤의 민주정에 대한 온전한 이해는 《국가》 8권에 나타나는 플라톤 특유의 탁월하고도 통찰력 깊은 정치체제 변동론 전체의 맥락하에서 주어질 수 있으며, 그 과정의 한 고리로서 민주정만을 떼어 플라톤의 정치철학 성격을 진단함은 진상을 왜곡하는 것이다. 정치체제 전반을 다루고 있는 《국가》 8권의 논의의 핵심은 인간의 욕망구조와 정치체제의 관계를 다양한 정치체제들의 붕괴 과정 전체를 통해 통시적으로 고찰하는 데 있기 때문이다. 설사 국부적으로 고찰한다 해도 8권에서 플라톤이 그리고 있는 민주정의 모습은 당대의 아테네 민주정 전반의 모습이라기보다는 아테네 말기의 민주정으로서 현대적 관점에서는 오히려 비공공적 이기적 개인들이 그려내는 자유방임적 정치체제의 모습에 근접해 있다. 자유방임주의가 실제로 드러낸 부정적 측면은 오늘날 자유 민주주의의 입장에서도 여전히 넘어서야할 극복의 대상이다.

한편 현대민주주의 이념이 수많은 역사적 곡절을 겪으면서 새로운 생각과 신념들이 더해져 생긴 것임을 고려한다면, 오히려 플라톤 철학은 현대민주주의가 기반하는 핵심적인 이념 특히 인간과 자연 일반을 지배하는 보편적 가치로서 인간의 존엄성과 관련한 자연법 이념의 고전적 토대가 되었다. 게다가 플라톤 역시 현대민주주의를 위협하는 폭압적 전제정치를 최악의 정치체제로서 끊임없이 비판하고 있으며 아카데미아를 통해 그것에 대항할 수많은 정치지도자를 양성하고 배출했다. 그리고 플라톤은 여성은 물론 노예조차 상기anamnēsis를 통해 앎을 깨칠 수 있는 본성적 능력을 가진 존재로 보았다는 점에서 인간의 자연적 평등성도 간과하지 않았다. 플라톤의 이상은 현대의 발전된 민주주의의 관점에서는 불충분하다고 여겨질지 모르지만 현대민주주의 또한 공공성의 결여, 대중과의 무비판적 영합, 방임적 무정부상태를 지양 극복하려고 하는 한, 플라톤의 철학을 섣불리 반민주적인 사상으로 속단할 수는 없다.(J. Wild) 사실상 민주주의라고 해서 정치적 권력 내지 권위를 부정하는 것은 아닐 것이다. 중요한 것은 정치권력이 소수 귀족에 있건 다수 민중에 있건 합리적으로 분별되고 제어될 수 있느냐 없느냐의 문제다. 플라톤이 시종일관 강조하는 권력의 지성화는 권력이 어디에 있건 권력집단 모두에게 요구되는 것으로서 현대민주주의가 해결해야 할 중차대한 과제이기도 하다.

아주 오래된 질문들

I

플라톤과 자유주의: 욕망의 획일화

플라톤은 이처럼 현대민주주의 이념 형성에 기여했을 뿐만 아니라 다른 한편으로는 현대민주주의가 노정할 수 있는 한계도 함께 지적함으로써 현대민주주의가 주의 깊게 되돌아 보아야 할 극복의 방향도 통찰력 깊게 제시하고 있다. 사실 현대의 민주주의의 현실적 정황들을 되돌아보면, 주체적 개인들의 이성적 참여와 합의라는 근세자유주의의 이념은 이미 생명력을 상실한 지 오래다. 반대로 근대적 개인들은 날이 갈수록 전문화되고, 관료화된 거대 산업사회 속에서 비이성적, 충동적, 수동적 존재로 소외되어가고 있으며, 이미 세계화된 고도 소비사회에서 사회경제적 헤게모니는 소수 초국적 대자본가들의 수중에 넘어가 버렸다. 게다가 더욱 심각한 문제는 그러한 위기로부터의 탈출구가 개인들의 주체적인 내적 자각에서가 아니라 외적 권위에 대한 의존에서 구해진다는 점이다. 프롬E. Fromm의 진단처럼 인간은 자신을 무기력하게 만들고 옥죄는 것이 다름 아닌 자유 그 자체로 여겨 자유로부터 도피하려 하고 그러한 의식 속에서 기성 질서의 전복을 꾀하는 외적 권위에 스스로를 동화 복속시킨다. 이러한 경향은 이미 파시즘의 등장을 통해 역사적 사실로 확인된 바 있으며 민주정이 참주정으로 타락하는 원인에 대한 플라톤의 진단을 통해서도 통찰력 있게 제시되고 있다. 게다가 그와 같은 파시즘적 분위기가 오늘날 신자유주의에 의해 초래된 사회적 양극화와 피폐된 노동현실 속에서 나날이 더욱 확산되어가는 추세다. 현대사회는 언제라도 이러한 대중적 에너지가 유사 파시즘의 형태로 변질되고 증폭될 정황에 놓여있다. 그럼에도 그 극복은커녕 여전히 배타적 경쟁욕, 사생활로의 도피, 무기력, 독직, 범죄, 마약, 성적 타락이 사회 전체를 뒤덮고 있는 것은 오늘날 신자유주의적 사회관계가 안고 있는 비극이 아닐 수 없다.

돌이켜보면 근대 이후 오늘날에 이르기까지 자유주의자들은 정치 영역에서의 총체적 원리의 존재를 부정하고 정치이념으로서 민주주의의 정당성을 근본적으로 그 절차에서 찾고자 했다. 사실 서구민주주의의 역사는 이러한 절차적 민주주의의 정당성을 확립하기 위한 투쟁이었다고 해도 과언이 아니다. 절차가 담보되는 한, 그것이 생산하는 어떠한 내용도 정당한 것이 된다. 그래서 민주주의의 참된 의의는 그것이 담아내는 내용보다 내용을 담아내는 형식 자체에 있다는 주장 또한 광범위하게 지지되었다. 그러나 현대민주주의가 지난 한 세기 동안 그와 같은 형식적 절차에 매달려오는 동안, 우리는 그 형식적 절차를 규정하는 근대적 욕망의 획일성이 시장 메커니즘 속에서 끊임없이 세력화되고 있음을 간파하지 못했다. 불행하게도 오늘날 절차를 결정하는 힘의 크기는 형식적으로는 머릿수로 표현되고 있으나, 그 배후에는 획일적 욕망을 집단화하고 세력화하는 자본의 힘이 도사리고 있었던 것이다. 욕망이 획일화된 사회에서는 욕망 충족을 위한 경쟁이 상존하므로, 국가권력이 근세 이후 경쟁의 통제를 통한 사회관계의 보존으로 정당화됐다. 그러나 오늘날 무한경쟁, 초국적 자본으로 표징되는 신자유주의의 위세는 국가권력의 시장개입을 통한 합리적 통제 기능을 크게 위축시켰다. 그 결과 오늘날 초국적 자본과 재벌, 대자본과 기득권적 관료 및 언론 집단들이 현대민주주의를 위협하는 고질적인 세력 집단으로 고착화되었음은 누구도 부인할 수 없게 되었다. 2,500년 전 플라톤이 그토록 우려하던 상황이 여전히 반복되고 있는 셈이다.

그렇다고 자유주의자들에게 플라톤의 경고가 귀에 들어올 리도 없었을 것이다. 플라톤이 내세웠던 전제들 즉 정치와 철학 영역을 하나로 관통하는 총체적 앎의 존재와 그 진리성에 대한 그의 주장은 그들에게 결코 용납될 수 없는 것이었기 때문이다. 총체적 앎이 아무리 중요하더라도 그 앎의 성격과 진리성이 제대로 검증되지 않는 한, 그 중요성의 크기만큼 위험의 크기 또한 심대하다. 실제로 인류는 역사를 통해서 수많은 정치적 폭력들이 하나같이 사실과 가치, 존재와 당위 모두를 아우르는 총체적 진리라는 이름으로 합리화되어온 경험을 너무나 많이 가지고 있다. 물론 플라톤의 철학자왕 체제는 당시의 참주들에 대한 참혹한 경험에 대한 가장 극렬한 혐오를 반영한 것이긴 하지만, 그 이후 전제군주정의 피폐함을 경험한 사람들은 모두 총체적 앎에 대한 진리 여부를 균형 있게 평가하기 이전에 이미 총체적 앎의 가능성 자체를 의심 또는 부정하지 않을 수 없었다. 이런 점에서 보면 사회관계 일체를 배타적 개인들의 자기보존 욕구로 설명하는 근현대 정치 사상가들로서는 철학자 왕정과 플라톤이 그토록 혐오했던 참주정은 애초부터 구분할 수도, 그 구분을 이해할 수도 없는 것이었다. 특히 포퍼 같은 사상가처럼 전체주의 사상의 피폐성을 경험한 사람들로서는 더욱이 전체라는 이름으로 주어지는 일체의 거시적인 해결책이 모두 혐오의 대상일 수밖에 없었다. 그래서 그들에게는 시행착오적 경험을 통해 얻어지는 개별 사안들에 대한 미시적인 해결책이야말로 가장 바람직한 문제해결의 방법으로 여겨졌다. 특히 정치 영역에서 그러한 거부감은 더욱 클 수밖에 없었을 것이다. 그리하여 그들은 오늘날 모든 개별적인 문제 영역에서 그 영역 전반에 관해 총체적인 앎을 가지고 있는 개별 전문가들을 존중할지언정, 정치 영역에서만은 전문가의 존재를 인정하려 하지 않았다. 정치 영역에서의 판단만은 이른바 플라톤이 그토록 미덥지 않아 했던 대중들에게 맡기는 방법이 최선이라고 여겼던 것이다. 그들이 겪은 역사적 경험과 트라우마가 그들로 하여금 플라톤이 그토록 강조한 정치에서의 지성의 역할을 지레 포기하거나 아예 외면하도록 만든 것이다.

I
영혼의 정치철학: 욕망의 획일화를 넘어

그러나 플라톤 정치철학에는 현대 자유주의 정치철학이 간과해왔던, 그래서 오늘날 우리가 더더욱 의미 있게 주목해야 할 특징과 장점이 여전히 존재한다. 그것은 무엇보다도 플라톤이 현대정치철학과 달리, 다름 아닌 본성론 내지 욕망론을 토대로 권력의 지성화와 공동체의 구현을 담보하는 바람직한 정치체제와 그 조건들을 천착하고 있다는 점이다. 플라톤의 《국가》는 다양한 형태의 현실 정치체제와 인간 욕망 간의 관계를 주도면밀하게 분석한다는 점에서도 매우 특별한 정치철학적 위상을 가지고 있다. 사실 근대 이후의 정치철학은 인간의 이기적 본성을 당연하고도 일양적인 것으로 전제하고 개인들의 최소한의 배타적 공존 내지 갈등의 조정을 최선의 목표로 삼고 있다. 그러나 플라톤의 정치철학은 처음부터 인간 욕망의 다양성에 주목하여 국가의 정의 내지 사회적 문제들과 개인의 정의 즉 영혼의 조화와 행복의 문제를 상호 유기적인 문제로 주의 깊게 성찰하면서 종국적으로 정치철학의 목표를 사회관계의 보전뿐만 아니라 다양하고 서로 다른 욕망과 소질을 가진 사회 구성원 각자의 행복의 구현에서 찾고 있는 것이다. 특히 《국가》 1권과 8권은 《국가》 전체의 구조상 이미 국가론이 영혼론 내지 본성론에 기반해 있음을 분명하게 보여준다. 이른바 영혼의 정치철학인 것이다. 플라톤에 의하면 인간의 본성 내지 욕망은 다양한 사회관계의 구성 조건이자 외화로서 근대 정치철학자들이 주장하듯 단순히 물질적 내지 이기적 욕망으로 환원되지 않는다. 오늘날 당연시되는 개인의 이기적 본성이란 다양하고도 이질적인 욕망들의 조화로운 공존 구조로서의 협동적 사회 구조가 특권층의 탐욕으로 붕괴됨에 따라 이질적 욕망들이 모두 물질적 욕망으로 획일화된 욕망 즉 왜곡된 욕망에 불과하다. 플라톤에게 인간은 욕구도 소질도 서로 다르며 그에 따라 욕망하는 것도 결코 일양적이 아니다. 이런 측면에서 보면 이미 인간의 본성을 물질적 욕망으로 고착화시킨 오늘날의 사회야말로 오히려 삶의 다양성과 가치관을 일양화하고 획일화하는 일차원적 사회다. 실제로 근대자유주의에서의 다원성이란 획일적인 물질적 가치를 획득 또는 증대하기 위한 수단들의 다양성에 불과하다. 굳이 플라톤이 내세우는 하나의 원리가 있다면 그것은 서로 다른 것들 각자의 자기다움과 하나됨을 담보하는 조화와 원리로서 "좋음의 이데아"라는 가치 지향적 합목적성이다. 이에 비해 오늘날 자유주의 사회를 관통하는 일관된 하나의 원리가 있다면 그것은 화폐의 물신성과 효율성에 복무하는 도구적 이성이다. 그야말로 모든 가치는 돈으로 환산되고 인격 또한 모두 돈으로 대체된다. 전체주의사회가 하나의 원리로 인간적 삶의 가치를 규정하는 사회라면, 모든 사람이 물질적 욕망에 사로잡혀 오로지 자본에 매달리고 그것에 의해 휘둘리는 그와 같은 현대 자본주의사회야말로 획일화된 물질만능 전체주의사회가 아닐 수 없다. 그러한 의미에서 보면 인간의 욕망의 근원적 다양성을 전제하고 그 다양한 소질과 욕망을 가진 사람들이 각자의 욕구를 최선의 조건에서 최상으로 실현하는 조화로운 공동체를 목표로 하는 플라톤 철학이야말로 오히려 진정한 의미의 다원주의라고 해도 과언이 아니다. 실제로 플라톤의 이상국가는 바로 이와 같이 각각 상이한 본성들을 가진 인간 존재들로 구성되는 국가라는 점에서 오히려 있는 그대로의 현실에서 출발하는, 현실을 기반으로 하는 국가이되, 그러한 다양한 소질과 능력을 가진 구성원들이 최선으로 그들의 욕구를 발현할 수 있는 이상적인 정치체제와 그 조건을 모색하고 있다는 점에서 이상 국가인 것이다. 게다가 그러한 구상은 단순히 이상에만 머물지 않았다. 플라톤은 말년의 대작《법률》을 통해 이상과 현실, 인치人治와 법치

그 두 가지 측면을 적도metron와 중용meson의 원리에 기반하여 조화롭게 통합하고 있다. 그 구상 또한 법률과 제도 전 영역에 걸쳐 매우 방대하고 구체적이다. 그 핵심에는 오늘날 공화정의 토대로서 과도한 통치와 과도한 자유를 지양하는 이른바 권력의 분립과 균형을 담보하는 플라톤의 혼합 정체가 자리하고 있다. 플라톤의 정치철학을 균형 있게 평가하고 그 전모를 이해하기 위해서는 《국가》뿐만 아니라 《법률》도 함께 주목하지 않으면 안 되는 까닭도 그것에 있다.

▍
덕의 정치철학: 권력의 지성화를 향해

플라톤의 정치철학은 존재론과 본성론, 인식론이 통합적이고도 유기적으로 결합되어 있다는 점에서 접근의 방식 또한 중층적이고 복합적이다. 특히 본성론에 대한 중층적 이해는 그의 정치철학의 핵심을 이해하는 필수요소다. 플라톤에 의하면 인간은 본성적으로 물질적·이기적 욕망뿐만이 아니라 공동체적 사회관계를 이룩할 수 있는 자존심과 기개 그리고 합리적이고도 협동적인 본성 또한 갖추고 있다. 그러므로 바람직한 정치란 단순히 배타적 개인들의 권리 관계의 외적인 조정만이 아니라 사회를 구성하는 각 개인들의 영혼의 정화를 통한 내적 행복감과 그들이 더불어 하나가 되는 공동체적 사회관계의 구현까지 포함하는 것이다. 정치권력의 권위와 합목적성은 지배수단으로서의 강제via에서가 아니라 영혼의 조화, 권력의 지성화를 통해 담보되는 적극적인 가치 지향성 내지 덕arete에서 주어지는 것이다. 이것은 플라톤의 관점이 근세정치철학과 완전히 다른 전제에 서 있다는 것을 여실히 보여주는 것이다. 플라톤의 정치철학은 사회적 정의는 물론 사회구성원 각각의 행복이 왜 정치의 당연하고도 영원한 통합된 하나의 과제가 되어야 하는가를 끊임없이 되묻는다. 또한 그것은 최상의 구현 조건들을 국가와 개인을 관통하는 영혼을 토대로 한 철학적 논증 방식으로 천착해낸 영혼의 정치철학, 덕의 정치철학인 것이다. 이 점을 이해하는 것이야말로 플라톤이 왜 《국가》의 기본 출발점을 개인의 영혼과 행복에 관한 물음에서부터 시작했는지, 어떤 시대, 어떤 정치철학적 사유에서든 국가의 정의와 개인의 행복이 왜 끊임없이 함께 다루어지지 않으면 안 되는지를 이해하는 핵심이자, 배타적 개인들의 소극적 공존만을 최선의 목표로 삼는 현대정치철학이 왜 플라톤을 다시 들여다보아야 하는지를 일깨워주는 매우 의미심장한 정치철학적 시사이기도 한 것이다.

플라톤은 현대에도 여전히 빛을 발한다. 정치에 대한 규범적 반성이 요구되는 정황에서는 더욱 그러하다. 플라톤의 철학은 다양한 욕망이 엉켜 일렁이는 인간적 삶의 현실 전 국면에 대한 총체적이고도 전면적인 인식과 치열한 자기반성을 토대로 삶의 영역에서건 정치의 영역에서건 어떠한 파편적 지식이나 독단에도 저항할 수 있는 비판적 안목을 제공해주고 동시에 통합적인 사유를 통해 최선의 전망을 창출하는 창조적 상상력을 불러일으켜 준다. 플라톤 철학은 엄연히 두발을 땅에 딛고 서 있는 현실주의 철학이면서 동시에 우리로 하여금 흔들림 없는 시선으로 드높은 이상을 바라보고 끊임없이 다가서도록 지성의 채찍을 휘두르는, 말 그대로 현실 구제를 목표로 하는 이상주의 철학이기도 하다. 20세기를 전후해 서구에서 그랬듯이, 장구한 철학사를 통해 플라톤 철학이 끊임없이 시대 현실과 부딪치고 교섭하면서 정치적 입장에서건 탈정치적 입장에서건 다양한 시각과 해석을 통해 늘 새롭게 지양·발전하는 까닭도 그것에 있을 것이다.

주

생명 (김재홍)

1 https://www.theguardian.com/uk/2012/aug/22/tony-nicklinson-right-to-die-case 참고.

2 E. M. 맥밀란, 《철학 사전》 '자살' 항목 참고.

3 I. 칸트, 《윤리 형이상학 정초》, 백종현 옮김, 아카넷, 2014, 397~398쪽.

4 아리스토텔레스, 《니코마코스 윤리학》, 김재홍, 강상진, 이창우 옮김, 길 2011, 1138a6~14.

5 에픽테토스, 《대화록》, 1권, 9. 13~16.

6 디오게네스 라에르티오스, 《유명한 철학자들의 생애와 사상》, 6권, 이정호, 김재홍, 김인곤, 김주일 옮김, 나남, (근간 예정), 24쪽.

7 마르쿠스 아우렐리우스, 《명상록》, 5권, 29.

8 위의 책, 6권, 28.

9 같은 책, 8권, 58.

10 에피쿠로스, 《메노이케우스에게 보내는 편지》, 124~125.

11 루크레티우스, 《사물의 본성에 관하여》, 3권, 강대진 옮김, 아카넷, 2012, 830행.

12 에피쿠로스, 같은 책, 125.

13 에피쿠로스, 《중요한 가르침》, 19.

14 루크레티우스, 같은 책, 3권, 830행.

15 위의 책, 830~850행.

16 같은 책, 1079행.

17 《악시오코스》, 369B~C.

18 에피쿠로스, 《메노이케우스에게 보내는 편지》, 125.

예술 (서영화)

1 B. 셰어,《미와 예술─철학적 미학 입문》, 박정훈 옮김, 미술문화, 2016, 1장 참조.

2 위의 책, 12~14쪽.

3 같은 책, 163~169쪽 참조.

4 같은 책, 194쪽.

5 같은 책, 172쪽.

6 같은 책, 227쪽.

7 M. 하이데거, 〈사물과 작품〉, 《숲길》, 신상희 옮김, 2008년, 25쪽.

8 위의 책, 50쪽.

9 Christian Norberg-Schulz, "Heidegger's Thinking on Architecture", *Perspecta*, Vol. 20, 1983, 64쪽.

10 M. 하이데거, 앞의 책, 42~43쪽.

타자 (문성원)

1 J. L. 라가르스, 《단지 세상의 끝》, 임혜경 옮김, 지식을 만드는 지식, 2013, 66~67쪽.

2 방점은 대문자로 된 단어를 나타낸다(이하 마찬가지). 원래의 프랑스어 표현은 "l'enfer, c'est les Autres." J. P. 사르트르, 《닫힌 방·악마와 선한 신》, 지영래 옮김, 민음사, 2013, 82쪽.

3 위와 같은 곳. "Tout ces regards qui me mangent…"

4 E. Lévinas, Totalité et Infini, Martinus Nijihof, 1974, 146쪽.

5 W. 벤야민, 〈종교로서의 자본주의〉, 《역사의 개념에 대하여/폭력비판을 위하여/초현실주의 외》, 발터 벤야민 선집 5, 최성만 옮김, 도서출판 길, 2008, 121쪽 이하 참조.

6 이정호, 〈박홍규의 존재론적 사유에 담긴 플라톤의 정치철학〉, 이태수 외, 《박홍규 형이상학의 세계》, 길, 2015, 120쪽.

7 같은 책, 124쪽.

8 레비나스가 타자(autre)와 연관해서 쓰는 용어 'autrui'를 우리는 흔히 '타인'이라고 번역하지만(앞의 인용문에서도 나는 'Atrui'를 '타인'이라고 옮겼다), 이것은 사실 인간에게만 한정되는 개념이 아니기에 '다른 이'라고 새기는 것이 더 정확할 것이다.

9 종교의 여러 기능과 그 비중의 변화 추이에 대해서는 J. M. 다이아몬드가 쓴 《어제까지의 세계》(강주헌 옮김, 김영사, 2013)의 9장, 특히 540쪽의 표를 참조하면 좋다.

10 E. 레비나스, 《전체성과 무한》의 〈독일어판 서문〉(1987). Entre nous: Essais sur le penser-à-l'aure (Livre de Poche, 1991, pp. 231~234)에 수록.

11 졸고, 〈낯섦에 대한 감수성과 욕망〉, 《오늘의 문예비평》 2016년 겨울호 참조.

12 J. 데리다,《환대에 대하여》, 남수인 옮김, 동문선, 2004 참조.

자유 (최종덕)

1 K. 마르크스,《데모크리토스와 에피쿠로스 자연철학의 차이: 박사학위 논문》, 고병권 옮김, 그린비, 2001, 86~88쪽.

2 위의 책, 46쪽.

3 같은 책, 104쪽.

4 같은 책, 103쪽.

5 같은 책, 104쪽.

6 같은 책, 111쪽.

7 에피쿠로스,《쾌락》, 오유석 옮김, 문학과지성사, 1998, 3절.

8 위의 책, 123쪽.

지혜 (이정은)

1 파스칼,《팡세》, 181쪽.

2 플라톤,《국가》, 344쪽.

3 아리스토텔레스,《정치학》, 490쪽.

4 위의 책, 492쪽.

5 플라톤,《국가》, 365쪽, 필자 수정.

6 H. 아렌트,《칸트정치철학강의》, 57쪽.

7 플라톤,《국가》, 258쪽.

8 플라톤,《정치가》, 92쪽.

9 위의 책, 195쪽.

10 같은 책, 185쪽.

11 같은 책, 93쪽, 필자 수정.

12 같은 책, 138쪽.

13 같은 책, 154쪽.

14 같은 책, 166~167쪽.

15 같은 책, 167쪽.

16 같은 책, 182쪽.

17 같은 책, 188쪽.

18 같은 책, 187쪽.

19 같은 책, 200쪽.

20 같은 책, 199쪽.

21 같은 책, 200쪽.

22 같은 책, 189쪽.

23 같은 책, 191쪽.

24 같은 책, 188쪽.

25 같은 책, 185쪽.

26 같은 책, 194~195쪽.

27 같은 책, 186~187쪽.

28 같은 책, 195쪽.

29 같은 책, 222쪽.

30 같은 책, 189쪽.

31 같은 책, 226쪽.

32 I. 칸트, 《칸트의 역사철학》, 14쪽.

33 I. 칸트, 《순수이성비판》, 40쪽.

34 위의 책, 582쪽.

35 같은 책, 59쪽.

36 H. 아렌트, 《칸트정치철학강의》, 70쪽.

37 I. 칸트, 《영원한 평화를 위하여》, 57쪽.

38 위의 책, 55쪽.

39 같은 책, 57쪽.

평등 (한길석)

1 플라톤, 《프로타고라스》, 322c.

2 위의 책, 323c.

3 《소크라테스이전 철학자들의 단편》, 44쪽.

4 H. 아렌트, 《정치의 약속》, 159쪽.

5 위의 책, 160쪽.

6 헤로도토스, 《역사》 3권, 80쪽.

7 플라톤, 《정치가》, 261c~d.

변증법 (김성우)

1 E. 젤러, 《희랍철학사》, 윌헤름 네슬 엮음, 이창대 옮김, 이론과실천, 1993.

2 플라톤, 박종홍 옮김, 《국가》, 서광사, 1997.

3 김성우,《자유주의의 계보학》, 동녘(출간 예정).

4 위의 책.

5 플라톤,《국가》.

연대 (서유석)

1 Aristoteles, Politik, Felix Meiner, 1995, pp. 226~227.

2 Rorty, 1989, p. 196.

3 Lukes, 1999, pp. 243~272.

4 Fraser, 2002.

5 이호, 2002.

6 위의 책.

7 하승우, 2002.

참고문헌

인생 (정준영)
- 소포클레스,《소포클레스의 비극 전집》, 천병희 옮김, 숲, 2008.
- 소포클레스,《오이디푸스 왕》, 강대진 옮김, 민음사, 2009.
- 소포클레스,《오이디푸스 왕 외(外)》, 김기영 옮김, 을유문화사, 2011.
- 아리스토텔레스,《니코마코스 윤리학》, 강상진·김재홍·이창우 옮김, 길, 2011.
- 플라톤,《플라톤의 네 대화편: 에우티프론, 소크라테스의 변론, 크리톤, 파이돈》, 박종현 역주, 서광사, 2003.
- 플라톤,《소크라테스의 변명》, 강철웅 옮김, 이제이북, 2014.
- 플라톤,《크리톤》, 이기백 옮김, 이제이북스, 2판, 2014.
- 호메로스,《오뒷세이아》, 천병희 옮김, 숲, 개정판, 2015.
- 호메로스,《일리아스》, 천병희 옮김, 숲, 개정판, 2015.
- 정준영,〈인생의 의미, 어떻게 볼 것인가?〉,《열여덟을 위한 철학 캠프》, 알렙, 2012.

생명 (김재홍)
- 루크레티우스,《사물의 본성에 관하여》, 강대진 옮김, 아카넷, 2012.
- 디오게네스 라에르티오스,《유명한 철학자들의 생애와 사상》, 이정호, 김재홍, 김인곤, 김주일 옮김, 나남, (근간 예정).
- 플라톤,《법률》, 박종현 옮김, 서광사, 2009.
- 플라톤,《파이돈》, 전원상 옮김, 이제이북스. 2013.
- 아리스토텔레스,《니코마코스 윤리학》, 김재홍, 강상진, 이창우 옮김, 길 2011.
- I. 칸트,《윤리 형이상학 정초》, 백종현 옮김, 아카넷, 2014.
- 호메로스,《오디세이아》, 천병희 옮김, 숲, 2015.
- 마르쿠스 아우렐리우스,《명상록》.

시간 (연효숙)

- F. 니체, 《즐거운 학문》, 홍사현 외 옮김, 책세상, 2005.
- G. 들뢰즈, 《의미의 논리》, 이정우 옮김, 한길사, 1999.
- 서도식, 〈증기기관차에서 KTX까지〉, 《문화와 철학》, 한국철학사상연구회, 동녘, 2009.
- 소광희, 《시간의 철학적 성찰》, 문예출판사, 2001.
- 연효숙, 〈들뢰즈에서 '나르키소스적 자아'와 '아이온의 시간'에 관한 연구〉, 《시대와 철학》, 한국철학사상연구회, 2012.
- 연효숙, 〈여성의 시간과 아이온의 시간〉, 《한국여성철학》, 한국여성철학회, 2015.
- P. 클로소프스키, 《니체와 악순환》, 조성천 옮김, 그린비, 2009.
- S. 프로이트, 〈무의식에 관하여〉, 《무의식에 관하여》, 윤희기 옮김, 열린책들, 1999.
- G. W. F. 헤겔, 《헤겔 자연철학 2 - 철학적 학문의 백과사전 강요 제2부》, 박병기 옮김, 나남, 2008.

우정 (김남우)

- Curtius, F., *Römische Metrik*, Hildesheim, 1967
- Fraenkel, Ed., *Horace*, Oxford, 1957.
- Garrison, D. H., *Horace, Epodes and Odes*, University of Oklahoma Press, 1991.
- Kiessling, A. & Heinze, R., *Q. Horatius Flaccus, Oden und Epoden*, Berlin, 1917.
- Lausberg, H., *Handbuch der Literarischen Rhetorik*, Stuttgart, 1990.
- Mayer, R., *Horace, Odes Book 1*, Cambridge, 2012.
- Nisbet, R. G. M. & Hubbard, M. H., *A commentaty on Horace Odes I and II*, Oxford, 1970, 1978.
- Race, W. C., *The classical priamel from Homer to Boethius*, Leiden, 1982.
- Shackleton Bailey, D. R., "Vindiciae Horatianae", *Harvard Studies of Classical Philology 89*, 1985, 153-170.
- Syndikus, H. P., *Die Lyrik des Horaz I & II*, Darmstadt, 1972, 1973.

예술 (서영화)

- G. W. F. 헤겔, 《미학강의》, 서정혁 옮김, 지만지, 2012.
- M. 하이데거, 〈예술 작품의 근원〉, 《숲길》, 신상희 옮김, 나남, 2008.
- M. 하이데거, 《존재와 시간》, 이기상 옮김, 까치, 1998.
- B. 셰어, 《미와 예술 - 철학적 미학 입문》, 박정훈 옮김, 미술문화, 2016.
- F. W. 헤르만, 《하이데거의 예술 철학》. 이기상 · 강태성 옮김, 문예출판사. 1997.

- 플라톤,《티마이오스》, 박종현·김영균 옮김, 서광사, 2000.
- 플라톤,《국가·정체》, 박종현 옮김, 서광사, 2005.
- Norberg-Schulz, C., "Heidegger's Thinking on Architecture", *Perspecta*, Vol. 20 (1983), pp. 61-68.
- Jaeger, H., "Heidegger and the Work of Art", *The Journal of Aesthetics and Art Criticism*, Vol. 17, no.1, pp. 58-71.
- Heidegger, M., "Der Ursprung des Kunstwerkes(1935/36)", *Holzwege*, Vittorio Klostermann, 1977.

자유 (최종덕)

- 김용민, 〈키케로의 에피쿠로스 비판〉,《한국정치연구》20집 3호, 2011.
- K. 마르크스,《데모크리토스와 에피쿠로스 자연철학의 차이: 박사학위 논문(1841)》, 고병권 옮김, 그린비, 2001,
- 에피쿠로스,《쾌락》, 오유석 옮김, 문학과지성사, 1998.
- 이진남, 〈에피쿠로스의 욕망과 쾌락〉,《인문사회연구》13권 12호, 2012.
- Breckman, Warren 2013, *Adventures of the Symbolic*, Columbia University Press.
- Epicurus (trans. by O'Conner,E.), *The Essential Epicurus*, Prometheus Books, 1993
- Megill, Allan 2002. *Karl Marx: The Burden of Reason* (why Marx Rejected Politics and the Market) R&L Publishers.
- MEW(Bd.40) 1968. 257-373

지혜 (이정은)

- 이정은, 〈역사 발전에서 혁명(가)의 역할: 칸트와 헤겔에 대한 아렌트 논의에 기초하여〉,《헤겔연구》28호, 한국헤겔학회, 2010.
- 이정은, 〈서양 정치철학의 형성과 배리: H. Arendt의 서양철학의 '전통'과 '정치철학' 형성에 기초하여〉,《시대와 철학》, 23권 1호, 2012년 봄.
- 이정은, 〈헤겔 II. 헤겔은 새로운 시대를 여는가: 세계시민사상에 대한 철학자의 고뇌〉,《다시 쓰는 서양근대 철학사》, 오월의 봄, 2012.
- H. 아렌트,《칸트 정치철학 강의》, 김선욱 옮김, 푸른숲, 2002.
- 아리스토텔레스,《니코마코스윤리학/정치학/시학》, 손명현 옮김, 동서문화사, 2007.
- G. W. F. 헤겔,《법철학》, 임석진 옮김, 한길사, 2008.
- I. 칸트,《순수이성비판》, 최재희 옮김, 박영사, 2002.
- I. 칸트,《영원한 평화를 위하여》, 이한구 옮김, 서광사, 1992.

- I. 칸트, 《칸트의 역사철학》, 이한구 옮김, 서광사, 1992.
- B. 파스칼, 《팡세》, 하동훈 옮김, 문예출판사, 2003.
- 플라톤. 《정치가》, 김태경 옮김, 한길사, 2000.

법 (이기백)
- 이정호, 〈플라톤의 정치철학〉, 《서양고대철학1》, 길, 2013.
- 플라톤, 《국가 · 정체》, 박종현 역주, 서광사, 1997.
- 플라톤, 《정치가》, 김태경 옮김, 한길사, 2000.
- 플라톤, 《정치가》, 김대오 옮김, 이제이북스, (근간 예정).
- 플라톤, 《법률》, 박종현 역주, 서광사, 2009.
- 플라톤, 《법률》, 김남두 · 강철웅 · 김인곤 · 김주일 · 이기백 · 이창우 외 옮김, 나남, (근간 예정).

평등 (한길석)
- 나종석, 〈고대 그리스 민주주의〉, 민주화운동기념사업회 연구소, 《민주주의 강의 1: 역사》, 오름, 2007.
- 박종현, 〈플라톤의 정치 체계에서 '법률'의 의의〉, 《법사학 연구》 42호, 2010.
- 가라타니 고진, 《철학의 기원》, 2015.
- H. 아렌트, 《정치의 약속》, 푸른숲, 2007.
- V. Ehrenberg, "Isonomia", RE Suppl, Vol. 7.
- V. Ehrenberg, 《그리스의 국가》, 민음사, 1991.
- 헤로도토스, 《역사》, 숲, 2009.
- 플라톤, 《프로타고라스》, 이제이북스, 2012.
- 플라톤, 《정치가》, 한길사, 2000.
- C. 슈미트, 《대지의 노모스》, 민음사, 1995.
- G. Vlastos, Isonomia, *The American Journal of Philology*, Vol. 74, No. 4, 1953.

연대 (서유석)
- 이호, 〈주민 자치 · 주민 자치운동의 현황과 과제〉, 시민자치정책센터 지음, 《풀뿌리는 느리게 질주한다》, 갈무리, 2002.
- 플라톤, 《정치가》, 한길사, 2000.
- 하승우, 〈시민자치운동과 민주주의의 미래〉, 시민자치정책센터 지음, 《풀뿌리는 느리게 질주한다》, 갈무리, 2002.

• Aristoteles, Politik, Felix Meiner, 1995.

• Bayertz, K. ed., Solidarity, Kluwer, 1999.

• Fraser, N., 'Recognition without Ethics?', in Recognition and Difference, ed. by Scott Lash et. al. Sage, 2002.

• Lukes, S., 'Solidarity and Citizenship', in Bayertz, 1999, pp. 243~272.

• Rorty, R., Contingency, Irony, and Solidarity, 1989, p. 196.

• Zoll, R. Was ist Solidarität heute?, Suhrkamp, 2000; 라이너 촐, 《오늘날 연대란 무엇인가》, 최성환 옮김, 한울아카데미, 2008.

정치 (이정호)

• Bambrough, R., Plato, Popper and Politics, Heffer, Cambridge, 1967.

• Friedemann, H., Platon, Seine Gestalt, Berlin, 1914.

• Levinson, R., In defense of Plato, Harvard Univ. Press, 1953.

• Wild, J., Plato's Modern Enemies and the Theory of Natural Law, Chicago Univ. Press, 1953.

• 佐々木毅, 〈プラトンと政治〉, 東京大學出版會, 1984.

• K. 포퍼, 〈열린사회와 그 적들〉 1, 2권 이한구 옮김, 민음사, 1982.

• 김영균, 《국가: 훌륭한 삶에 대한 근원적인 성찰》, 살림, 2008.

• 이정호, 〈노동과 정치의 형이상학〉, 《시대와 철학》, 까치, 1987.

• 이정호, 〈플라톤과 민주주의〉, 《서양고전학연구》 3집, 한국서양고전학회, 1989.

• 이정호, 〈플라톤의 정치철학〉, 《서양고대철학 1》, 길, 2013.

• 이정호, 〈박홍규의 존재론적 사유에 담긴 플라톤의 정치철학〉, 《박홍규 형이상학의 세계》, 길, 2015.

찾아보기

인명

글쓴이 소개
(게재순)

정준영 정암학당

학부에서 역사를 공부하고 대학원에서 플라톤 연구로 철학박사학위를 받았다. 현재는 정암학당의 연구원으로 플라톤 원전 번역 작업에 참여하고 있다. 10여 년 전부터는 호메로스와 그리스 비극을 연구하며 고전학적인 탐문을 지속해오고 있고, 장기적으로는 서양고전학과 인류학의 접점을 찾아 이를 철학적으로 해석하려는 시도를 꿈꾸고 있다. 그 사이에 단기적으로는 한국학계의 빈틈을 메우는 작업을 시도하고 있다. 우선 그리스 민주주의에 대한 전문연구서 번역을 진행중이고, 그런 다음 고대 그리스 경제사에 대한 번역과 연구도 계획하고 있다.

김재홍 정암학당

소설가가 되고자 했으나, 재주의 부족을 깨달아 철학으로 방향을 틀었다. 대학시절에 만난 존경하는 어떤 고전철학자 선생님에게서 깊은 감동을 받아 그 선생님의 철학 강의나마 이해해보고자 아리스토텔레스를 공부하게 되었다. 이후 아리스토텔레스의 논리학을 전공해서 숭실대학교에서 박사학위를 받고 대학 강단에서 오랫동안 후학을 가르쳤다. 지금은 서양고전철학을 공부하는 정암학당에서 뛰어난 동학들의 고전해석을 열심히 귀동냥하고 있다. 고대 철학에 관련된 몇 개의 번역본과 헤아리지 않아도 될 만한, 어쩌면 표절일 수도 있는 논문 몇 편만이 달랑 남아 있을 뿐이다.

연효숙 한국철학사상연구회

학부에서 교육학을 전공했으나, 부전공인 철학을 평생의 과업으로 삼고 있다. 처음에는 독일 철학에 매료되어 칸트와 헤겔로 학위 과정을 마쳤으나, 이후에는 니체, 푸코, 들뢰즈, 그리고 여성철학에 더 매진하고 있는 중이다. 최근 들어서는 들뢰즈와 여성철학에서 시간, 생명, 기억, 욕망, 감각, 차이, 무의식 등의 문제에 열중하고 있다. 헤겔, 들뢰즈, 여성철학에 관한 여러 편의 논문을 썼고, 공저도 몇 권 있다. 여러 대학에서 강의했고, 아주대에서 학술연구교수를 하다가 현재는 연세대 인문학연구원에서 전문연구원으로 있다.

김남우 정암학당

연세대에서 철학을 공부하고 이어 서울대와 독일 마인츠 대학에서 희랍 서정시와 로마 서정시를 공부했다. 주로 로마의 주요 문헌을 번역하고 있으며, 특히 키케로가 남긴 연설문과 철학적, 수사학적 저술들을 우리말로 옮기기 위해 정암학당의 동료들과 공부하고 있다. 베르길리우스의 서사시 《아이네이스》, 호라티우스 서정시집 《카르페디엠》과 《소박함의 지혜》, 세네카의 철학서 《세네카의 대화》(공역), 키케로의 연설문 《설득의 정치》(공역)를 번역했다.

서영화 한국철학사상연구회

철학을 전공했으며, 《하이데거의 존재론적 차이와 무의 관계에 대한 연구》로 서울대에서 박사학위를 받았다. 가천대, 서울대, 그리고 한신대에서 현대존재론과 윤리학 분야에 관해 강의를 하고 있으며, 한국철학사상연구회 회원으로 활동 중이다. 저서로는 문학작품을 철학적으로 분석한, 《열여덟을 위한 철학캠프》, 예술작품을 철학적으로 해석한 《철학자가 사랑한 그림》, 현대 문화현상에 대한 철학적 분석을 시도한 《철학, 문화를 읽다》 등의 공저가 있으며, 논문으로 〈후기 하이데거의 존재론적 차이에 대한 해석〉 등이 있다.

문성원 한국철학사상연구회

1960년 서울생으로 2000년부터 부산대에서 가르치며 연구하고 있다. 철학공부를 꽤 오랫동안 했지만 제대로 아는 것은 별로 없는데, 원래 철학이 잘 모르는 것에 대해서 궁리하는 활동이라는 생각으로 위안을 받고 있다. 지금까지 주로 다루어온 철학자는 헤겔, 마르크스, 알튀세르, 레비나스, 데리다 등이고, 지은 책으로는 《타자와 욕망》, 《철학의 시추》, 《배제의 배제와 환대》, 《해체와 윤리》, 《철학자 구보씨의 세상 생각》 등이 있으며, 《아듀, 레비나스》, 《자유》 등을 번역했다.

최종덕 한국철학사상연구회

    원래 물리와 생물을 전공으로 했는데, 30대가 되면서 철학으로 공부의 길을 틀었다. 독일 기센 대학에서 학위를 마치고, 현재는 '생명의 철학' 등을 학생들에게 열심히 가르치고 있다. 스스로 자연철학자라고 생각하는데, 그 배경으로 자연과학에서 철학공부로 넘어가는 과정에서 고대 그리스 자연철학자들과 아리스토텔레스의 자연학 공부를 잠시 한 적이 있기 때문이다. 저서로는《생물철학》,《비판적 생명철학》,《승려와 원숭이》등이 있다.

이정은 한국철학사상연구회

    일상에서 너그럽게 허용되는 부조리가 덕스러운 공동체를 형성하기보다는 고통과 위계의 악순환을 산출하는 것을 우려하여 철학의 길로 들어섰다. 실존적 고민을 해소하는 과정에서 존재의 보편적 원리와 방법론이 성숙한 공동체의 근간임을 자각했다. 헤겔의 변증법과 정치철학을 체화하여《헤겔 대논리학의 자기의식 이론》으로 연세대에서 학위를 받았다. 전문 철학을 삶에 적용하면서 대중과 유리되지 않는 방향으로 나아가기 위해, 저서《사랑의 철학》,《사람은 왜 인정받고 싶어하나》를 필두로, 시대 문제를 반영하는《다문화사회와 철학》같은 공저들을 생산하고 있다.

이기백 정암학당

    우주에서의 좋은 것들도 인간의 좋은 삶도 적도適度 혹은 중용을 이룬 혼합을 통해 창출된다는 플라톤의 후기사상에 매료되어 그의 혼합사상에 대한 연구로 박사학위를 받았다. 그리고 이런 사상이 서양고대의학에 뿌리를 두고 있음을 주목하고 고대의학에 대한 연구도 진행해왔다. 그밖에 정암학당에서 20년 가까이 다양한 서양고전을 연구해왔다. 현재는 저술을 위해 플라톤 사상의 전체적인 흐름을 살펴보며 그가 좋은 삶과 좋은 나라를 어떻게 모색해갔는지 관심을 기울이고 있다. 그간《크라튈로스》(공역),《크리톤》,《히포크라테스 선집》(공역),《필레보스》등을 옮겼다.

한길석 한국철학사상연구회

하버마스의 사회철학을 전공했다. 서구 근대민주주의의 윤리적 규범성이 동아시아인의 삶의 전통에서 어떻게 조화될 수 있는지 고민해야 하지 않을까 생각 중이다. 하지만 지금은 시장적 효용의 강박에 사로잡힌 한국의 대학에서 교양 인문학을 근근이 가르치며 염치없이 지내고 있다.

김성우 한국철학사상연구회

올인고전학당 연구소장 및 (사)한국철학사상연구회《ⓒ 시대와 철학》편집위원장이다. 철학 교양서로는《스무 살의 철학 멘토》,《로크의 정부론》,《열여덟을 위한 논리개그 캠프》(공저),《철학, 문화를 읽다》(공저)를 내고, 학술서로는《장자로 읽는 푸코》,《자유주의는 윤리적인가》,《로크의 지성과 윤리》를 쓰고, 영화를 철학으로 읽는《청춘의 고전》, 미술 걸작의 철학적 분석을 시도한《철학자가 사랑한 그림》, 문학 고전과 철학의 융합을 시도한《열여덟을 위한 철학 캠프》, 교양 수준의 철학사인《다시 쓰는 서양 근대 철학사》,《다시 쓰는 맑스주의 사상사》를 함께 기획하고 저술했다.

서유석 한국철학사상연구회

서울대에서 헤겔의 역사철학을 공부하면서 철학연구를 시작했고 마르크스의 사회과학방법론으로 박사학위를 받았다. 최근에는 연대운동(아나키즘)의 역사와 의미에 관심을 갖고 있다.《철학의 모험》,《청년헤겔》,《머레이 북친의 사회적 생태론과 코뮌주의》등을 번역했으며,《역사철학, 21세기와 대화하다》(공저),《다시 쓰는 맑스주의 사상사》(공저) 등을 저술했다.

이정호 한국철학사상연구회, 정암학당

한국방송통신대학교 문화교양학과 교수로 지내다 2017년 8월 정년퇴직했다. 사단법인 한국철학사상연구회 회장과 이사장을 역임했다. 지금은 그리스 로마 원전을 연구하는 사단법인 정암학당 이사장으로 있으면서 학당 연구자들과 함께 고전 연구에 힘쓰고 있다. 저서로《철학의 이해》,《행복에 이르는 지혜》,《서양고대철학 1》등이 있고, 정암학당 플라톤 전집《크리티아스》,《메넥세노스》,《편지》번역에 참여했다.